国家自然科学基金面上项目（批准号：72272137，71772166）
教育部人文社会科学研究规划基金项目（批准号：22YJA630019）
浙江省自然科学基金一般项目（批准号：LY22G020003）
浙江省哲学社会科学领军人才培育（青年英才培育）专项课题
（批准号：23QNYC09ZD）

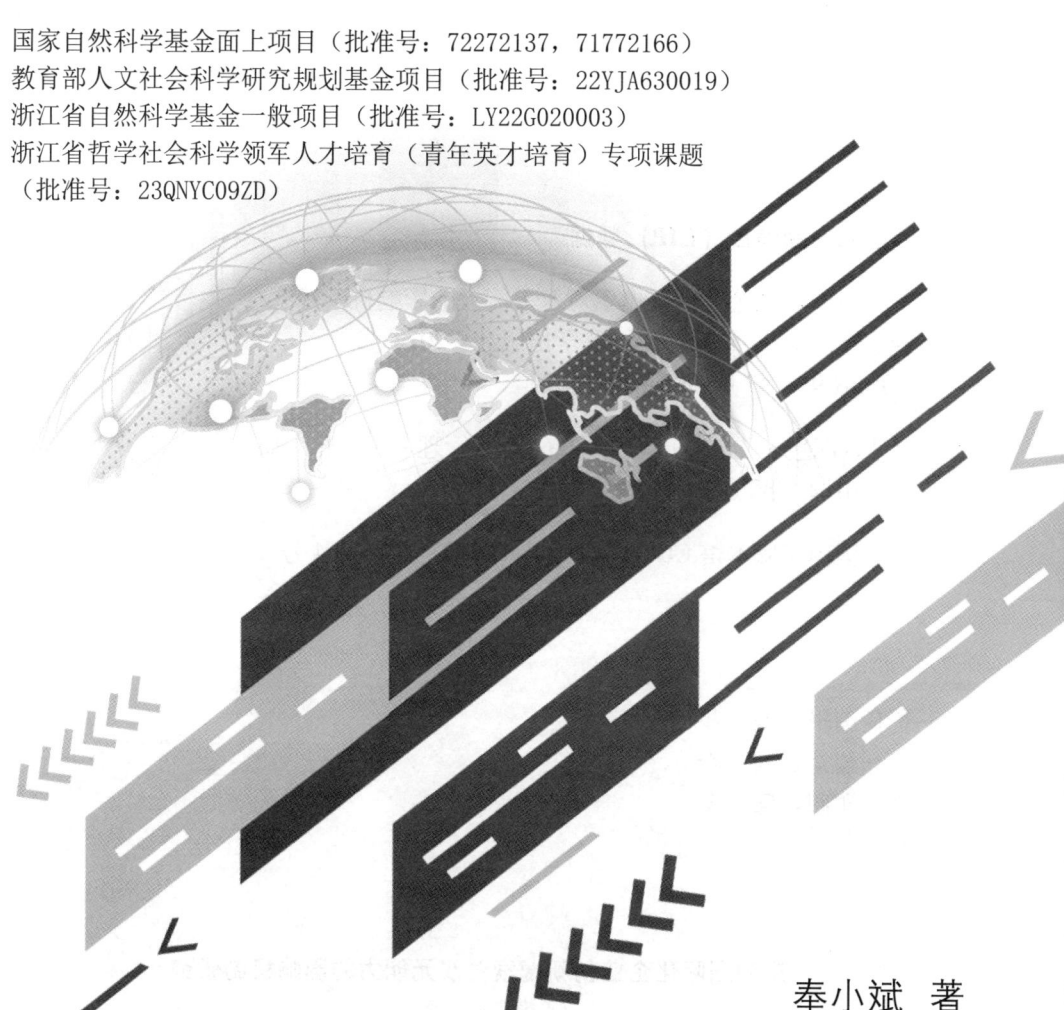

奉小斌 著

逆向国际化企业创新搜索
对双元能力的影响机制研究

The Effects of Innovation Search on Ambidextrous
Capabilities for Reverse Internationalization Enterprises

中国财经出版传媒集团
经济科学出版社
Economic Science Press

图书在版编目（CIP）数据

逆向国际化企业创新搜索对双元能力的影响机制研究/
奉小斌著. -- 北京：经济科学出版社，2022.12
ISBN 978 - 7 - 5218 - 0283 - 2

Ⅰ.①逆…　Ⅱ.①奉…　Ⅲ.①企业管理 - 国际化 - 研
究 - 中国　Ⅳ.①F279.24

中国国家版本馆 CIP 数据核字（2023）第 012264 号

责任编辑：刘　莎
责任校对：刘　昕
责任印制：邱　天

逆向国际化企业创新搜索对双元能力的影响机制研究

奉小斌　著

经济科学出版社出版、发行　新华书店经销
社址：北京市海淀区阜成路甲 28 号　邮编：100142
总编部电话：010 - 88191217　发行部电话：010 - 88191522
网址：www. esp. com. cn
电子邮箱：esp@ esp. com. cn
天猫网店：经济科学出版社旗舰店
网址：http://jjkxcbs. tmall. com
固安华明印业有限公司印装
710 × 1000　16 开　17.5 印张　300000 字
2022 年 12 月第 1 版　2022 年 12 月第 1 次印刷
ISBN 978 - 7 - 5218 - 0283 - 2　定价：79.00 元
（图书出现印装问题，本社负责调换。电话：010 - 88191510）
（版权所有　侵权必究　打击盗版　举报热线：010 - 88191661
QQ：2242791300　营销中心电话：010 - 88191537
电子邮箱：dbts@ esp. com. cn）

前　言

　　经济全球化为世界经济增长提供了强劲动力。改革开放以来，虽然我国外向型企业在长期嵌入全球价值链的过程中，充分发挥了劳动力等要素禀赋的比较优势，但 2008 年国际金融危机之后，中国传统的出口依赖性经济增长模式也受到冲击。一方面，国际竞争形势严峻，面对发达国家的贸易保护主义、"制造业回归"和"再工业化"，尤其是新冠肺炎疫情肆虐全球以来，一些发达国家在逆全球化的过程中为国际商品、资本和劳动力等要素的流动设置各种显性与隐性障碍，中国企业在全球价值链中正遭受较大冲击；另一方面，我国大部分外向型代工企业难以摆脱在全球价值链上的低端锁定和技术依赖，面临发达国家贸易保护和发展中国家低成本竞争的双重挤压，企业品牌构建、价值创造和产业升级受到显著影响。为此，愈来愈多的外向型企业选择逆向国际化（reverse internationalization）战略寻求转型升级，即在参与全球价值链分工活动的同时，努力通过开拓国内市场来突破低端价值链锁定的困境，这类企业被称之为逆向国际化企业。

　　全球化竞争背景下，国际化企业一方面借助产业集群根植的社会网络和空间网络嵌入本地产业网络联结中，另一方面通过跨国公司的分包体系嵌入全球化网络中，同时嵌入两种网络中的企业如何构建兼顾维持当前生存和延续未来发展的双元能力成为核心议题。通常而言，企业通过嵌入本地网络，搜索、分享、转移网络内其他主体的专有知识和复杂知识，在已有技术、知识领域进行深度挖掘，从而有利于提升企业的开发能力；与此同时，企业通过嵌入全球网络在更广阔的网络空间中探索和学习全新知识，从而激发企业持续创新和不断成长，有助于企业探索能力的提升。虽然全球和本地双重网络嵌入具有资源多样性和情境依赖性，但许多企业在逆向国际化过程中遭遇两难境地：一方面由于低成本优势丧失和产业链上下游挤压，导致国外市场出口利润微薄，另一方面因缺乏核心技术、市场渠道和自主品牌导致在国内市场举步维艰，从而长期形成"模仿利用能力强、创新探索能力弱"的能力不平衡发展困局。为此，逆向国际化企业亟须利用本国（本地）网络与全球网络搜索异质性知识突破技术和市场桎梏。由于全球和本地双重网络层面的知识搜索活动可能会相互影响，如何利用不同网络的创新搜索及其互动破解创新能力失衡难题，成为企业亟须解决的重要问题。

当前学术界虽然对创新搜索与企业双元能力等相关内容进行了一些探索，但总体而言还存在以下研究缺口：首先，关于创新搜索与双元能力的关系研究存在分歧，有正向影响、负向影响、倒"U"形影响等多种结论，还有研究强调创新搜索过程中知识积累对能力形成的动态演化作用。逆向国际化企业嵌入本地和全球双重网络开展创新搜索对其双元能力的影响更为复杂，尤其不同类型知识源的组态、多维创新搜索及其互动对逆向国际化企业双元能力影响的差异机制和动态路径尚不明确。其次，学者们对创新搜索与双元能力关系的中介机制揭示相对较少，现有研究主要聚焦知识吸收和整合、知识治理相关能力，但并未从管理认知视角考虑多维创新搜索提升逆向国际化企业双元能力的过程中组织惯例如何发挥作用。再次，企业逆向国际化及知识搜索活动具有较强的不确定性，模糊环境下创新搜索结果难以遵循因果逻辑，探索新技术与突破能力锁定更多依赖承担风险、利用权变等效果决策理性，创新搜索转化为企业能力的过程受到整合因果推理和效果推理的双元决策理性的影响。最后，现有对创新搜索和双元能力关系的研究主要基于"前瞻式战略预见"的主导逻辑，静态实证分析缺乏对后顾式反馈机制的关注，且未能解释各个复杂子系统的非线性反馈路径和动态规律。由此，结合因果和效果决策理性，探讨逆向国际化企业创新搜索对组织双元能力的直接作用、中介路径、权变影响和演化机理，是揭示逆向国际化企业创新搜索提升双元能力机理的核心议题。

为了探讨"逆向国际化企业创新搜索如何提升双元能力"这一关键问题，本书首先借鉴全球价值链、知识搜索、战略匹配等相关理论，通过定性比较法（QCA）探索逆向国际化企业创新搜索的不同类型知识源"组态"对双元能力的影响，并利用实证方法探究不同网络创新搜索的内在互动对双元能力的影响；然后结合知识观、因果/效果决策理性等理论探讨创新搜索对逆向国际化企业双元能力的间接影响机制，并实证检验了组织惯例的中介作用、因果/效果两种决策理性的权变作用；紧接着本书借助案例探索逆向国际化企业的创新搜索与决策理性的匹配关系对组织双元能力的影响，揭示逆向国际化企业在战略转型过程中涉及复杂的决策情境，并挖掘决策理性和创新搜索在企业不同发展阶段中的演化规律；最后借助系统动力学（SD）构建逆向国际化企业创新搜索对双元能力影响的动态仿真模型，揭示决策理性视角下创新搜索对双元能力影响的动态规律和演化路径。围绕"逆向国际化企业创新搜索如何影响双元能力"这一核心研究问题，本书旨在回答以下六个子问题：第一，逆向国际化企业不同知识源对双元能力构建有何"组态"影响？第二，逆向国际化企业创新搜索互动对双元能力有何影响？第三，逆向国际化企业创新搜索对双元能力的影响路径如何？第四，决策理性对逆向国际化企业创新搜索平衡与双元能力的关系有何权变影响？第五，创新搜索与决策理性的动态匹配如何影响双元能力？第六，逆向国际化企业创新搜索对双元能力影响的动态规律如何？具体而言，本书将开展以下子研究。

子研究一：逆向国际化企业创新搜索与双元能力的组态效应研究

以外部知识来源作为创新搜索的切入点，并考虑逆向国际化企业的特征因素，构建了以市场型、科学型、中介型和通用型四大类知识源为条件变量的创新搜索与双元能力的组态效应模型。定性比较分析（QCA）结果发现：（1）与探索能力相关的条件变量和特征变量的组合有 6 种组态，1HA、1HB 和 1HC 三个组态均以企业特性为核心条件主导企业探索能力的提升，2HA 和 2HB 两个组态下的企业具有大规模、高研发强度的特点，且均采用以科学型知识搜索为主的多元搜索策略，3HA 组态显示国际化经验丰富的高新企业，采取以市场型、通用型知识搜索为主的多元搜索策略能够提升企业探索能力。（2）与开发能力相关的条件变量和情境变量的组合有 5 种组态，1HA 和 1HB 两个组态下的企业具有大规模、高研发强度的特点，且均采用以市场型知识搜索为主的多元搜索策略，2HA、2HB 和

2HC 三个组态下的企业均属于高研发强度、国际化经验丰富的高新企业，该类组态下的企业倾向于进行内部创新，开发现有技术蕴含的潜在价值，改善和优化现有产品和服务。

子研究二：逆向国际化企业创新搜索互动对双元能力的影响研究

基于网络嵌入、知识搜索、双元能力等理论，首先整合跨地理边界知识搜索与知识源利用策略，探究逆向国际化企业创新搜索互动模式，然后探讨不同网络层面的知识搜索互动对企业平衡和组合双元能力的影响，并通过长三角等地区的样本数据实证检验理论模型与相关假设。实证结果发现：国内外单一搜索互动对双元能力的均衡有负向影响，即逆向国际化企业在国内外两种网络中无论偏向聚焦搜索还是多源搜索，均不利于企业平衡探索和开发两种能力，也难以发挥两种能力的联合作用；国内聚焦和国外多源的搜索互动、国内多源和国外聚焦的搜索互动这两组交叉搜索互动都对平衡双元能力有正向影响，但对组合双元能力的影响呈现倒"U"形。

子研究三：逆向国际化企业创新搜索对双元能力的影响：组织惯例的中介作用

本书整合了创新搜索、双元能力、组织惯例等理论，深入研究逆向国际化企业创新搜索对组织惯例，以及组织惯例对双元能力的影响机制，并讨论组织惯例在创新搜索与双元能力关系中如何发挥中介作用。实证结果表明：逆向国际化企业针对外部不同知识源的聚焦搜索和多源搜索，都能对组织惯例（包括常规惯例和柔性惯例）、双元能力（包括整体双元能力和组合双元能力）产生正向影响，组织惯例对双元能力产生正向影响；组织惯例在聚焦搜索和多源搜索与双元能力的关系中均起到了中介作用。

子研究四：决策理性视角下逆向国际化企业创新搜索平衡对双元能力的影响

为了揭示逆向国际化企业创新搜索互动对双元能力均衡的影响机制，本书首先整合跨地理边界知识搜索与知识源利用策略探究逆向国际化企业创新搜索互动模式，其次探讨不同网络层面的创新搜索互动对平衡和组合双元能力的影响，最后通过实证检验理论模型与相关假设。实证结果表明：因果和效果推理对国内聚焦与国外多源搜索平衡、国内多源和国外聚焦搜索平衡与组织双元能力的关系均起到负向调节作用，而双元决策理性对两者关系呈现积极的调节作用。整合因果和效果的双元决策理性对国内多源和国外聚焦搜索平衡与整体/组合双元性的关系具有正向联合调节效应，但仅对国内聚焦和国外多源搜索平衡与整体双元性关系的正向调节作用得到验证。

子研究五：逆向国际化企业创新搜索与决策理性的匹配对双元能力的影响

本书通过纵向多案例研究方法对四家逆向国际化企业进行比较分析，研究发现：创新搜索与决策理性的匹配能够影响逆向国际化企业双元能力的发展，不同的匹配关系对双元能力的作用机制也存在差异。根据创新搜索和决策理性类型的不同划分总结出五种匹配方式：聚焦搜索×因果推理、聚焦搜索×效果推理、多源搜索×因果推理、多源搜索×效果推理和双元搜索×双元决策理性。其中，聚焦搜索与效果推理的匹配性相对较好，而多源搜索则与因果推理的匹配性相对较好，即效果推理和因果推理分别能够弱化聚焦搜索、多源搜索对组织双元能力的负向影响，这两种匹配方式能够促进组织双元能力提升；而整合聚焦与多源的双元搜索与双元决策理性匹配最好，即逆向国际化企业从起步阶段、成长阶段发展到成熟阶段，通过整合因果与效果双元决策理性能更好地匹配双元搜索策略，进而提升组织双元能力。

子研究六：逆向国际化企业创新搜索对双元能力动态影响的仿真研究

本书通过整合创新搜索、决策理性等理论，采用 SD 方法探究逆向国际化企业创新搜索对双元能力的动态影响，模拟仿真结果显示：在决策理性的调节作用下，企业创新搜索对双元能力的影响呈现先增速下降、后缓慢提升并震荡前行的规律。无论企业采取何种搜索方式，整合因果和效果这两种决策理性比采用单一决策理性对双元能力的提升效果更佳。具体而言，当企业偏离因果和效果两种决策理性整合倾向于选择"因果导向"或"效果导向"时，其双元能力及增长速率均出现下降，且偏离程度越大双元能力提升越缓慢。当国内外网络嵌入相对均衡时，逆向国际化企业采取"国内平衡—国外平衡""国内聚焦—国外多源"或"国内多源—国外聚焦"任何一种搜索组合均有利于双元能力提升，反之企业采取"国内外平衡"搜索明显优于其他两类搜索组合。

与已有研究相比，本书的理论意义主要体现在五个方面：第一，本书在延续以往地理跨界搜索的基础上，进一步拓展了不同网络嵌入情境下企业创新搜索的知识源选择及搜索匹配模式问题。以四大类外部知识源为基础，不仅整合了知识网络空间和知识源利用程度，从两个维度解构和拓展了多维创新搜索的概念内涵，而且结合了逆向国际化企业特性对其在国内外网络中不同的搜索行为做了匹配分析，提出了两种创新搜索平衡模式。第二，本书在逆向国际化企业特殊的情境嵌入基础上，进一步探讨了双重网络嵌入情境下不同类型知识源组态、不同搜索匹配模式对组织双元能力的复杂影响机制。这不仅突破了单一网络层次搜索研究中的开发/探索能力失衡研究，而且揭示了企业在国内外市场实施不同搜索策略促进能力均衡发展的结论，还突破以往研究关注创新搜索对双元能力影响的"净效应"局限。第三，本书厘清组织惯例在创新搜索与双元能力之间的中介作用机制，衔接创新搜索与组织惯例、组织惯例与双元能力之间的内在作用机理，有利于从管理认知视角构建"创新搜索—管理认知—双元能力"的理论逻辑，揭示逆向国际化企业如何利用创新搜索来培育双元能力的内在机理。第四，本书注意到环境不确定性和资源约束性等因素对企业能力发展的影响，针对逆向国际化特定的国内外搜索平衡模式，将创业领域的决策理性理论纳入研究框架并突破单一决策理性的局限，从效果与因果两种决策理性整合角度探讨逆向国际化企业构建双元能力的影响机制。第五，本书不仅从组织演进角度探讨了创新搜索及其与决策理性的匹配对双元能力的动态影响，还揭示了创新搜索与双元能力关系的非线性反馈机制，识别出动态提升逆向国际化企业双元能力的各种搜索组合策略。本书通过四个纵向案例探索了决策理性与创新搜索策略匹配关系的演进规律，还运用SD方法探究逆向国际化企业嵌入双重网络情形下各个子系统的复杂互动关系，揭示了决策理性调节作用下企业国内外创新搜索组合提升双元能力的动态机理。

本书希望为我国逆向国际化企业的创新活动提供以下实践启示：第一，管理者应重视对外部不同类型知识源的搜索利用来提升双元能力，根据不同知识源的组态效应及不同情境因素的匹配路径来提升探索与开发能力。具体而言，企业应该重视市场型和科学型知识源的搜索，利用外部知识源来突破市场锁定和实现技术升级，根据企业规模、国际化经验、企业类型、研发强度等因素选择合适的外部知识源搜索利用策略。第二，在动态竞争环境下，企业培育双轮驱动的创新能力，既要充分利用现有资源维持当前发展，也要不断探索更新能力应对未来变革。从宏观网络层面和微观策略层面指导逆向国际化企业发挥结构分离机制或网络资源错位匹配，实现探索和开发这两种创新能力的协同发展，为企业不断发挥双元能力的组合效应以突破国外技术锁定和开发国内新兴市场提供参考意见。第三，面对复杂多变的国内外环境，因果/效果两种决策理性存在自身的局限性，企业应避免利用单一的决策理性来整合双重网络中的知识源。具体包括：
（1）企业既要利用因果推理促进聚焦搜索带来稳定性的知识开发，增加对发展方向清晰的认知以及获得最大化收益，又要借助效果推理拓展合作渠道和整合创新资源，不断提升对外部知识的探索能力。（2）逆向国际化企业在追求稳定发展的同时也要保持对环境的动态适应性，合理整合利用因果和效果双元决策理性促进组织的双元能力。由于因果推理和效果推理两种决策理性的作用原理和适应情境迥异，权衡利用双元决策理性能够帮助企业获得多样化知识和避免陷入决策极端，促进企业运用差异化搜索策略提升组织双元能力。（3）逆向国际化企业应重视在不同发展阶段中的创新搜索策略、决策理性及两者之间匹配关系的动态演化，并根据其所处的发展阶段特征及其外部环境选择搜索策略及决策理性。企业既要合理分配资源实现聚焦和多源双元搜索策略突破创新困境，又需根据内外部环境权衡利用双元决策理性避免单一决策理性的局限性，最终形成"双元理性→双元搜索→双元能力"的良性循环。（4）由于因果和效果两种决策理性的适应情境存在差异，整合两种决策逻辑有利于企业获取多样化知识和提升双元能力。具体而言，企业在成熟的业务领域，基于目标驱动实施聚焦搜索，获取熟悉的知识组合来增强稳定性收益回报；在动态复杂环境中，企业应基于手段导向进行搜索活动决策，利用柔性原则和整合手头可用资源，并拓展国内外网络关系来应对不确定性。

作为一项探索性研究，本书在阐明研究局限的同时，也对未来研究提出了展望，以期为后续研究铺砖引路。本书的撰写过程受到众多国内外专家学者的思想启发，在此谨向为本书提供优秀素材的专家学者、调研企业和个人表示诚挚的感谢！本书是国家自然科学基金面上项目（批准号：72272137，71772166）、教育部人文社会科学研究规划基金项目（批准号：22YJA630019）、浙江省自然科学基金一般项目（批准号：LY22G020003）、浙江省哲学社会科学领军人才培育（青年英才培育）专项课题（批准号：23QNYC09ZD）的研究成果。由于作者的学识水平有限，书中不足之处在所难免，恳请各位读者朋友批评指正！

奉小斌

2022 年 10 月

目　录

绪　　论

一、研究背景

（一）现实背景

1. 经济全球化与逆向国际化并存

经济全球化为世界经济增长提供了强劲动力，尤其为发展中国家参与国际分工、学习先进技术知识提供了较好的机遇。改革开放 40 多年来，中国通过招商引资、加工贸易等方式吸引跨国企业来华投资，并嵌入全球价值链中微利化、低价值的生产制造环节，2011 年超过日本成为仅次于美国的全球第二大经济体。虽然我国外向型企业在长期深度嵌入全球价值链中，发挥了劳动力等要素禀赋的比较优势，但 2008 年国际金融危机以来，全球经贸治理体系出现深度调整，中国传统的出口依赖性经济增长模式也日渐式微（吕越和尉亚宁，2019）。一方面，国际形势严峻，面对发达国家的贸易保护主义、"制造业回归""再工业化"以及东南亚发展中国家制造业的竞相崛起，尤其新冠肺炎疫情之后一些发达国家在逆全球化的过程中为国际商品、资本和劳动力等要素流动设置各种显性与隐性障碍（佟家栋和刘程，2017；奉小斌和马晓书，2018，2020），中国在全球价值链的地位正遭受"两面夹击"；另一方面，我国大部分代工企业难以摆脱在全球价值链上的低端锁定和技术依赖，面临发达国家贸易保护和发展中国家低成本竞争的双重挤压，企业品牌构建、价值创造和产业升级受到影响（刘志彪和张杰，2007；奉小斌和马晓书，2018；袁中华，2021）。为此，愈来愈多的外向型企业选择逆向国际化战略寻求转型升级，即在参与全球价值链分工的同时，努力通过开拓国内市场来突破低端价值链锁定的困境（Chin et al.，2015；Gnizy & Shoham，2018）。

2. 企业探索与开发双元能力突破刻不容缓

全球化竞争背景下，国际化企业一方面借助产业集群根植的社会网络和空间网络嵌入本地产业网络联结中，另一方面通过跨国公司的分包体系嵌入全球化网络中（魏江和徐蕾，2014），企业如何构建组织双元能力以维持当前生存和延续未来发展成为核心议题。通常而言，逆向国际化企业通过嵌入网络节点联系紧密的本地网络搜索，分享、转移网络内其他主体的专有知识和复杂知识，使其在已有技术、知识领域进行深度挖掘，从而有利于提升企业的开发能力；与此同时，企业通过嵌入全球网络在更广阔的网络空间中探索和学习全新知识，从而激发企业持续创新和不断成长，有助于企业探索能力的提升（王庆金等，2019）。虽然双重网络嵌入具有资源多样性和情境依赖性，但许多企业在逆向国际化过程中遭遇两难境地：一方面由于低成本优势丧失和产业链上下游挤压导致国外市场出口利润微薄，另一方面因缺乏核心技术、市场渠道和自主品牌导致在国内市场举步维艰（Chin et al.，2015），从而长期形成"模仿利用能力强、创新探索能力弱"的能力不平衡发展（肖丁丁和朱桂龙，2016；奉小斌和周兰，2020a）。大部分逆向国际化企业长期面临核心创新资源少和国内外网络失衡发展的困境（奉小斌和周兰，2020b），导致难以构建兼顾探索与利用的双元能力，企业亟须在双重网络中利用创新搜索提升双元能力，突破所需的知识资源桎梏。

3. 创新搜索助力逆向国际化企业弯道超车

当今企业环境面临着易变不稳定（volatile）、不确定（uncertain）、复杂（complex）、模糊（ambiguous）（即 VUCA）等特征，传统封闭式创新范式逐渐被开放式创新模式所替代，外部知识源对企业提升创新速度和创新质量起到非常重要的作用（奉小斌和马晓书，2021）。然而，当前我国逆向国际化企业大多锁定在全球价值链低端，存在知识获取方面的"断点"和"隔离"效应，而创新搜索成为企业获取互补性知识和资源的主要方式，并且通过学习和转移全球品牌商的隐性知识来实现在国内市场拓展的快速追赶（Laursen & Salter，2006；奉小斌和周佳微，2021）。虽然以往研究将企业创新搜索的知识来源划分为市场类、机构类、规范和标准类及其他四大类知识源，但不同知识源的知识内容形式、应用情境、获取方式各异（Henttonen & Ritala，2013；张晓棠和安立仁，2015），企业究竟是选择聚焦某一类还是多类知识源搜索值得深入探讨。嵌入全球和本地双重网络为逆向国际化企业搜索异质性知识资源和积累创新能力提供了便利条件（刘志彪和张杰，2009），但全球与本地双重网络层面的搜索活动可能存在相互影响，如何利用不同网络的创新搜索及其互动破解创新能力失衡难题成为亟须解决的重要问题。

（二）理论背景

开放式创新理论指出，企业可以通过搜索外部知识突破资源瓶颈与提升创新能力（肖丁丁和朱桂龙，2016）。在劳尔森和索尔特（Laursen & Salter，2006）等学者对创新搜索的单维构念和模式开展奠基性研究之后，学术界逐渐认同创新搜索是一个多维"伞形构念"（Umbrella Construct）（张晓棠和安立仁，2015）。以卡提拉（Katila）和罗森科夫（Rosenkopf）等为代表的学者基于开放式创新、组织搜寻等理论对创新搜索的维度结构、策略、模式、测量等方面进行了详细探讨（Jung & Lee，2016）。以往研究从搜索范围、搜索程度、搜索方式等角度对创新的维度进行探讨，其中跨地理边界搜索的研究比较具有代表性。现有学者主要基于产业集群、全球价值链和知识搜索等理论，从不同视角区分了集群本地和超本地知识网络、本地搜索与国际（或远程）搜索，以及本地、跨区域和全球搜索（如魏江，应瑛和刘洋，2014），这些研究引发学术界对多重网络创新搜索问题的关注。尽管不同企业对知识源的搜索呈现差异化特征（Henttonen & Ritala，2013），尤其是逆向国际化企业创新搜索呈现双重网络嵌入与资源约束特征，但鲜有研究从搜索范围与知识源整合视角探讨企业的多维搜索策略。并且，以往研究对于知识搜索地理范围的界定存在交叉重叠，关于逆向国际化企业对不同网络层面知识源究竟采取聚焦搜索还是多源搜索策略尚未达成共识（Miao & Song，2014）。

逆向国际化企业的创新搜索机制和作用路径不同于一般企业，其创新搜索不仅嵌入在国内外双重网络且各网络层面的搜索活动可能存在相互影响，而现有研究鲜有关注不同网络创新搜索的互动机理以及不同类型知识源搜索的组合对探索或利用能力匹配的影响（奉小斌和周兰，2020b）。结合组织双元能力理论可知，创新搜索活动逐渐从"权衡取舍"转向"兼顾平衡"（张晓棠和安立仁，2015），为兼顾国内外市场的均衡发展及不同类型知识源的利用，逆向国际化企业不仅要注重双重网络中知识源的搜索，还要根据国内外市场的差异权衡与之匹配的知识源聚焦策略（Patel et al.，2014；Un & Rodríguez，2018）。因此，有必要结合战略匹配①的相关研究（Wang et al.，2017），探讨不同类型知识源（市场型、科学型、中介型和通用型）搜索的"组态"及不同维度的创新搜索平衡对逆向国际化企业这一特殊组织双元能力的作用机制。

现有关于创新搜索与双元能力关系的研究主要集中在主效应，而对二者关系的间接作用研究相对较少。第一，关于创新搜索与双元能力的直接关系的研究结论存在分歧。部分国外学者（Nerkar，2003；Phene et al.，2006；Lavie & Rosenkopf，2006）发现跨越时间、组织或联盟边界的知识搜索有助于克服知识获取的路径依赖与能力陷阱，从而实现双元能力的构建与协调，但费雷斯·门德斯等（Ferreras–Méndez et al.，2019）从搜索的深度和宽度出发，认为创新搜索对探索和开发均存在"过犹不及"的影响关系。国内学者肖丁丁和朱桂龙（2016）从创新能力结构视角出发，发现科技型和共性技术搜索对探索能力有正向影响，而市场型、共性技术和产品技术搜索对开发能力存在积极影响。而奉小斌和周兰（2020b）从创新搜索互动角度发现，单一搜索互动不利于双元能力的平衡和组合，而交叉搜索互动对企业平衡双元能力产生正向影响，但对组合双元能力产生倒"U"形影响。第二，创新搜索影响双元能力的中介变量方面，现有研究聚焦能力重构（胡畔等，2017）、吸收能力（李伯洲和曾经纬，2021）、知识整合（杨苗苗和王娟茹，2020），也有部分研究认为网络惯例为创新搜索知识的转移起到纽带作用，创新搜索成为帮助组织打破"能力陷阱"、

---

① 战略匹配（Strategic Match）是指公司寻求的竞争优势与公司用以获取竞争优势的流程能力与管理政策之间的一致性。

规避组织僵化的重要途径（邓昕才等，2017）。但是，惯例如何在创新搜索与双元能力之间发挥作用还存在争论，有研究将惯例和创新搜索视为相互独立的变量（如殷俊杰和邵云飞，2017），或者将惯例视为创新搜索或双元能力的调节变量（孙永磊等，2014；贯君等，2019）。那么，创新搜索是否能有效"催化"组织惯例更新？组织惯例又在创新搜索与双元能力的关系中起到何种作用？这些问题的探究可能为创新搜索促进双元能力提升的作用路径提供新的解释。第三，创新搜索影响双元能力的权变因素方面，现有研究较多探讨竞争强度、动荡性、国际化程度等市场环境因素（如李忆和司有和，2008；Jansen et al.，2006；Sidhu et al.，2007），以及制度情境（奉小斌等，2021）、技术复杂度（Grimpe & Sofka，2009）、创新复杂性（吴航和陈劲，2016）等因素。但是，逆向国际化企业在转型时期面临环境不确定性与内部资源紧缺，嵌入国内外网络的创新搜索活动较为复杂且结果难以预测，使得创新搜索对双元能力的影响符合效果决策理性情境（芮正云和罗瑾琏，2016；Feng et al.，2021）。

此外，有研究表明企业的逆向国际化转型战略是对市场环境变化和竞争格局的理性回应，比较符合莎拉瓦蒂（Sarasvathy，2001）提出的效果推理中"可承受损失原则"，并将决策理性（包括因果决策和效果决策）引入到逆向国际化企业的研究中来（Crick et al.，2020）。虽然因果决策可能有助于应对目标相对清晰的知识整合与利用，效果决策与权变环境下的开拓创造相匹配（郭润萍，2016），但管理者对环境变化的感知和响应导致创新搜索与能力之间存在复杂的闭合回路关系（陈力田等，2014）。然而，不同市场环境下逆向国际化企业开展创新搜索活动可能带来不同程度的机遇和风险，需要适配不同类型的决策理性，因此不容忽视因果推理对企业发展的重要作用（Yu et al.，2018）。梳理现有的相关研究可知，决策理性视角下的创新搜索与双元能力关系研究还存在以下值得拓展的研究空间：第一，在企业发展过程中，创新搜索提升双元能力究竟是交替切换不同决策理性，还是同时采用两种决策理性发挥二者协同作用，仍处于研究的早期阶段（Smolka et al.，2018；奉小斌和周兰，2020a）。尤其是逆向国际化企业在战略转型过程中涉及不同决策理性的适配性，两种决策理性的作用机制的差异性以及二者间的整合效果仍需深入探究。第二，企业在逆向国际化过程中面临环境和目标的动态变化，有学者认为双元性组织容易脱离最优均衡而偏向开发或探索（许晖等，2016），企业创新搜索的动态作用路径有待揭示。决策理性和创新搜索在企业不同发展阶段中的演化规律及其对提升组织双元能力的影响作用等问题，需要结合逆向国际化企业纵向案例进行充分讨论（奉小斌等，2020）。第三，目前仅有的少数实证研究多采取问卷数据或专利数据探讨企业创新搜索与双元能力的静态关系，然而双重网络嵌入情境下逆向国际化企业创新搜索、决策理性及双元能力之间存在复杂的互动关系（陈力田和许庆瑞，2014），实证方法并不能全面揭示上述关系的非线性反馈机制和长期演化规律，这启发本研究采用系统动力学仿真等方法加以探讨。

二、问题提出

知识基础观（KBV）强调异质性知识是企业竞争优势的重要来源，创新搜索因能够为企业获得更多知识要素和增加解决问题的备选信息，已成为促进企业创新的重要途径（Teece，2007；Zang & Li，2017）。首先，以往关于创新搜索与双元能力的关系研究存在分歧，有正向影响、负向影响、倒"U"形影响等多种结论，还有研究（如吴志岩，2015）强调创新搜索过程中知识积累的动态演化作用。逆向国际化企业嵌入双重网络创新搜索对双元能力的影响更为复杂（吴航和陈劲，2016），尤其不同知识源的"组态"、多维创新搜索及其互动对企业双元能力影响的差异机制和动态路径尚不明确。其次，学者们对创新搜索与组织双元能力关系的中介机制揭示相对较少，现有研究主要聚焦知识吸收和整合、知识治理相关能力（如梁娟和陈国宏，2015；芮正云和罗瑾琏，2016），但并未从管理认知视角考虑多维创新搜索提升逆向国际化企业双元能力的过程中组织惯例如何发挥作用。再次，企业逆向国际化及知识搜索活动具有较强的不确定性，模糊环境下创新搜索结果难以遵循因果逻辑，探索新技术突破能力锁定依赖承担风险、利用权变等效果决策理性，创新搜索转化为能力的过程受到整合因果推理和效果推理的决策逻辑的影响（Sharma & Salvato，2001）。最后，现有对创新搜索和双元能力关系的研究主要基于"前瞻式战略预见"的主导逻辑，静态实证分析缺乏对后顾式反馈机制的关注，且未能解释各个复杂子系统的非线性反馈路径和动态规律（陈力田等，2014）。由此，结合因果和效果决策理性探讨逆向国际化企业创新搜索对组织双元能力的直接作用、中介路径、权变影响和演化机理，是揭示逆向国际化企业创新搜索提升双元能力机理的核心议题。

为了探讨"逆向国际化企业创新搜索如何提升双元能力"这一关键问题，本书首先借鉴全球价值链、知识搜索、战略匹配等相关理论，通过定性比较法（QCA）探索逆向国际化企业创新搜索的知识源"组态"对双元能力的影响，并借助实证方法探究不同网络创新搜索的互动对组织双元能力的影响；其次结合知识观、动态能力、因果/效果决策理性等理论探讨创新搜索对逆向国际化企业双元能力的中介影响和权变影响机制，并检验了组织惯例的中介作用、因果/效果两种决策理性的权变作用；再次本书借助案例探索逆向国际化企业的创新搜索与决策理性的匹配关系对双元能力的影响，揭示逆向国际化企业在战略转型过程中涉及的复杂决策情境，并挖掘决策理性和创新搜索在企业不同发展阶段中的演化规律；最后借助系统动力学（SD）方法构建逆向国际化企业创新搜索对双元能力影响的动态仿真模型，揭示决策理性视角下创新搜索对组织双元能力影响的动态规律和演化路径。

三、研究框架与研究内容

本书基于逆向国际化、创新搜索、决策理性等理论，探讨逆向国际化企业创新搜索影响双元能力的作用机制。首先，鉴于创新搜索过程中，逆向国际化企业搜索的知识源"组态"、搜索策略及其互动等对双元能力的影响机制并不清晰，四类不同知识源组合、创新搜索策略及其对逆向国际化企业双元能力的影响有待深入探究。其次，逆向国际化企业在创新搜索过程中受到组织惯例和决策理性的影响，需要借助实证方法考察组织惯例对创新搜索与双元能力关系的中介影响，以及因果推理和效果推理的整合调节作用。最后，从动态演化视角，借助案例方法探究决策理性和创新搜索在逆向国际化企业不同阶段中的演化规律，并借助系统动力学（SD）

方法探讨逆向国际化企业创新搜索对双元能力影响的动态规律与演化路径。

本书主要分为六个子研究加以展开（见图0-1）。

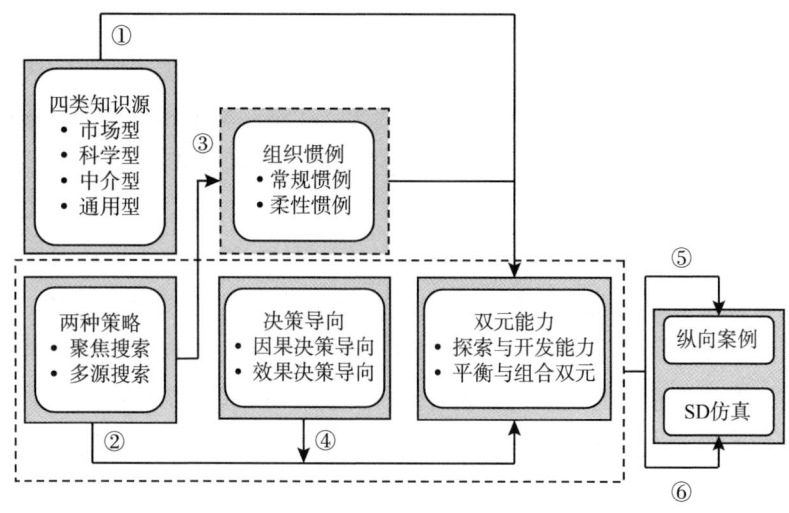

图0-1　本书研究的构思框架

注：图中的带圈序号代表本书的六个子研究。

子研究一：逆向国际化企业创新搜索对双元能力的组态效应研究

研究目的与内容：以外部知识来源作为创新搜索的切入点，并考虑逆向国际化企业的特征因素（企业规模、国际化经验、企业类型和研发强度），构建了以四大类知识源为条件变量的创新搜索与双元能力的组态效应模型，继而提出研究假设，并使用 fsQCA3.0 进行数据校准和模糊集的定性比较分析，检验研究假设是否成立，最终得出相关结论。

子研究二：逆向国际化企业创新搜索互动对双元能力的影响研究

研究目的与内容：基于网络嵌入、知识搜索、双元能力等理论，先整合跨地理边界知识搜索与知识源利用策略探究逆向国际化企业创新搜索互动模式，然后探讨不同网络层面的创新搜索互动对企业平衡和组合双元能力的影响，并通过长三角等地区的样本数据实证检验理论模型与相关假设。

　　子研究三：逆向国际化企业创新搜索对双元能力的中介影响研究

　　研究目的与内容：本研究整合了逆向国际化、创新搜索、组织惯例等理论，深入研究逆向国际化企业创新搜索对组织惯例，以及组织惯例对双元能力的影响机制，在此基础上讨论组织惯例在创新搜索与双元能力关系中如何发挥中介作用，以厘清逆向国际化企业创新搜索产生影响的相关路径。

　　子研究四：决策理性视角下逆向国际化企业创新搜索对双元能力的影响研究

　　研究目的与内容：为了揭示逆向国际化企业创新搜索互动对双元能力均衡的影响机制，本研究首先整合跨地理边界知识搜索与知识源利用策略探究逆向国际化企业创新搜索互动模式，其次探讨不同网络层面的知识搜索互动对平衡和组合双元能力的影响，最后通过长三角、珠三角地区的企业样本数据实证检验理论模型与相关假设，并对研究结果进行总结与讨论。

　　子研究五：逆向国际化企业创新搜索与决策理性的匹配对组织双元能力的影响研究

　　研究目的与内容：本研究通过纵向多案例研究方法对四家逆向国际化企业进行比较分析，具体回答了以下研究问题：逆向国际化企业采取不同的创新搜索策略如何影响双元能力？创新搜索与决策理性的匹配关系又会如何影响双元能力？这些匹配关系如何随企业发展而动态演进？本研究对逆向国际化企业创新搜索的"外在表象"与决策理性的"内在逻辑"匹配关系进行研究，对进一步推进创新搜索、双元能力以及决策理性的理论研究具有一定意义，有利于指导逆向国际化企业提升双元能力。

　　子研究六：决策理性调节下逆向国际化企业创新搜索对双元能力动态影响的仿真研究

　　鉴于动态竞争情境下企业嵌入双重网络的创新搜索作用系统存在多回路、多阶段、非线性等特征，为此探索逆向国际化企业创新搜索行为与双元能力的动态关系极为必要。本研究通过整合创新搜索、决策理性等理论，采用系统动力学（SD）方法探究逆向国际化企业创新搜索对双元能力的动态影响，试图识别最有效的搜索策略组合及其动态匹配规律，以期丰富创新搜索相关理论，为逆向国际化企业提升双元能力提供理论指导。

四、技术路线与研究方法

本书针对"逆向国际化企业创新搜索对双元能力有何影响"这一核心议题,基于逆向国际化、创新搜索、双元能力、决策理性等理论,以文献分析、定性比较分析(QCA)、多元回归分析、纵向多案例、系统动力学(SD)建模仿真等为手段,从作用机制、中介作用、调节作用、动态演化四个方面展开工作。本书的研究思路及总体方案见图0-2。

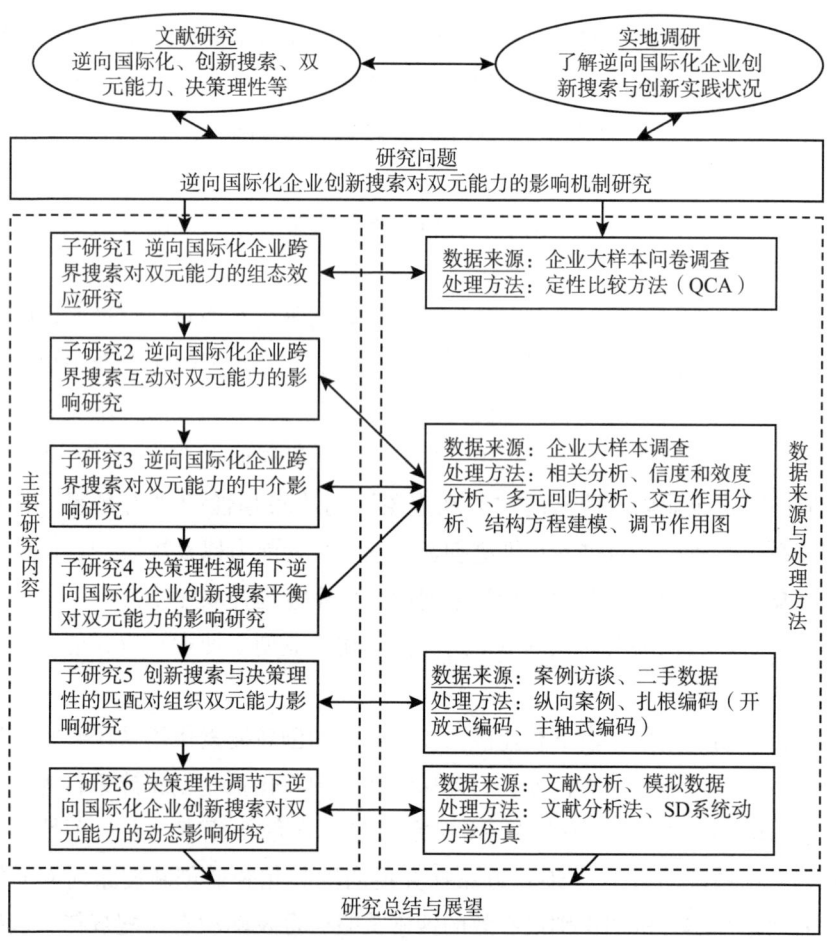

图0-2 研究思路及研究方法

在明确研究问题的基础上，本书综合运用规范分析与实证研究、定量研究与定性研究方法，具体研究方法如下。

（一）文献分析法

文献分析是通过对现有文献（逆向国际化、创新搜索、双元能力、组织惯例、决策理性等领域）进行系统性搜集与分析，发现逆向国际化企业创新搜索与双元能力方面的研究空间，以揭示诸多研究结果不一致的深层次原因，为本书的研究框架构建奠定基础。尤其对效果推理文献借助CiteSpace、Biexcel 和 SPSS 等软件进行文献计量分析，采用因子分析、多维尺度分析、共现分析、聚类分析及战略坐标分析等多种方法，识别效果推理研究的知识群及研究热点主题。在研究过程和研究结果中，将本书研究与以往文献进行对比，以确保研究的科学性与理论贡献。

（二）定性比较分析（QCA）

定性比较分析方法是介于案例导向和变量导向之间的研究方法，该综合研究策略聚合两种方法的优势于一体（Ragin，1987）。其基本思想是，以集合论和布尔运算作为其方法论的基石，探究前因条件组合如何引致被解释结果出现可观测的变化或不连续。QCA（qualitative comparative analysis）方法由拉金（Ragin）于 1987 年提出，该方法主要可以分为清晰集定性比较分析法（简称"csQCA"）、多值集定性比较分析法（简称"mvQCA"）以及模糊集定性比较分析法（简称"fsQCA"）。相比前二者，模糊集中的集合隶属分数可以展示数据的连续变化，结合了集合隶属的类别与程度兼具定性与定量的属性（杜运周和贾良定，2017），故本书采取模糊集定性比较分析方法。本书以外部知识来源作为创新搜索的切入点，并考虑企业经营的相关特征因素，构建了以四大类知识源为条件变量的创新搜索与双元能力的耦合机制模型，并使用 fsQCA3.0 进行数据校准和模糊集的定性比较分析，检验研究假设是否成立，最终得出相关结论。

（三）抽样调查与统计分析

统计实证研究适合研究较为复杂的问题，通过对样本数据的统计分析，可以有效地检验本研究的理论构念和假设模型。在访谈与文献基础上形成问卷初稿，通过专家讨论、预测试等环节形成科学的调查问卷。选取的样本企业不仅开展国外业务或出口活动，而且还需在国内市场拓展业务，通过问卷中设计"近3年是否有从国际市场转回国内发展的经历，且业务领域涉及国内外两个市场"这个问项，以及商务局等政府部门提供的外向型企业目录等方法来甄选符合要求的样本企业。此次调研的取样范围是以长三角、珠三角等地区从事外贸业务相对较多的沿海发达地区企业为主，针对企业的中高层管理者进行调查。为了检验相关假设与验证理论模型，拟采用SPSS25.0、AMOS22.0等软件工具，通过描述性统计分析、信度分析、因子分析、方差分析、多元回归、路径分析等方法检验本书提出的理论假设。

（四）案例研究

案例研究对回答"为什么"（why）或"怎么样"（how）这类问题非常适合（Yin，2003），本研究旨在探索创新搜索及其对双元能力的动态影响机理，采用案例研究方法可以从数据中呈现构念间的关系模式并利用这些关系蕴含的逻辑论点开发理论，为此采用案例研究加以探索。案例研究包括单案例和多案例两类，鉴于多案例能够相互比较和构建更准确与普遍性的理论，本研究采用多案例方法解释逆向国际化企业创新搜索的整体性和动态性（奉小斌，周兰，马晓书，彭学兵，2020）。基于理论抽样方法选择与研究问题相符的典型逆向国际化企业，选取四家正在转型的逆向国际化企业，被选的案例企业在创新搜索、决策理性和双元能力等方面的表现具有一定差异，以获取不同的组合类型和实现多重验证效果。通过对这些典型案例的深度访谈或二手资料进行扎根编码，结合书面文件、案例数据、观察信息及事后访谈回溯等方面，通过数据"三角验证"[①] 构建案例研究效度。本研究遵循殷（Yin，1989）等数据搜集建议，利用多种渠道

---

① 坎贝尔和菲斯克（Campbell & Fiske，1959）最早使用多元研究方法，后续学者将三角验证（triangulation）定义为研究同一现象时方法的整合应用，指出了四类三角验证：数据、研究者、理论和方法的三角验证。

（如二手数据、企业资料和半结构化访谈等）获取企业资料和信息进行交叉验证，确保研究数据的有效性。

（五）系统动力学仿真

系统动力学是通过建立系统动力学模型、利用 DYNAMO 编程语言在计算机上实现对真实系统的仿真实验，从而研究系统结构、功能和行为之间的动态关系，在处理高阶次、多回路、非线性的复杂系统演化问题上尤其有效（斯特曼，2008）。鉴于逆向国际化企业嵌入在国内外两种不同的知识网络中，在创新搜索过程中经常面临探索与开发两种能力均衡关系的动态变化，采用 SD 方法有助于揭示双重网络不同嵌入程度下逆向国际化企业各个子系统的互动过程，并利用仿真数据探究企业创新搜索的动态作用路径及双元能力演化规律。本研究将整体系统区分为创新搜索、决策理性和双元能力三个子系统，它们的关系如下：逆向国际化企业根据双元能力子系统的现状及外部市场需求，认识到自身的知识差距和能力差距，通过创新搜索子系统形成知识储备，进而借助决策理性子系统来影响企业的创新搜索行为与双元能力提升之间的关系。在此基础上，本研究构建系统动力学二阶模型呈现子系统之间的演化过程和相互影响，利用 Vensim PLE 软件进行存量和流量图绘制，各个子系统变化对企业双元能力产生新的影响，绩效反馈会引发企业对下一期创新搜索和双元能力形成的决策产生影响。最后，研究按照子系统设置，呈现各子系统的内部结构，包括模型的主要参数（如存量、流量、辅助变量）和仿真方程，其中仿真方程是根据相关理论基础和研究结果来编制各变量之间的关系，并分别模拟短周期和长周期来考察企业创新搜索对双元能力动态影响的短期规律和长期演化趋势。

第一章　理论基础

第一节　逆向国际化相关研究

一、逆向国际化的概念

逆向国际化作为企业国际化研究领域的重要分支之一，它通常指外向型企业在嵌入全球价值链提供代工或外贸出口服务的同时转向国内市场，谋求向国内价值链两端附加值较高环节攀升的过程（汪建成等，2008）。该研究领域吸收了国际化相关理论及最新国际化实践成果，学者们（Mihalache et al.，2012；Kafouros et al.，2022）更多基于"退出"视角将逆向国际化视为传统国际化的反向过程或反方向活动。国际化诸多理论流派中，邓宁（Dunning，1981）的国际生产折衷理论①，以及约翰逊和瓦赫内（Johanson & Vahne，1990）提出的乌普萨拉模型（U－M 模型）影响较大，后者强调国际化是企业从国内市场转向国外市场增加资源获取

---

① 国家生产折衷理论由英国雷丁大学的约翰·邓宁（Johnh Dunning）教授提出，他认为过去各种对外直接投资理论都只是从某个角度进行片面的解释，主张用一种折衷理论将有关理论综合起来解释企业对外直接投资的动机，该理论的核心包括所有权特定优势、内部化特定优势和区位特定优势（1977）。

知识的渐进式过程，但是天生国际化①和逆向国际化企业的出现挑战了传统国际化理论（Gnizy & Shoham，2014）。在传统正向国际化的理论基础上，有学者针对发达国家跨国公司的逆向国际化行为，提出去国际化、内向国际化、国际化回归、反向国际化等类似概念，但这些研究较多从经济学角度将逆向国际化视为企业主动或被迫放弃/减少国际市场业务的行为（Stentoft et al.，2016；Tang et al.，2021）。以金克尔（Kinkel，2012）为主的学者从"回流"视角探究企业主动地国际化回归，包括生产基地回迁、供应链采购回归、营销返回母国等多种形式。国内刘志彪和张杰（2007）等学者最早从全球价值链（global value chain，GVC）和国内价值链（national value chain，NVC）双链嵌入角度间接涉及逆向国际化问题，引发学术界和实业界的广泛关注。

逆向国际化概念内涵汲取经济行为、价值链嵌入、国际战略、国际学习、国际化行为等理论视角的研究成果，从不同理论视角对此概念形成不同的定义（奉小斌和马晓书，2018，2020；宋耘等，2021）。经济行为视角较早关注逆向国际化现象；价值链嵌入视角从双链嵌入角度界定逆向国际化；国际战略和国际学习视角侧重从国际化相反方向探讨企业在国内外市场的知识学习与互动；国际化行为视角聚焦逆向国际化活动在不同领域的差异性表现，并将逆向国际化研究推进到一个新的阶段。

（1）经济行为视角。逆向国际化本身是企业的一种经济行为，它是企业对国际市场环境变化和竞争格局的理性回应（Młody，2016）。贝尼托和韦尔奇（Benito & Welch，1997）、梅拉（Mellahi，2003）等学者较早提出了逆向国际化概念模型，并指出逆向国际化是企业选择放弃或减少参与国际竞争的主动/被迫行为。从经济行为视角来看，逆向国际化企业主要表现为企业将各项业务逐渐撤离或瞬间退出国际市场进而转向国内市场的特征（Aguzzoli et al.，2021），其实质是企业应对全球经济不确定所采取的一系列偏离正常预期的手段，包括减少国际出口、非连续出口、商业撤

---

① 奈特和卡瓦斯基尔（Knight & Cavusgil，2004）将企业从成立之初就从国际市场的销售中寻求相当部分的收入的企业，称之为"天生国际化"（Born Globals）企业，该类企业通常是"小型的，技术导向的"。

资、出口撤退等行为（Turner & Gardinere，2007）。

（2）价值链嵌入角度。在全球价值链低端嵌入的基础上，企业逆向国际化强调对价值链环节进行战略布局与高端要素提升（Natsuki，2022）。国内学者刘志彪和张杰（2007）最早从价值链嵌入视角关注逆向国际化问题，他们强调中国企业单一嵌入全球价值链（GVC）无法突破产业顶端锁定，制造企业升级要在融入 GVC 的基础上重新构建与其并行的国内价值链（NVC）。双链互动学者将原先的外向型企业谋求向 NVC 两端附加值较高的环节攀升的过程称为逆向国际化过程（汪建成等，2008），由于该定义较好地吻合我国外向型企业转向国内市场运营的动机和特征内涵而备受学者们认同。

（3）战略管理视角。从战略管理视角审视，当前研究对逆向国际化的概念界定还存在较大分歧。一方面，部分学者（Turner，2012）将逆向国际化定义为企业将国际业务转移到相对不发达地区或国内市场的过程，内向化转型是企业根据国际市场发生变化所采取的一种由国际市场转向国内市场的战略举措。另一方面，逆向创新、逆向并购等研究（覃大嘉等，2017；汪涛等，2018），将新兴市场企业逆向嵌入发达国家网络进行投资的行为视为逆向国际化。为了整合上述两方面研究，有学者从企业边界与地理边界两个维度将企业国际化活动划分为四大类型：在岸内包（onshore in-sourcing）、在岸外包（onshore out-sourcing）、离岸内包（off-shore in-sourcing）和离岸外包（off-shore out-sourcing），将企业从离岸内包和离岸外包向在岸内包和在岸外包的战略转移视为逆向国际化（Bals et al.，2016；Carmen & Femando，2021）。

（4）国际学习视角。逆向国际化是一个企业在国际竞争中不断积累经验知识与融入新观点的组织学习过程，如覃等（Chin et al.，2015）研究如何突破 Uppsala 模型的经验学习和路径依赖，聚焦代工企业的逆向国际化过程及应对国际竞争改变学习路径，突出强调利用国际化知识在国内市场竞争。国际学习视角发掘国际市场与国内市场之间存在互动，如赫立格尔等（Herrigel et al.，2013）指出国际化技术或市场知识经验是外向型企业开拓国内市场的基础，同时逆向国际化还是企业利用本国市场培育创新能力的过程，逆向知识转移（Mudambi et al.，2014）、逆向技术溢出（陈岩和翟瑞瑞，2014）等方面的研究体现了这一观点。

（5）国际化行为视角。基于这一视角的相关研究主要集中在两个方面：一方面，有学者以发达国家跨国企业（multi-national corporation，MNC）为研究对象，探讨企业去国际化（Tang et al.，2021）、生产基地回迁（Kinkel，2012；Alessandro et al.，2019）、双元国际化（Prange & Bruyaka，2016）、逆向国际化维度结构（Gnizy & Shoham，2014）等问题，这些研究虽然逐渐明晰企业逆向国际化是与国际化相对立的概念，但研究结论未必适用于发展中国家。另一方面，也有学者聚焦于中国外向型制造企业，探讨OEM代工企业如何应对国内竞争（Chin et al.，2015）、逆向技术溢出与企业成长（陈岩和翟瑞瑞，2014）、价值链嵌入与后发企业追赶（Prange & Pinho，2015），这些研究关注代工企业特征却很少关注企业嵌入的国际与国内市场网络特征。

虽然以往研究使用去国际化（de-internationalization）、国际市场退出（withdrawal）、减少出口（de-exporting）、母国回流（re-shoring或back-shoring）等词语表述逆向国际化相关含义，甚至有时上述词语成为替换逆向国际化的近义词，但是逆向国际化与去国际化、反向国际化、双元国际化、天生国际化、国际化回归等概念存在一定的联系和差异，本研究从概念界定、主要表现等方面加以辨析，见表1-1。

表1-1　　　　　　　　企业逆向国际化的相关概念辨析

名称	概念界定	主要表现	代表学者
逆向国际化	逆向国际化是企业在全球化过程中主动或被迫放弃或减少国际市场业务，它是企业应对外部危机的一种战略选择	完全的或部分的、速度可快或慢、渐进的或同时的发生、发生在国际化的任何阶段、可以是随机发生或提前计划发生	Benito & Welch（1997）Chin et al.（2015，2016）Gnizy & Shoham（2004，2018）
去国际化	去国际化是指企业受到诸多因素影响而调整战略布局以减少国际市场卷入度的一种现象	聚焦国际化收缩的范围，自愿或被迫卷入、部分或完全退出国外市场	Mellahi（2003）Młody（2006）Turcan（2007）Tang et al.（2021）

续表

名称	概念界定	主要表现	代表学者
反向国际化	出口导向的代工企业积极转向母国市场，在国内研发并制造自主品牌实现反向国际化	反向国际化是天生国际化代工企业战略转型的策略，并受到国际市场和国内政策刺激	Chang（1996） Herrigel et al.（2013） 覃大嘉（2017）
双元国际化	国际化过程包括内向国际化和外向国际化，前者是指引进国外知识与经验，后者是指将国内优质要素延伸至国际市场	国际化是一个双向学习过程，在模式、能力、市场、创新和绩效等方面呈双元特征，利用国内外市场资源提升竞争力	Prange & Bruyaka（2016） 逯宇铎等（2014）
天生国际化	天生国际化作为国际创业的一种特殊形式，此类企业成立之初就迅速进行国际市场运营	早期、快速、广泛地参与全球各个市场，以更好的整合搜索国际市场资源获得更好绩效	Monferrer et al.（2015） Jean – Francois et al.（2021）
国际化回归	国际化回归是指企业为了开发国内市场而对国际业务基地和采购等活动进行重新布局	包括生产基地回迁、供应链采购回归、市场营销活动回归母国等形式，并非出于自愿	Kinkel（2012） Stentoft et al.（2018） Bemhard et al.（2019）

资料来源：根据奉小斌和马晓书（2018）等相关文献资料整理。

天生国际化企业在成立之初迅速进行国际市场运营，但随着国际经营市场的动态变化可能借助逆向国际化战略平衡国内外市场风险，重新调整两个市场业务布局，从而维持企业持续竞争力（Monferrer et al.，2015，2021）。通过表1－1的对比可知，逆向国际化概念更强调企业应对国际竞争的主动战略选择，它呈现的特征较为复杂并可能与相关概念交叉，国外学者更多从国际经营活动角度明晰逆向国际化问题，但研究结果未必契合我国外向型制造企业在此过程中沿着价值链升级的实际情况。综合上述分析，本研究借鉴刘志彪和张杰（2007）、汪建成等（2007）、奉小斌和马晓书（2018）研究成果，将企业逆向国际化定义为企业在嵌入全球价值链提供出口服务的同时拓展国内市场，不断实现国内价值链环节高端要素升级的过程。

二、企业逆向国际化相关文献计量分析

为了相对全面地选择能够表征企业逆向国际化现象的相关或相近的关键词，本研究以 WOS 的 SCI – E 数据库和 SSCI 数据库的英文文献为数据来源，经过查阅文献和咨询相关专家确定筛选的检索主题词包括 Reverse internationalization、De-internationalization、Ambidextrous internationalization、Nonlinear internationalization、Backshoring、Reshoring、Rightshoring 和 Relocation。排除重复项后，共筛选获得 263 篇文献，文献时间跨度为 2007 ~ 2018 年。具体地，通过 Biexcel 软件构建高被引文献共现矩阵和关键词共现矩阵，利用 SPSS 软件进行因子分析、聚类分析、多维尺度分析（multidimensional scale analysis）和战略坐标分析（strategic diagram analysis）。

首先，利用主成分法（principal components）和最大方差法（varimax）对高被引文献相关矩阵进行因子分析，然后抽取 7 个主成分因子。参考杨书燕等（2017）研究对因子的命名方式，结合企业逆向国际化相关文献的内容，形成如表 1 – 2 所示的被引文在 7 个因子中的分布情况。具体地，七个因子分别代表：①制造业回归、回流；②位置模型与位置选择；③国际化过程；④企业国际化发展；⑤企业战略；⑥再次择位；⑦国际化模式。

表 1 – 2   主成分分析确定的企业逆向国际化领域的学科知识结构

高被引文献	因子荷载	研究主题	高被引文献	因子荷载	研究主题
1 制造业回归、回流			2 位置模型与位置选择		
Martinez – Mora（2014）	0.937	离岸外包与回流	Gendreau（2006）	-0.853	减少交易成本
Arlbjorn（2014）	0.924	制造业回流	Erkut（2008）	-0.843	位置选择
Gylling（2015）	0.913	制造业回归	Toregas（1971）	-0.835	位置选择
Ellram（2013a）	0.908	离岸外包与回流	Gendreau（1997）	-0.833	位置模型

续表

高被引文献	因子荷载	研究主题	高被引文献	因子荷载	研究主题
Ellram（2013b）	0.892	离岸外包与回流	Gendreau（2001）	−0.832	再次定位
Tate（2014a）	0.887	制造业位置抉择	Repede（1994）	−0.778	位置选择
Tate（2014b）	0.881	离岸外包与回流	Church（1974）	−0.751	位置模型
Fratocchi（2014）	0.878	制造业回归	Daskin（1983）	−0.751	位置模型
Larsen（2013）	0.876	离岸外包	Brotcorne（2003）	−0.699	再定位模型
Gray（2013）	0.858	制造业回流	Eisenhardt（1989）	0.693	案例研究方法
Contractor（2010）	0.849	回流现象	3 国际化过程		
Lewin（2006）	0.795	离岸外包与回流	Benito（1997）	0.882	去国际化
Dunning（1980）	0.759	国际化	Johanson（2009）	0.850	国际化过程
Lewin（2009）	0.756	离岸外包	Johanson（1990）	0.820	国际化过程
Teece（1997）	0.748	动态能力	Oviatt（1994）	0.761	国际化过程
Barney（1991）	0.658	企业资源观	Voss（2002）	0.754	案例研究方法
Manning（2008）	0.643	制造业回流	Miles（1994）	0.695	案例研究方法
Buckley（1976）	0.634	跨国企业的未来	Yin（2003）	0.657	案例研究方法
4 企业国际化发展			Luo（2007）	0.644	国际化过程
March（1991）	0.774	探索与开发	5 企业战略		
Doh（2005）	0.719	离岸外包	Vernon（1966）	0.641	产品交易成本
Cohen（1990）	0.673	吸收能力	Dunning（1988）	0.580	国际化
Williamson（1975）	0.458	国际化组织	Porter（1990）	0.504	竞争战略
Coase（1937）	0.457	公司的本质	6 再次择位		
7 国际化模式			Kinkel（2012）	0.750	再次择位
Johanson（1977）	0.828	国际化模式	Kinkel（2009）	0.746	再次择位
Johanson（1975）	0.822	国际化模式	Kinkel（2014）	0.742	再次择位

注：所有高被引文献只列出第一作者名字及发表年份。

其次，为进一步了解企业逆向国际化领域研究的知识网络结构，将高被引文献相异矩阵导入 SPSS 采用多维尺度分析方法，选择 Euclidean 距离，得到如图 1-1 所示的企业逆向国际化研究领域的知识基础图谱。为保证各类别划分的科学性，参照因子分布情况，结合文献阅读以及关键词频次，划分企业逆向国际化研究五大知识群为：①制造业回流；②国际化过程；③竞争战略；④经济学位置模型；⑤再次择位。

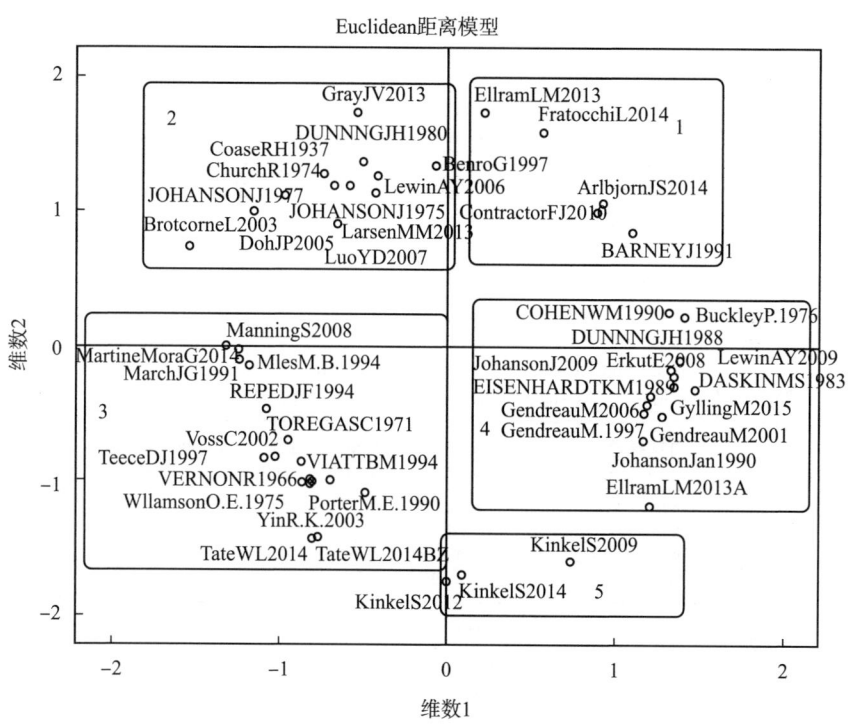

图1-1　企业逆向国际化研究领域的学科知识基础

再次，根据卡隆等（Callon et al.，1991）和杨书燕等（2017）的聚类原则进行聚类分析，步骤如下：①利用 CiteSpace 软件在 Project 中生成关键词共现矩阵（163×163）；②查找共现矩阵中余弦指数最大的一对共现关键词，并将其作为第一个聚类的主题词，以余弦指数最大的两个关键词为依据，将 163 个关键词与该对关键词中的任一关键词的余弦指数为准，并按照降序原则进行排列，选取排列位于前十位的关键词构成第一个聚类，且只选择余弦指数大于 0 的关键词；③划分第一个聚类后，删除已加入聚类的关键词所在的行和列；④重复前三步对矩阵进行划分，得到最终的聚类结果。为了保证关键词的代表性，剔除仅有两个关键词构成的聚类，最后得到有效聚类团9个，各类团分布情况如表1-3所示。

表1-3 企业逆向国际化各类团名称及成员

序号	类团	类团成员
1	绩效	绩效（performance）、协作共进（coevolution）、不确定性（uncertainty）、贸易（trade）、服务（service）、交易成本经济学（transaction-cost-economics）、组织购买行为（organizational-buying-behavior）、业务内包（insourcing）
2	回流	内向外包（outsourcing）、回归（backshoring）、制造业（manufacturing）；制造业战略（manufacturing-strategy）；战略管理（strategic management）、管理（management）、供应链（supply-chain）、链（chain）、影响（impact）、回流（reshoring）
3	管理者	管理者（manager）、调整（adjustment）、社会网络（social-network）
4	新兴市场	创业（entrepreneurial）、天生国际化（born-global）、新兴市场（emerging-market）、动态能力（dynamic-capability）、案例研究（case-study）
5	再次择位	再次择位（relocate）、投资（investment）、创新（innovation）、模仿（simulation）、生存（survival）、民族文化（national-culture）、全球化（globalization）、离岸外包（offshoring）、商业（business）
6	产品战略	战略（strategy）、产业（industry）、框架（framework）、未来研究（future-research）
7	位置决定	流动性（mobility）、位置抉择（location decision）、选择（choice）
8	社会网络	产品（production）、系统（system）、运作灵活性（operational-flexibility）
9	探索、开发	新兴经济体（emerging-economy）、探索（exploration）、开发（exploitation）、天生国际化企业（born-global-firm）、组织双元（organizational-ambidexterity）、跨国企业（multinational-enterprise）

注：根据 CiteSpace 和 Excel 软件整理所得。

最后，基于高频关键词共词聚类，结合表1-3各类团情况，采用战略坐标图来进一步揭示企业逆向国际化各研究热点的战略地位，预测各研究热点的发展趋势。战略坐标图由劳等（Law et al.，1998）提出，用密度和向心度两个指标度量。密度值可反映使关键词聚合为一类团的联系强度，用词团内所有关键词两两共现频次总数的均值计算。向心度则表示研究主题间的联系程度，可用该类团中关键词与其他类团关键词共现频次之和的均值来计算。以向心度为X轴、密度为Y轴，并以二者均值的相交点（1.970，0.926）作为坐标原点绘制企业逆向国际化研究战略坐标图，如图1-2所示。

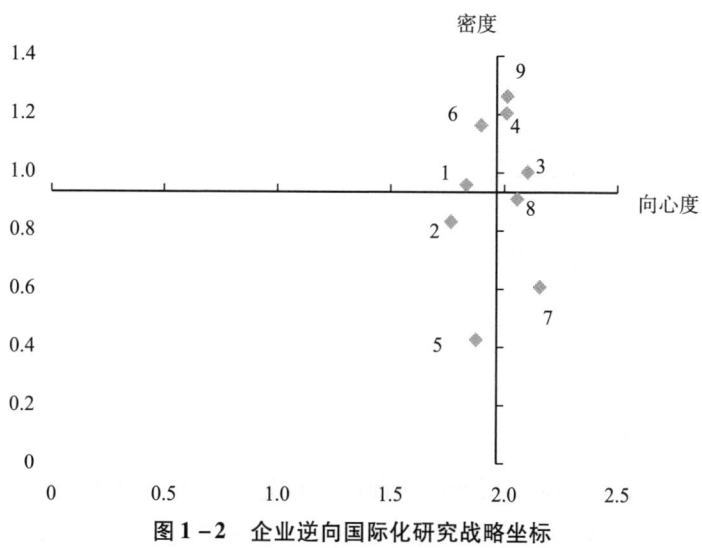

图1-2 企业逆向国际化研究战略坐标

从图1-2各象限的分布情况看，第一第二象限类团聚集较多，第三第四象限聚集较少。首先，第一象限有三大类团分布，但是并未出现向心度和密度都很大的类团，也说明企业逆向国际化领域的研究还处于探索阶段。其中"探索、开发（9）"密度值处于较高水平，向心度处于均值水平以上，表明该主题内部关系较为密切，研究学者较多且发展路径较为成熟。"新兴市场（4）"密度相对较大，向心度略高于总体均值，表明这个主题研究处于不断发展过程中，研究内容正在不断丰富与完善，可能成为未来企业逆向国际化的研究热点。相反"管理者（3）"向心度相对较高，密度处于总体均值水平以上，说明该研究与其他类团具有一定的联系。其次，第二象限有两大类团分布，分别是"绩效（1）"和"产品战略（6）"，其中"产品战略（6）"密度相对较高，但向心度较低，表明该主题理论脉络较为成熟但研究相对独立。而"绩效"向心度较低，密度处于总体均值水平以上，表明该主题具有一定的内部关系，未来仍需各领域学者不断完善。再次，"回流（2）"和"再次择位（5）"分布于第三象限，其向心度和密度均处于相对较低水平，表明这些研究内部结构较为分散，研究尚未成熟，很有可能成为企业逆向国际化领域未来研究议题。最后，"位置决定（7）"和"社会网络（8）"分布于第四象限，其向心度较大，密度值较低，尤其是"位置决定（7）"向心度是所有类团中的最大值，说明这一分支属于企业逆向国际化研究的核心却不成熟领域，亟待学者进一步探索总结。

三、企业逆向国际化的前因

企业逆向国际化的触发因素相对复杂，逆向国际化既可以视为一种直接驱动过程，也可以看作企业因内外动力驱使而偏离原有国际化路径（Gnizy & Shoham，2014）。梳理以往相关研究可知，企业逆向国际化的前因涉及个体（团队）层面、企业层面、行业层面和环境层面的多种类型因素。

（1）个体（团队）层面影响前因。首先，基于高阶理论的相关研究表明，高管人口统计学变量（如工作经验、教育程度、任职期限、种族特征、经济地位等）对企业国际化或逆向国际化具有一定影响（Li，2018；Wach & Glodowska，2021）。如泰特（Tate，2014）等研究从高管团队人口统计学特征、胜任力特征、团队注意力、团队结构等方面，探讨了高管团队特征对企业国际化战略的影响。其次，鉴于企业逆向国际化过程中面临着复杂和高度不确定的决策情境，管理者的国际化知识、经验和认知影响企业国际化战略（Surdu & Narula，2020）。运用国际市场学习逻辑能够很好地解释 U – M 模型，获取或维持国际市场知识的困难可能导致企业国际化进程停滞或倒退（Johanson & Vahne，1990）。如雷利扬（Reiljan，2004）发现新经理人员或缺乏国际化人员将影响逆向国际化的成败或速度，高管团队的注意力在企业国际化战略决策和执行过程中发挥重要的作用（Maitland & Sammartino，2015）。最后，企业高层的能力和风险态度影响企业逆向国际化决策（Aguzzoli et al.，2021）。汉布瑞克和梅森（Hambrick & Mason，1984）研究发现高管团队特征也会影响企业对自身资源能力的判断以及对外部环境的认识，从而影响企业战略决策的方向。

（2）企业层面影响前因。首先，企业特征因素对逆向国际化影响的研究备受关注，如索尔等（Soule et al.，2014）研究发现企业规模、业绩、国际化战略实施时间和企业经营范围会对逆向国际化产生影响，也有研究发现组织结构调整或组织治理（如国外子公司关停、减少子公司控制权等）可能成为出口障碍而引发出口中断。其次，早期学者通过案例研究发现企业业绩差、利润低或成本上升是导致其退出国外市场的重要原因（Tan & Sousa，2019），后续学者强调知识获取能力、跨市场知识、国际化战略、动态国际能力等影响企业国际化成败（Acosta et al.，2018；Schmid & Morschett，2020）。保罗等（Paul et al.，2017）从资源角度识别出影响企业出口缩减者终止出口的内外部因素，包括缺乏合适的人员、缺乏资金和渠道等，但是如果企业的技术、组织能力、人力资本等能适应东道国当地的市场和生产条件并具有竞争力，那么企业逆向国际化的可能性较低（Konara & Ganotakis，2020）。最后，企业产品特征（如技术优势、对产品创新的关注、产品属性、产品质量）等因素影响后发企业的技术追赶，并依赖 OEM 积累经验突破产品创新瓶颈实现逆向国际化（Crick，2020）。借助技术创新理论，发展中国家企业逆向国际化演进的缘由可能有两个方面（Martineau & Pastoriza，2016）：一是东道国消费者对产品需求引致创新，二是企业整合国内外技术或市场知识形成产品创新的创意来源，逆向国际化是产品创新的重要途径，企业由此获得竞争优势将进一步深化逆向国际化进程。

（3）行业层面影响前因。学者们对企业国际化的外部行业层面影响因素的研究主要集中在行业基本特征和深层特征，类似地可以探究影响逆向国际化的行业特征因素。一方面，影响逆向国际化的行业基本特征包括主要行业行为、行业竞争、行业集中度、行业成熟度等（Yang et al.，2021；Canello，2022）。如多明戈斯和迈尔霍夫（Dominguez & Mayrhofer，2017）等研究发现，竞争强度大可能导致企业通过降低对逆向国际化的承诺、资源或控制来减少国际业务组合。雷利扬等（Reiljan et al.，2004）研究指出，母国、东道国或第三国行业竞争水平可能影响企业逆向国际化战略实施。近年来，中美贸易关系紧张，全球经济不稳定性上升，外贸行业盈利能力下降，驱使企业转向国内市场（覃大嘉等，2017）。另一方面，行业层面的深层特征体现在行业发展趋势、行业创新导向、行业知识密度等方面。产业集中和产业演变对企业逆向国际化产生影响，随着市场和产业全球化程度的不断加深，企业竞争环境会随之发生变化，必然会对企业国际化战略选择造成显著影响（Bals et al.，2016；Jesús & Elena，2022）。

（4）环境层面影响前因。学者们从环境层面分析企业逆向国际化的影响因素，主要集中在东道国环境、母国环境以及母国与东道国关系等方面。首先，众多传统国际化或国际投资相关研究证实，东道国宏观政策环境的不利因素将诱发企业逆向国际化行为发生（Kafouros et al.，2022）。如格尼兹和索哈姆（Gnizy & Shoham，2014）、雅拉等（Yayla et al.，2018）强调东道国的生产管制、政局稳定性、基础设施、竞争对手的攻击或代理商缺乏信任等因素均会影响逆向国际化。其次，由于存在"母国市场效应①"，使得新兴市场企业可以凭借控制部分非市场资源（如消费者、渠道、中间品等）获得成本优势或准入（Cuervo - Cazurra et al.，2020），研究母国政治经济环境以及政策变化对中国企业逆向国际化行为的触发作用具有特殊意义。泰特（Tate，2014）认为美国制造业跨国公司回流是由一系列国家层面的因素驱使，如政府刺激措施、政府补贴、税收优惠、产业政策等，以及出口管制，吸引企业将生产环节迁回国内。最后，母国与东道国关系（如地理距离、贸易关系）对企业逆向国际化具有显著影响（Zhang et al.，2016；Witt，2019），部分研究探讨了文化差异和地理距离可能刺激企业采取逆向国际化策略，尤其对在当今复杂的中外政治关系背景下探究中国与东道国关系对逆向国际化企业的影响迫在眉睫。

四、逆向国际化对企业绩效的影响相关研究

（一）逆向国际化对企业绩效的直接影响

逆向国际化作为一种国际多元化战略行为，关于其对企业绩效的影响作用尚未形成共识（Mohr et al.，2020）。虽然部分跨国企业能够利用先

---

① 母国市场效应是指在一个存在报酬递增和贸易成本的世界中，那些拥有相对较大国内市场需求的国家将成为净出口国，简称 HME。

前国际化经验促进回国拓展业务渠道，可能在母国获得高于本土企业的绩效，但是也有些以发达国家市场为主的外向型企业在实施逆向国际化初期由于难以适应国内客户需求，导致国内业绩惨淡（Bals et al.，2016）。少数学者认为逆向国际化是一种战略或经营失败（Turcan，2013），而更多学者强调逆向国际化通过改善国内外市场地位、修正国际化速度等方式促进企业绩效（Chin et al.，2015；Malin & Jan，2018）。以往国际化研究学者聚焦企业逆向国际化的现象、前置因素和形成过程的探究，对绩效结果的关注度相对较分散。翁克林等（Onkelinx et al.，2016）利用比利时中小企业的大样本实证分析，结果表明企业退出国外市场的时间距离对企业绩效产生非线性化的影响。由于逆向国际化阶段及过程的复杂化，它与企业绩效的关系也可能呈现出国际化与企业绩效类似的多元化结果（Fernández - Olmos et al.，2016）。进一步来说，企业逆向国际化广度、深度、速度及阶段等子维度对企业绩效的动态影响缺乏实证检验。企业在逆向国际化初期可能会因不适应市场需求而呈现业绩下滑，逆向国际化强度和国际距离可能与企业绩效之间存在"S"形曲线关系、逆向国际化多样性与绩效之间可能存在倒"U"形曲线关系（Miller et al.，2016）。现有关于逆向国际化和绩效的关系研究往往忽视了两者之间的相互影响关系，即逆向国际化战略会影响企业绩效，反过来企业绩效也会影响逆向国际化的动机和能力。

　　企业逆向国际化影响企业内部整体运营和各种形式的结果，主要包括绩效结果和非绩效结果两大类。第一，借鉴原有企业国际化绩效的测量方法和指标体系，覃等（Chin et al.，2016）尝试从销售额增长、利润增长、市场占有率增长三个方面测度逆向国际化企业绩效，并将其区分为国内绩效和国际绩效（奉小斌和马晓书，2020）。尽管学者们对于国际化绩效已有较多的测量方法，如 FSTS（海外收入占总收入比重）、FOTO（海外机构数占总机构数比重）、FATA（国外资产占总资产的比重）等，但是现有测量方法尚未从国际化方向维度探讨逆向国际化绩效测量问题。第二，鉴于逆向国际化行为所导致的企业国际化过程与结果受到其他情境因素的影响（Gnizy & Shoham，2018），逆向国际化产生的非绩效结果相比绩效结果更复杂，包括经营稳定性、对价值链或利益相关方的影响等结果

（Brandon – Jones et al.，2017；Alam et al.，2022）。逆向国际化不仅对目标企业的财务或市场绩效产生一定的直接影响，还会对企业上下游价值链相关方（如顾客、供应商等）产生较大影响，甚至这种战略的实施还对企业分支机构（Hsuet et al.，2013）、离岸外包或返流制造决策（Stentoft et al.，2018）、组织韧性的形成（宋耘等，2021）等产生影响，因而对企业逆向国际化直接影响的评判需要更加综合和全面。

（二）逆向国际化对企业绩效的间接影响

其一，现有部分研究试图从组织学习、知识管理、资源基础观等理论视角阐述逆向国际化对企业绩效的重要影响，但上述关系之间的中介路径"黑箱"还没有完全打开。动态能力对企业适应新环境和调整资源配置具有重要作用，尤其对新兴市场企业进入发达国家寻求战略性资源从而克服"后来者劣势"具有重要价值（汪涛等，2018）。少数学者实证研究表明，动态能力、吸收能力、双元能力等对逆向国际化绩效存在中介影响，如覃大嘉等（2017）发现外向型企业在早期外贸出口过程中培育的动态核心能力正向影响反向国际化自主品牌绩效。莫弗瑞等（Monferrer et al.，2015）证实吸收能力有助于企业成功地学习且应用海外市场知识，学习与能力积累可以实现绩效的攀升。罗和芮（Luo & Rui，2009）发现，将新兴经济企业国际双元能力与国际化过程中的双元能力结合，可以抵消后发企业的不利，上述研究揭示的"战略—能力—绩效"逻辑启发未来研究探讨双元能力对在上述关系的中介影响机理。

其二，也有学者梳理了影响企业国际化的情境因素。由于逆向国际化企业嵌入在复杂的内外部情境中，这些内外部因素既可能作为触发企业实施逆向国际化的动因，也可能影响逆向国际化对绩效的作用强度或方向（Martineau & Pastoriza，2016）。一方面，逆向国际化与企业绩效的关系受到高管经验、高管团队属性、国际化战略等企业内部因素的调节。企业高管的价值观与经验影响企业战略制定已得到学术界认同，皮亚斯科夫斯卡和特洛伊诺夫斯基（Piaskowska & Trojanowski，2014）研究发现拥有丰富国际经验的高管更容易识别外部的机会和威胁，并引导企业制定逆向国际化战略应对海外竞争压力。企业国际化宽度、深度、速度也会影响企业逆向国际化战略（Hsuet et al.，2013），高管平衡国际化速度、宽度和深度的战略考虑也会对企业逆向国际化与绩效的关系产生权变影响。另一方面，环境动态性、行业竞争性、网络嵌入等外部因素对逆向国际化与企业绩效的调节作用有待深入，进一步考察不同环境下逆向国际化各子维度与国际/国内绩效的差异化影响。格尼兹和索哈姆（Gnizy & Shoham，2018）认为，国际环境动态性增加会影响企业进入国际市场的数量、国际化运营路径和国际化速度，导致企业面临信息不对称和决策困境，从而影响企业绩效。母国市场和东道国环境动态性会影响企业对国际市场战略动态调整，东道国市场竞争加剧可能会倒逼企业返回国内市场（覃大嘉等，2017；Tang et al.，2019），因此应借鉴国际化领域的研究成果探讨环境层面各个因素对逆向国际化及其子维度与企业绩效的权变作用机制。此外，李等（Li et al.，2018）研究发现，母国制度兼容性和东道国制度不兼容性使得国有企业相比于私营企业更倾向于多投资国内，减少海外投资。现有研究强调母国社会网络为企业转向国内市场提供市场知识和信息，东道国制度嵌入（如制度环境、制度距离）影响逆向国际化与绩效的关系（汪涛等，2018），但是国内外网络双重嵌入特征（如嵌入强度、中心度、平衡性等）如何影响逆向国际化对国内外绩效的差异性作用尚不可知。

五、文献总结与研究展望

（一）文献总结

基于上述对现有相关研究的梳理可知，目前关于企业在什么条件下实施逆向国际化战略、如何实施逆向国际化、逆向国际化战略实施过程中受哪些情境因素影响等问题的研究缺乏系统思考与整合（奉小斌和马晓书，2020），为此本研究探索性地从"前因—过程—结果"范式将已有研究成果纳入整个研究框架（见图1-3），并指出企业逆向国际化未来潜在的研究方向。

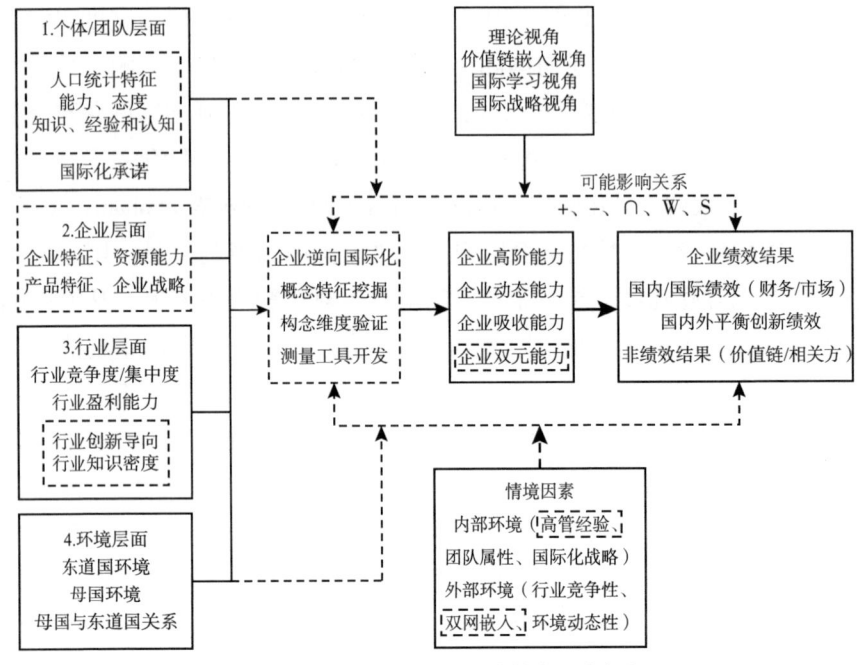

图 1 – 3　企业逆向国际化的整合研究框架

注：上图来源于奉小斌和马晓书（2020），图中已有研究用实线框，虚框和虚线表示尚未研究或结论仍存在争议的领域。

（二）逆向国际化未来研究展望

目前企业逆向国际化研究引发国内外学者的广泛关注，但研究的广度及深度相对有限，针对现有研究不足，未来可从以下四个方面探索延伸。

第一，逆向国际化构念维度及测量。虽然逆向国际化概念内涵散落在相关研究领域，学者们从不同理论视角对企业逆向国际化的概念加以界定，但它更倾向是国际化过程的非连续性或非线性过程（Kafouros et al.，2021）。另外，以往有些研究仅从单一维度衡量逆向国际化，这可能限制了对其丰富内涵的理解，格尼兹和索哈姆（Gnizy & Shoham，2018）强调逆向国际化是一个多维形成型构念（Formative Construct）[①]，但目前关于

[①]　形成型构念是指其意义由测量指标来定义的，在测量模型中通过观测指标指向潜在概念的单向箭头表示，这种测量模型称为形成型测量模型，其测量指标称为形成型指标。

企业逆向国际化的维度和测量还存在较大分歧。鉴于逆向国际化是一个动态过程及复杂国际经营活动的综合，它涵盖传统国际化与非线性国际化相似或相反的特征，未来研究应借助案例分析进一步揭示逆向国际化概念内涵及维度结构，在不同类型案例（如中小企业、跨国企业）扎根研究基础上形成通用的测量量表，并搜集跨国企业样本进行探索性因子分析（EFA）和验证性因子分析（CFA）。

第二，逆向国际化多维构念的影响前因。关于企业逆向国际化前因的现有研究大多来自国际创业、天生国际化等领域，逆向国际化究竟是企业的自愿还是非自愿行为，不同的判定将会导致其演进和驱动因素存在差异。当前对逆向国际化原因研究尚无定论，多维形成型构念的每个维度均可能有其潜在原因。未来研究应该基于多案例探索逆向国际化的多维触发前因，在此基础上采用实证数据验证多个层面的前因及其交互对逆向国际化子维度的影响机制。首先，国内外从人口统计学特征对国际化影响的现有研究尚未得出一致结论，未来应整合高阶理论及管理认知理论筛选出与企业逆向国际化最相关的特征（如海外经历、团队异质性等），构建影响企业逆向国际化的高管层面影响模型并加以实证。其次，未来应强化企业特征（如国际化阶段、国际化进入模式）对企业逆向国际化的影响研究，如从企业国际化阶段探究企业逆向国际化的演进过程及决策机制（Vissak & Francioni，2013）。最后，重视逆向国际化的行业与环境层面驱动因素交互研究，不同因素对企业逆向国际化决策的影响机制还需要大量实证研究，尤其需要结合环境扫描及政策工具等方法探究东道国及母国政策环境对企业逆向国际化的影响。

第三，逆向国际化作用机制实证研究。逆向国际化作为企业国际化的一种特殊形式，其本质上是一种企业多元化竞争战略，但对企业绩效结果的影响存在国际化战略失败的负面标签或正常战略调整的争论（Chin et al.，2015）。以往对逆向国际化与企业绩效关系的实证研究极其匮乏，两者可能并非简单的线性关系。首先，已有关于国际化影响企业绩效结果的实证研究发现，至少存在线性、二次方、三次方、甚至不相关等多种结论（陈立敏，2014），但逆向国际化企业的发展路径、特征以及成长模式与传统国际化企业存在很大差异，逆向国际化对企业绩效究竟产生哪些影响有待验证。其次，逆向国际化不是各种去国际化表现形式的简单相加，其子维度之间也可能相互影响，未来应强化不同子维度对逆向国际化绩效结果（如市场结果、财务结果或创新结果）及国内与国际绩效平衡的影响机制研究。最后，退出某个市场和进入新市场可能是企业在两个阶段的活动，其对结果的影响具有动态复杂性（孟繁怡和傅慧芬，2013），应该通过纵向跟踪对逆向国际化活动影响企业绩效的过程进行研究，并运用系统动力学等方法纳入相关方的非绩效结果来分析。

第四，逆向国际化的中介调节作用研究。部分学者将逆向国际化视为单个逆向国际化活动整体加总的做法，可能无法揭示逆向国际化不同维度通过动态能力对国内外绩效的差异化影响路径，并且触发企业逆向国际化的前置因素也可能是调节逆向国际化与结果变量关系的情境因素（Gnizy & Shoham，2018）。首先，逆向国际化企业跨越全球、国内和本地三重网络，动态能力等理论对揭示企业逆向国际化的"战略—能力—绩效"黑箱提供了启发，未来应深入探究逆向国际化各子维度通过不同类型的高阶能力影响企业国内外双元绩效的差异。其次，逆向国际化事件导致企业重新调整国际化战略和行为，且其结果受制于其他情境活动，未来应基于管理情境理论构建逆向国际化影响企业绩效的调节模型，深度挖掘宏观、中观和微观层面因素及其交互对两者关系的调节作用。最后，可以借鉴以往研究构建有调节的中介模型，将高阶能力的中介效应和情境因素的调节效应整合到同一个分析框架中，并采用拔靴法（bootstrapping）精确地揭示效果决策调节作用在三条中介路径"前因→中介变量""中介→结果变量""前因→结果变量"中的作用实现机制。

（三）逆向国际化企业相关主题研究展望

外向型企业通过逆向国际化来实现战略转型已引起政产学界的广泛关注，但缺乏科学的理论研究支撑，这可能影响逆向国际化企业的可持续发展。学术界对逆向国际化企业的研究主要集中在两个方面：一方面，以发达国家跨国企业作为研究对象，探究其维度结构、形式、特征和后果等，但研究结论未必适用于发展中国家；另一方面，以中国外向型企业作为研究对象，探讨代工企业的国内竞争、转型升级和企业追赶等问题，但很少关注企业双重网络嵌入特征（奉小斌和马晓书，2020）。因此，仍有以下几点待深入探究：

第一，逆向国际化企业如何借助国内外网络实现自身生存发展。全球化竞争背景下，构建组织双元能力来维持当前生存和延续未来发展成为实践界核心议题（Yu，Lu & Chang，2016）。虽然双重网络嵌入具有资源多样性和情境依赖性，但大部分逆向国际化企业由于忽视国内外网络的均衡发展，导致其缺乏兼顾探索与利用的双元能力。因此，有必要进一步解构逆向国际化企业双重网络嵌入特征，从网络嵌入层面探索组织双元能力的构建机理。

第二，逆向国际化企业为实现能力突破在资源获取中面临搜索策略选择问题。尽管逆向国际化企业可利用双重网络获取知识和资源，实现更高的价值创造（Mukherjee et al.，2019；邵朝对和苏丹妮，2019），但应注意到多样化的知识源存在种类、性质和搜寻逻辑的差异，因此不同网络和不同知识源所带来的效用存在差异。如何借助嵌入国内外复杂网络的创新搜索策略和借力外部知识源组合构建双元能力，已成为逆向国际化企业持续发展的关键。

第三，逆向国际化企业实施创新搜索的中介作用机制研究。演化经济学强调"惯例是组织知识储存和传播的重要形式"，企业的作用在于将外部知识充分整合而内化为沉淀的组织记忆（Pentland et al.，2012）。组织惯例作为一种维持组织存在和有序运行的内在力量，在组织成员及外部相关方不断交互过程中，形成相对稳定的、被大部分成员共同接受的合作规范共识，有利于将外部知识转化和传递（贯君等，2019）。组织惯例在逆向国际化企业的创新搜索与组织双元能力关系中如何发挥中介作用，仍然值得深入探讨。

第四，逆向国际化企业的决策理性问题仍缺乏研究。逆向国际化企业在战略转型过程中涉及大量的决策活动（Lampón & González - Benito，2020），不同市场环境企业资源搜索活动可能带来不同程度的机遇和风险，进而适配不同的决策逻辑，甚至同时需要多种决策逻辑，管理者不同的决策逻辑影响企业的最终绩效结果的呈现，因此有必要分析相关决策逻辑在其中的作用效果（Sharma & Salvato，2011）。

第二节　创新搜索相关研究

一、创新搜索的理论基础

（一）开放式创新理论

20 世纪中期，企业的创新模式以内部研发形式为主，通过在组织内部研究开发、设置进入壁垒以及进行技术垄断获取高额利润，属于封闭式的创新模式（Diener et al.，2020；高良谋和马文甲，2014）。然而，切萨布鲁夫（Chesbrough，2003）认为随着企业的发展、外部环境的变化，技术创新呈现出多元化和复杂化，依赖自身能力进行封闭式创新已经无法满足企业能力提升和持续发展的需求，并提出了"开放式创新"概念（见图 1 - 4）。开放式创新旨在突破封闭式创新的边界限制和取代固有的封闭式创新，强调外部知识源对企业创新发展的重要作用，通过知识的流入和流出加速企业内部创新速度，并利用外部创新资源进一步拓展企业市场范围（肖丁丁和朱桂龙，2016；Lopez - Vegaa & Tell，2016）。在开放式创新的指引下，企业积极主动地与外部环境进行联系和互动，能够促进知识的内外交流和整合（Ruiz - Pava & Forero - Pine-da，2020），不仅帮助企业提高创新效率以及提升创新质量，而且有效降低创新风险。

开放式创新主要包含了知识内化和外部市场化两个方面的内容。后续研究者试图通过知识搜寻（Zhang et al.，2017；谭云清等，2017）、知识治理（李宁和刘乐乐，2022）、知识转移（Bacon et al.，2019），以及技术搜寻（杨雪等，2015）、技术学习（Sepehr et al.，2021；朱朝晖，2009）、商业模式创新（Yuana et al.，2021；奉小斌，苏佳涵和马晓书，2021）、绿色创新（Roh et al.，2021；奉小斌和刘皓，2021）等方式来解释外部知识内化过程。而外部市场化主要是指企业将内部技术借助相应渠道带入市场化（Cheah & Yuen – Ping，2021），或者说通过外部渠道实现商业化（高良谋和马文甲，2014）。当然，一些学者也指出开放式创新存在"最佳开放点"（陈钰芬和陈劲，2008），过度开放和过分依赖外部资源会致使企业缺乏知识产权和核心技术，而且还会增大技术知识外溢的可能，无法形成核心竞争力。

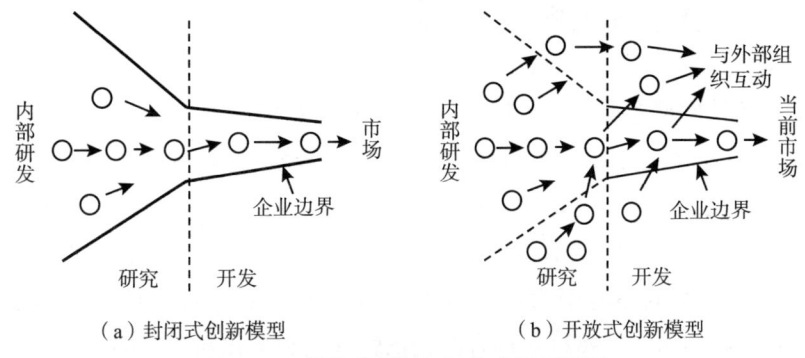

（a）封闭式创新模型　　　　　　　（b）开放式创新模型

图 1 – 4　封闭式创新与开放式创新模型

资料来源：根据切萨布鲁夫（Chesbrough，2003）研究绘制。

（二）开放式创新理论与本书的关系

根据知识基础理论的观点，知识是企业重要的战略资源，能够帮助其获得竞争优势、增强企业绩效等（Grant，1996；Dutt & Mitchell，2020）。创新搜索已成为继组织内部研发和外部收购之后的第三条提高组织竞争优势的途径（Chen & Vanhaverbeke，2016），因此开放式创新理论强调企业除了利用内部资源外，还需借助外部资源实现创新发展，能够满足企业战略发展中对知识资源内部整合和外部探索的需求。尤其是逆向国际化企业大部分还缺乏自主创新能力，存在较多知识短板和创新障碍，亟须获取外部知识充实内部基础（奉小斌，苏佳涵和马晓书，2021）。开放式创新一方面能够帮助企业增加知识存量和缩短知识创新时间，进而提高创新效率（杨磊和刘海兵，2022），另一方面，企业通过对内外部知识的整合，有利于知识的组合创新，增加创新的机会。学术界普遍认同开放式创新的有效路径是借助创新搜索实现资源获取和竞争优势（Lopez – Vegaa & Tell，

2016；奉小斌和陈丽琼，2015）。对于逆向国际化企业而言，当面临复杂的国内外网络竞争态势时，应当通过创新搜索拓展外部资源和知识渠道，进而获得竞争优势和可持续发展能力（Nadia et al.，2022）。综上所述，开放式创新是逆向国际化企业突破发展困境的路径方向，是企业通过创新搜索获取知识资源的理论基础。

二、创新搜索的概念与内涵

创新搜索概念源于赛尔特和马奇（Cyert & March，1963）提出的"组织搜索"，它刻画了组织为解决问题和适应环境而进行的信息、知识获取过程。演化经济学研究认为，搜索帮助组织寻找外部的多样性知识来源，使企业能够创造新的技术和知识组合以及更多的选择机会，因此明确搜索是组织在不确定环境中为解决问题或发现机会而进行的信息搜集过程（Nelson & Winter，1982）。综合路径依赖理论和演化经济学的观点，组织的搜索活动具有路径依赖性，外部环境力量、市场动态性及行业竞争对手等因素均会影响组织的搜索策略（Siggelkow & Levinthal，2003；曾萍等，2022）。而后学者们对搜索的概念不断延伸，产生了诸如知识搜索、创新搜索、跨界搜索等术语。针对知识搜索，卡堤拉和阿胡贾（Katila & Ahuja，2002）、劳尔森和索尔特（Laursen & Salter，2006）等提出知识搜索是组织在创新过程中对多种来源的技术知识进行整合和创造以解决问题的方式，邬和魏（Wu & Wei，2013）提出知识搜索是为了适应环境变化及趋势，快速有效地配置资源搜寻、选择创新所需知识源的行为。针对创新搜索，学者们先后从知识搜索的空间距离、知识基特征、知识年龄等维度进行界定，涉及组织、地理、认知等多种边界（Gölgeci et al.，2019；叶江峰等，2020）。纵观当前学术界对创新搜索的理解，普遍认同"创新搜索应作为企业组织学习的组成部分，用以解决问题和发现机会"（Huber，1991；奉小斌，2017）这一观点。

切萨布鲁夫（Chesbrough，2003）认为，将外部资源整合到创新过程和竞争战略中更有利于企业创新发展，而这种对开放性和互动性的关注成为后续组织搜索和学习研究的趋势。罗森科夫和尼克尔（Rosenkopf &

Nerkar，2001）界定企业开放式搜索的组织和技术边界，提出跨界搜索是"组织为获取外部资源，解决创新问题而进行的跨越组织边界或者知识边界的信息搜索活动"。卡堤拉和阿胡贾（Katila & Ahuja，2002）发现在技术机会少、对搜索的投资不多的行业中，企业更多侧重内部和沿现有技术轨迹的搜索。与之不同的是，劳尔森和索尔特（Laursen & Salter，2006）注意到不同搜索渠道存在不同的制度规范、习惯和规则，需要不同的组织实践来实现搜索的有效性。因此，他们结合胡贝尔（Huber，1991）的观点，认为创新搜索是组织为发现创新机会和解决创新问题而进行的多渠道知识搜索、整合与利用的活动集合。

三、创新搜索的维度与测量

（一）创新搜索的维度划分

关于创新搜索的维度分类，演化经济学家将创新搜索区分为本地搜索和远程搜索（Nelson & Winter，1982），卡堤拉和阿胡贾（Katila & Ahuja，2002）提出搜索宽度和搜索深度这两个经典维度，并较好地推进了创新搜索的实证研究。劳尔森和索尔特（Laursen & Salter，2006）进一步从创新搜索范围角度将外部知识源区分为市场类、技术类、通用类和标准类四大类知识，并注意到这些知识源存在种类和性质差异。随着对创新搜索研究的深入，创新搜索策略研究逐渐从跨单一边界搜索（如组织边界、认知边界、地理边界）转向多维边界搜索（如组织—认知边界、认知—地理边界），以及综合型的双元创新搜索研究（Wang，Chin & Lin，2020；张晓棠和安立仁，2015）。梳理相关文献发现，企业创新搜索的分类主要有两大类：一类关注企业创新搜索行为本身，从搜索的范围、主体、方式和路径对创新搜索进行维度划分，另一类注重被搜索的知识本身，从知识的特征、数量、类型、认知、新旧等划分维度，本研究总结如表1-4所示。

表 1 – 4　　　　　　　　　　创新搜索的维度划分

划分依据		学者	搜索维度及含义
知识搜索行为	搜索范围	Nelson &Winter, 1982 Gambeta et al. , 2019 马荣康等, 2021	1. 本地搜索: 在现有知识基领域进行搜索 2. 远程搜索: 从外部收集新知识、探索新机会的行为
	搜索程度	Katila & Ahuja, 2002 Laursen & Salter, 2006 Gölgeci et al. , 2019	1. 搜索宽度: 组织活动涉及的外部知识源和渠道的数量 2. 搜索深度: 组织重复利用外部知识源和渠道的程度
	搜索方式	阮爱君和陈劲, 2015 Liu et al. , 2017	1. 正式知识搜索: 正式的契约或者合同来进行搜索活动 2. 非正式搜索: 不受约束的条文的非契约式搜索活动
	搜索目的	芮正云和罗瑾琏, 2016 奉小斌, 苏佳涵和马晓书, 2021	1. 反应型搜寻: 企业积极尝试和获取新知识, 摆脱原来知识和技术路径, 满足未来潜在市场的需求 2. 前瞻型搜寻: 在现有知识的基础上进行积累和优化, 以此适应现有市场和满足当前客户需求
	搜索时机	Katila & Chen, 2008 奉小斌, 2017	1. 领先搜索: 采取主动领先式的搜索方式 2. 跟随搜索: 采取跟随模仿式的搜索方式
被搜索知识特性	知识类型	Sidhu et al. , 2007 Grimpe & Sofka, 2009 Zhang et al. , 2019 曾萍等, 2022	1. 市场知识搜索: 供应商、客户、竞争对手等相关知识 2. 科学知识搜索: 大学、研发机构、实验室等相关知识 3. 中介知识搜索: 专业会议、期刊和数据库等相关知识 4. 通用知识搜索: 技术标准、安全法规等相关知识
	知识学习方式	Ahuja & Lampert, 2001 Laursen, 2012 Jia et al. , 2022 吴松强等, 2018	1. 利用式搜索: 对熟悉的、成熟的、相似的知识的搜索, 有较高稳定性, 也有较高的重复性 2. 探索式搜索: 对不熟悉的、未知的、非相似的知识的搜索, 有较高创新性的同时也有较高不确定性
	知识时间	Katila, 2002 Nerkar, 2003	1. 新知识搜索: 搜索时间跨度大的知识创造新知识 2. 旧知识搜索: 搜索当前知识解决当前问题
	知识认知	Dowell & Swaminathan, 2006	1. 相似技术搜索: 搜索熟知且与现有知识相似的知识 2. 非相似技术搜索: 搜索不熟知且不相似的知识
	知识来源	Henttonen & Ritala, 2013 Feng et al. , 2021	1. 聚焦搜索: 搜索某一特定类型的知识 2. 多源搜索: 对多种类型的知识进行搜索

资料来源: 本书根据相关研究整理。

　　现有研究对创新搜索维度的划分尚存在一定的交叉模糊性和组合多样性, 于是本书进一步提出组合式创新搜索模式, 它能够进一步回答"企业如何搜索"的问题。根据前面对创新搜索的维度划分，企业可能面临单维搜索、多维搜索、双元创新搜索三种搜索模式的选择。

其一，单维搜索策略是指企业对知识的搜索方法只限制在某一种搜索方法，如表 1-4 所示按照空间属性分类的本地或远程搜索（Wu & Wu，2014）、集群本地和集群外地搜索（Li & Guo，2019；奉小斌和刘皓，2021），以及按照搜索程度分类的深度或宽度搜索等（Katila & Ahuja，2002；Li et al.，2019）。这种分类方式将各维度视为平行且独立的因素，根据研究目的的不同，分别对所划分的每一种搜索方法的本质、作用进行阐述和探究。

其二，多维搜索是指结合不同层面的搜索分类方式，采用组合式的搜索模式。例如罗森科夫和尼克尔（Rosenkopf & Nerkar，2001）结合组织内外的宏观环境和微观的知识认知进行划分，区分了组织内相似/非相似技术搜索、组织外相似/非相似技术搜索四类搜索行为。类似地，邬爱其和李生校（2012）、邬和魏（Wu & Wei，2013）等研究结合搜索程度和搜索地域两个层面，区分了本地搜索深度/宽度、外地搜索深度/宽度。另外，周等（Zhou et al.，2021）提出单维度、两维度和三维度的探索性与利用性知识搜索的平衡。邬爱其和李生校（2011）结合创新搜索（搜索广度和深度）和知识分类（竞争者、合作者和产业外知识）的研究，划分了 6 种不同专业知识搜索策略。而张文红等（2011）则从知识类型（市场知识、技术知识和科学知识）和知识距离（组织认知、地域和时间）两个层面，组合得到 9 种多维搜索方式。以往文献关于多维搜索模式的划分详见表 1-5。

表 1-5　　　　　　　　　多维式搜索模式划分

跨越边界	搜索模式	代表学者
组织—知识	本地/跨技术边界/跨组织边界/激进搜索	Rosenkopf & Nerkar，2001
认知—地理	国内相似技术/国内非相似技术/ 国外相似技术/国外非相似技术 本地/外地搜索深度与宽度	Phene et al.，2006 邬爱其和李生校，2012

续表

跨越边界	搜索模式	代表学者
技术—地理	战略联盟的建立/创新者的流动	Rosenkopf & Almeida，2003
知识类型—知识距离	认知维度市场知识和技术知识/地域维度市场知识和技术知识搜索市场/技术/科学与组织认知/地域/时间	马如飞，2009 张文红等，2011
技术—组织	探索式/利用式	岳鹄，2018；Zhou et al.，2021

资料来源：本书根据以往文献梳理所得。

其三，双元创新搜索是指企业同时进行两种竞争性活动的搜索策略，可以是单一维度中同时进行两种不同搜索方式，也可以是多维搜索中的不同搜索方式的并序开展（Zhou et al.，2021）。由于不同搜索活动均对企业发展有着不可忽视的作用，利用双元性思维①有效协调相互竞争性的搜索活动才能帮助企业实现均衡（Zhang et al.，2019）。现有研究较多的是分析某一维度内部的双元搜索，如在本地和国外双元搜索中，国外搜索可以帮助避免本地搜索的能力陷阱，本地搜索能够降低国外搜索的不确定性（吴航和陈劲，2018）。也有研究探究深度和宽度之间的双元搜索机制，发现深度搜索难以形成对外部市场环境的敏感性和灵活性，而宽度搜索获取的各类外部信息正好补充市场发展和客户需求的信息漏洞（Li et al.，2019）。类似地，宽度搜索难以形成对特定领域内知识的充分理解和应用，甚至出现成本大于收益的不良后果，深度搜索则可以精准识别和充分利用外部知识资源（Wang，Chin & Lin，2020；胡文安等，2017），因此知识搜索应兼顾搜索宽度与搜索深度。较少学者借助多维搜索探究双元搜索规律，如张晓棠和安立仁（2015）提炼出创新搜索的多维构念——搜索目标（技术知识和市场知识）、范围与深度，并展开对这两组竞争性搜索行为的双元分析，构架出三大类6种双元创新搜索策略。

---

① 双元性思维是指组织或个人处理由不同目标或利益导向引发的冲突的能力。

（二）创新搜索的测量方法

通过梳理现有国内外文献发现，目前对创新搜索的测量主要是通过专利引用数据和调查问卷数据。其中，专利引用方法以卡提拉和阿胡贾（Katila & Ahuja, 2002）、吴和珊莉（Wu & Shanley, 2009）的研究为代表，他们用组织重复使用五年专利数据的次数求和与当年引用专利数之比测量搜索深度，而用当年引用新专利数与当年引用专利数之比测算搜索宽度。姜和李（Jung & Lee, 2016）、甘贝塔等（Gambeta et al., 2019）、王和郭（Wang & Guo, 2020）认为专利能够反映知识的联系情况，因此参照了上述的专利引用测量方法。罗森科夫和尼克尔（Rosenkopf & Nerkar, 2001）则是聚焦利用组织内外部和行业内外部专利次数测量跨组织边界和行业边界的搜索活动。然而，这种专利测算方法也存在一定缺陷，例如，专利可以反映发明活动，但同时也可能是公司适当战略的结果（Chesbrough, 2003），而且很多专利其实并未进行商业化。此外，专利引用也可能反映不同企业的技术相似性，而不是搜索活动（Patel & Pavitt, 1997），为此，开发量表测量创新搜索成为主流趋势。

很多学者试图开发新的量表来测量企业搜索活动，其中影响最广和使用最多的是劳尔森和索尔特（Laursen & Salter, 2006）、莱波宁和哈法特（Leiponen & Helfat, 2010）等学者利用知识源测量方法，他们率先利用企业对知识源的利用情况反映创新搜索的深度和宽度，后续的实证研究根据需要删减相关知识源数量。如亨托宁和里塔拉（Henttonen & Ritala, 2013），于、袁和李（Yu, Yuan & Li, 2018）从知识源利用程度视角选用了四大类 12 种不同知识源，瑞兹 - 帕瓦和福雷罗 - 帕尼达（Ruiz - Pava & Forero - Pineda, 2020）利用 15 种知识源测量内、外部搜索，古勒兹等（Gölgeci et al., 2019）还利用 16 种知识源测量搜索深度和宽度。也有学者通过测量题项来衡量跨界搜索及各个维度，如西杜等（Sidhu et al., 2007）、张等（Zhang et al., 2019）等。上述从不同知识源视角测量搜索活动的方法也有其局限性，例如调查问卷中使用的资料来源并不全面（Rui & Lyytinen, 2019），且不能分析外部搜索的广度和深度对每个渠道或知识领域内创新绩效的重要性，但是结合目前研究来看，知识源测量方法的适用性和可接受性比较广泛。

（三）本研究的创新搜索维度与测量

逆向国际化企业通过权衡利用双重网络搜索实现本地与全球知识的协同互补（吴航和陈劲，2018），然而国内外知识源存在种类和性质差异，企业为了平衡国内外市场，必须选择与之匹配的搜索策略。该类企业创新搜索面临两个难题：其一，网络嵌入理论强调国内网络嵌入过度容易阻碍企业对国际互补性知识的搜索与获取，相反全球网络嵌入过高可能会影响资源的更新和整合效率（Un & Rodríguez，2018）。其二，根据组织学习理论，企业过度聚焦某一类知识易形成学习短视和能力刚性，而兼顾多类知识虽有利于技术突破，但会分散管理注意力（彭伟等，2017）。因此，逆向国际化企业的创新搜索不仅要实现国内外网络的均衡嵌入，还应兼顾搜索策略的互补性。

本研究首先在单维搜索层面，借鉴亨托宁和里塔拉（Henttonen & Ritala，2013）的研究，从知识源利用角度将创新搜索策略区分为聚焦搜索和多源搜索，用于区分逆向国际化企业对不同知识源渠道知识的利用和偏向程度。其次，在此基础上构建多维搜索策略，充分考虑逆向国际化企业双重网络嵌入特征的同时，也对不同环境的搜索方法做了细分，即整合国内外知识网络和知识源的搜索策略，将逆向国际化企业的搜索策略细分为国内/外聚焦搜索、国内/外多源搜索四种。最后，根据战略匹配（strategic fit）理论可知，公司战略应与经营环境建立并维持紧密一致的关系。参考战略匹配中的"组合背离"（profile deviation）匹配模式，逆向国际化企业在国内外市场中的创新搜索战略选择必须与双重网络嵌入的实际相符，在双重网络中采取异质平衡搜索策略才能实现国内外创新搜索战略耦合，反之，两种搜索战略的背离会损害企业绩效。因此，本研究将这四种搜索策略与逆向国际化企业的情境进行匹配，在保证网络均衡的同时避免在国内外搜索策略的同质化（Wang et al.，2017；奉小斌和周兰，2020b），区分了两种互补性的创新搜索平衡模式：国内聚焦和国外多源搜索平衡（｜home focused—abroad multi-focus｜，即｜HF – AM｜）、国内多源和国外聚焦搜索平衡（｜home multi-focus—abroad focused｜，即｜HM – AF｜）。

四、创新搜索的结果研究

（一）创新搜索与企业绩效

通过梳理相关文献发现，创新搜索与企业绩效的关系研究尚未形成定论，存在正向、倒"U"形和负向等多种结论，罗帕等（Roper et al.，2017）甚至提出交互性搜索引发的"知识扩散效应"及非交互搜索引发的"竞争效应"。自卡提拉和阿胡贾（Katila & Ahuja，2002）从搜索深度和宽度两个维度剖析企业创新搜索后，后续学者不断探索这两种搜索对企业绩效的影响。陈等（Chen et al.，2011）、奉小斌和陈丽琼（2014）认为搜索宽度能够帮助企业获取互补性知识和拓宽视野，搜索深度能够重组知识和重复利用，两者均有利于提升企业创新绩效。基于地理跨界搜索的研究认为，本地搜索的知识能够帮助企业快速形成专长，实现渐进式创新，而远程搜索可以帮助企业获得市场机会和新技术，实现突破式创新（Bathelt et al.，2004；Li & Guo，2019）。马如飞（2009）研究表明，认知维度的市场知识和技术知识的跨界搜索、地域维度市场知识和技术知识的跨界搜索均对企业绩效产生正向作用。也有研究对上述正向效应提出质疑，如克鲁斯等（Cruz‑González et al.，2015）并没有发现外部知识搜寻对企业绩效存在直接促进作用的证据，李等（Li et al.，2019）发现搜索宽度对创新绩效有倒"U"形作用，谢等（Cheah et al.，2021）却发现搜索深度与财务绩效之间的正向影响只存在流程企业。然而，针对不同搜索方式存在的偏颇和弊端，一些学者尝试整合不同搜索方式探究各搜索策略的协同效果，如吴航和陈劲（2016）验证了本地与国际搜索双元搜索的平衡与联合维度对企业创新绩效产生正向作用，而段等（Duan et al.，2021）发现搜索宽度和深度平衡对创新绩效的影响存在最优平衡点。为此，结合组织双元能力理论，相关学者不仅研究了搜索深度和宽度与创新之间的非线性关系，而且验证了二者的平衡与组合对创新绩效的影响，本研究总结见表1-6。

表 1 - 6   知识搜索与创新、企业绩效关系的主要实证研究

代表学者	研究问题	数据/情境	主要发现
Ahuja & Lampert （2001）	在位企业如何创造突破式发明	专利/化学行业	企业对新颖技术的探索有利于突破性创新
Rosenkopf & Nerkar （2001）	不同类型搜索所获知识对后续技术演化的影响	专利/光盘行业	不跨组织边界搜索对技术演化影响较小，跨组织但不跨技术边界搜索对领域内技术创演化影响最大，同时跨组织和技术边界的搜索对领域外的技术发展影响最大
Katila & Ahuja （2002）	企业如何通过搜索创造新产品	专利/机器人行业	搜索深度与产品创新呈倒"U"形曲线关系，搜索广度对产品创新有正向影响，且搜索深度与广度对产品创新存在交互影响
Ahuja & Katila （2004）	企业资源异质性如何形成	专利/化学行业	科学搜索、地域搜索与技术创新均呈倒"U"形曲线关系
Laursen & Salter （2006）	不同搜索策略对创新绩效的影响	调查数据/跨行业	搜索的宽度和深度均与创新绩效呈倒"U"形曲线关系
张文红等 （2014）	跨技术知识和市场知识的搜索对产品创新的影响	问卷调查/制造业	跨越技术知识和市场知识的搜索正向促进产品创新，二者关系受到情境变量（行业竞争强度、所有权）调节
奉小斌 （2017）	平行搜索与产品创新绩效	问卷调查/集群企业	领先和跟随搜索对产品创新绩效均有倒"U"形影响，二者关系受到管理者联系调节
芮正云和罗瑾琏 （2016）	前瞻和反应搜索与企业创新绩效	问卷调查/新创企业	前瞻和反应搜索对企业创新绩效分别起到倒"U"形和"U"形影响，且受到手段导向的调节作用和知识治理能力的中介作用
董媛媛和魏泽鹏 （2021）	跨界双元搜索对双元创新绩效的影响	二手数据/纳米技术	技术知识搜索对突破式创新绩效具有显著正向影响，市场知识搜索对渐进式创新绩效具有显著正向影响

代表学者	研究问题	数据/情境	主要发现
姚艳红等（2022）	双元知识搜寻对企业创新绩效的影响	问卷调查/信息、软件、通信	元素知识搜寻对创新绩效有倒"U"形影响，架构知识搜寻对创新绩效有正向影响，双元搜寻平衡对创新绩效有正向影响

资料来源：根据以往文献梳理所得。

（二）创新搜索与创新能力

现有创新搜索与创新能力的研究主要包括两个方向：一是从宏观层面研究创新搜索对企业整体创新能力、产品和技术创新能力等的影响，二是从微观层面分析企业搜索活动对创新能力的两个维度——突破式创新能力（探索）和渐进式创新能力（开发）的作用。

自卡提拉和阿胡贾（Katila & Ahuja，2002）发现创新搜索深度与产品创新呈倒"U"形曲线关系之后，学者们也不断验证二者之间的关系，如邬爱其和李生校（2012）通过实证检验发现在提升企业产品创新方面，全球宽度搜索能够发挥促进作用，而本地深度搜索却呈现倒"U"形的复杂影响。也有学者深入探究本地和国外双重网络搜索策略的协同效果对产品创新的影响，例如，吴和吴（Wu & Wu，2014）整合外部知识搜索理论和国际多元化理论，通过实证研究发现在提升产品创新上，本地搜索和国际搜索有相互增加的作用。不同于产品创新能力的研究，禹献云和周青（2018）则是探讨外部知识搜索的深度和宽度探究对技术创新的影响，发现宽度搜索与技术创新存在显著正向关系，深度搜索与技术创新却存在倒"U"形关系。而在提升企业整体创新能力方面，孙耀吾等（2018）、秦鹏飞等（2019）以中小企业为研究对象，发现知识搜索深度和宽度均对企业创新能力存在先增加后减弱的作用。

有学者从渐进式创新和突破式创新、探索能力和开发能力等角度解构企业创新能力，如魏江和徐蕾（2014）从网络嵌入视角出发，发现本地和超本地的双重知识网络嵌入对提升企业渐进式和突破式创新存在正向效应，施等

（Shi et al.，2020）发现外部知识搜索对企业渐进式创新能力有正向影响，弗朗兹等（2018）发现搜索成功对企业激进式创新能力有正向作用。肖丁丁和朱桂龙（2016）从创新能力结构视角出发，研究企业跨组织和技术边界对探索和开发能力的作用关系，发现科技驱动型、共性技术导向跨界搜寻对探索能力存在正向影响，而市场驱动型、共性技术和产品技术导向跨界搜寻对开发能力呈正向促进作用。费雷斯－门德斯等（Ferreras－Méndez et al.，2015）从搜索的深度和宽度出发，认为两者对探索和开发均存在过犹不及的影响关系。更进一步地，金等（Kim et al.，2019）发现搜索宽度和深度均对探索性和利用性创新有正向影响，而梁卓和张志鑫（2019）基于组织双元理论，认为当深度和宽度搜索的平衡维度对渐进式创新（开发能力）有正向作用，而双元联合维度则对突破式创新（探索能力）产生正向效应。王等（Wang et al.，2020）利用186家企业样本发现，搜索宽度和搜索深度对探索性绿色创新、利用性绿色创新均有倒"U"形影响。

（三）创新搜索与企业绩效/创新的中介效应研究

关于创新搜索对绩效的中介影响，以往学者（Luo et al.，2017；Rui et al.，2019；Zhang et al.，2021）强调创新搜索获取的碎片化知识离不开知识整合或吸收能力的解构、联结或重构作用，如梁娟和陈国宏（2015）综合吸收能力与创造能力的中介作用探讨网络嵌入与知识创造间关系。费雷斯－门德斯等（Ferreras－Méndez et al.，2019）探讨了行业和非行业知识搜索战略与出口绩效的关系，并验证吸收能力在两者关系中的完全中介作用。还有研究注意到即兴能力在企业创新搜索与绩效之间的关系，如奉小斌和王惠利（2017）按照"知识战略——内部能力——绩效结果"的理论范式，验证即兴能力在领先搜索和跟随搜索与创新绩效的关系中起部分中介作用。郭京京等（2017）研究发现，知识存储惯例和知识激活惯例在知识缄默性与企业创新绩效之间起部分中介作用，知识激活惯例在知识异质性与企业创新绩效之间起部分中介作用。逆向国际化企业面临国际国内市场的文化和制度差异性，在创新搜索活动中必须合理平衡探索和利用能力才能适应这些差异（Zhou et al.，2016）。虽然有研究（如吴航和陈劲，2016；Zhou et al.，2021）注意到双元能力在多维创新搜索提升绩效中的作用，但鲜有研究揭示逆向国际化企业创新搜索对绩效影响过程中的双元能力构建和平衡机理。

（四）创新搜索与企业绩效/创新的调节效应研究

现有关于创新搜索与企业绩效/创新的调节效应研究主要集中在两个方面：组织外部的环境特征和网络特征、组织内部特征和管理者特征（表1-7）。其中，组织外部的环境特征包括环境动态性（苏道明等，2017）、行业发展速度及竞争强度（Patel et al.，2014）。网络特征主要包括集群网络和网络嵌入等（Ozer & Zhang，2015；Shi et al.，2020）、网络中心性和结构洞（Shi et al.，2019）。与上述探讨外部因素不同，也有学者关注企业内部因素，从吸收能力（禹献云和周青，2018）、动态能力（Zhao et al.，2021）、资源编排能力（Wang et al.，2020）、创新战略（Li et al.，2019）、战略柔性（胡畔和于渤，2017）、知识基础特征（孙耀吾等，2018）、情境分离（张晓棠和安立仁，2015）等方面探究对创新搜索与企业绩效/创新的调节作用。此外，还有少数学者关注到企业管理者特征（管理者联系、决策理性等）在其中的作用，如奉小斌（2017）将管理者联系视为企业从集群内/外部获取资源的重要渠道，并探究其作为情景变量的作用。而罗瑾琏和芮正云（2016）考虑到转型经济下的外部环境动态性与内部资源紧缺性，将管理者自身的决策理性——手段导向理性纳入研究框架，奉小斌和周兰（2020a）、奉小斌和周佳微（2021）、奉等（Feng et al.，2021）研究从因果推理和效果推理角度探讨了创新搜索与双元能力/创新绩效之间的关系，发现整合因果推理和效果推理对上述关系有正向调节作用。

表1-7　　　　　知识搜索与创新/绩效关系的调节变量研究

划分依据		代表学者	具体变量
外部特征	环境特征	苏道明等，2017	环境动态性
		Patel et al.，2014；吴航和陈劲，2016	行业发展速度、竞争强度
	网络特征	Ozer & Zhang，2015；Shi et al.，2020	集群网络、网络嵌入
		Shi et al.，2019	网络中心性、结构洞

续表

划分依据		代表学者	具体变量
内部特征	组织特征	禹献云和周青，2018	吸收能力
		Zhao et al. ，2021	动态能力
		Wang et al. ，2020	资源编排能力
	管理者特征	Segarra – Ciprés & Bou – Llusar，2018 Li et al. ，2019	创新战略
		Jia et al. ，2022；胡畔和于渤，2017	战略柔性
		芮正云等，2017；孙耀吾等，2018	知识基础特征
		张晓棠和安立仁，2015	情境分离
		奉小斌，2017	管理者联系
		罗瑾琏和芮正云，2016 奉小斌和周兰，2020a 奉小斌和周佳微，2021 Feng et al. ，2021	因果/效果推理 双元决策理性

资料来源：根据以往文献梳理所得。

五、创新搜索文献小结

早期研究对创新搜索内涵的理解停留在外部知识资源的扫描和获取层面（Nelson & Winter，1982），后来越来越多学者意识到创新搜索还应包括组织对知识资源的内化、整合与利用（Katila & Ahuja，2002；张晓棠和安利仁，2015），针对搜索策略的研究也呈现了从单维到多维，再到双元创新搜索这样的发展过程。关于知识源利用战略的研究并未形成一致结论，有研究发现搜索开放性对创新有负面作用、无显著影响、倒"U"形影响（Cheah et al. ，2021）等不同的结论，也有个别研究探讨供应链相关知识源对企业创新双元性有积极作用（Ardito et al. ，2020）。探讨不同搜索模式的选择可以帮助企业确认有效的知识获取路径，提升创新搜索的精准性和稳定性，促进企业从全局出发评估外部知识资源。而创新搜索的结果研究更多关注解决创新问题，研究热点倾向分析不同搜索策略之间的双元交互与企业创新的关系，并且企业创新的研究也不断向构建探索与开发并序的方向发展（奉小斌和周兰，2020a）。这启发本书深入分析逆向国际化企业自身的创新搜索特征、各维度之间的交互匹配，以及在特定的战略转型期间企业如何解决存续等问题。当前研究更多从知识基础观角度探讨创新搜索与能力之间关系的中介机制，如知识整合、知识惯性（Zan et al.，2022），但组织内在的惯例如何影响创新搜索转化为双元能力的机制还有待分析。此外，针对创新搜索与企业能力发展的权变影响，现有研究开始注意企业内部管理者的决策认知作用，本书研究对象逆向国际化企业在其战略转型过程中必然处于多种复杂的决策情境，因此有必要借助决策理性理论深入揭示创新搜索影响组织双元能力的权变机理。

第三节 组织双元能力相关研究

一、组织双元能力的概念与内涵

"双元性"（ambidexterity）起源于组织进化理论，该理论描述的是在渐进式或突变式环境下，组织为了生存发展需要不断自我进化和能力提升以应对上述两种环境的变化（Tushman & O'Reilly，1996；Borini et al.，2021）。基于此，Duncan（1976）最早使用"organizational ambidexterity"这一术语，首次将"双元性"的概念引入管理领域，认为组织可以在不同的结构之间切换，调整组织对不同环境的适应性，即构建两种差异性的组织能力以协同互补实现技术突破和产品革新，来维持当前生存和延续未来发展。双元性研究中最具代表性的文献是马奇（March，1991）提出的"探索"（exploration）和"开发"（exploitation）两个概念，其中"探索"是指与试验、冒险、搜索、发现等相关的活动，"开发"则是与挖掘、筛选、改进、效率等有关的活动。而后相关学者对探索和开发的概念进行不断延伸，如基于组织学习视角划分出探索式学习和利用式学习（Cao et al.，2009；Chen & Liu，2018）、基于企业创新视角衍生出探索式创新和开发式创新（He & Wong，2004；Benner & Tushman，2003；Seo et al.，

2022)、基于组织能力视角包括探索和开发能力两个概念（Faroque et al.，2022；奉小斌和周兰，2020a，2020b）等。

由于探索与开发两类能力的形成与利用所需的组织架构、思维方式存在差异，学者们发现探索与开发之间存在一定的悖论关系，会产生过度开发或过度探索的情况（Gibson & Birkinshaw，2004；Piao & Zajac，2016）。一方面过度开发可能引发企业对既有企业惯例的依赖，对环境动荡应对的迟缓和"刚性"，乃至市场更新迭代之后的淘汰，另一方面过度探索将会面临资源投入过多、持续探索和失败风险加大的问题（Gupta et al.，2006；Pertusa－Ortega & Molina－Azorín，2018）。利文索尔和马奇（Levinthal & March，1993）强调，企业应该进行足够的开发以确保组织当前的发展能力，并进行足够的探索以确保其未来的发展能力。学术界普遍认同组织在适应环境变化的同时管理当前需求，应同时具备处理探索和开发两种不同的知识处理能力（Simsek，2009）。换而言之，组织双元能力即是针对以上探索与开发之间的管理悖论提出的解决之道。因此，本研究借鉴斯米克（Simsek，2009）、吴等（Wu et al.，2020）将组织双元能力定义为，企业同时追求高水平的探索和开发并且实现两者之间均衡发展的能力。

二、组织双元能力的维度与测量

（1）组织双元能力的维度

双元性研究被广泛应用于组织学习、技术创新、战略管理等多个领域（见表1-8），主要是指能够同时开展不同且相互竞争的战略行动的能力。基于组织学习视角，马奇（March，1991）认为组织双元能力是指同时进行探索性学习和利用性学习的能力，关于二者的关系学术界存在权衡取舍和双元共存两种观点。其中，基于管理注意力理论、路径依赖理论和资源约束视角，学者们认为探索和开发两种竞争性活动所需的组织架构、思维方式和文化不同，存在较强张力且难以共存，企业需要在二者之间进行权衡取舍（Benner & Tushman，2003；奉小斌和陈丽琼，2010）。然而，也有学者发现成功的组织具备同时进行探索和开发的能力，提出培育组织双

元性可以帮助解决探索与开发的管理悖论（Levinthal & March，1993；Piao
& Zajac，2016）。如芮正云和罗瑾琏（2018）提出动态竞争环境下，企业
不仅要有充分利用现有资源改进已有产品或完善现有技术，维持当下生存
的开发能力，还需要不断探索创新资源开发新技术或全新产品，延续未来
发展的探索能力。曹等（Cao et al.，2009）注意到探索与开发之间不仅能
够共存，而且二者共存关系存在不同的作用模式，首次明确将组织双元能
力划分为平衡双元和组合双元。其中，平衡双元是指探索与开发能力的协
调，强调探索与利用属于一个连续体上的两端，假定两者属于一种"非此
即彼"的零和博弈关系，主张缩小两者差距来维持双元平衡状态（杨雪
等，2015）。而组合双元是指两种能力的联合或者组合，探索更多的创新
知识能促进组织对知识的整合和利用，而不断开发利用所形成的知识敏感
性有助于企业进一步探索（奉小斌和周兰，2020b）。

表1-8　　　　　　　　组织双元能力相关概念及维度分类

双元概念	双元内部维度	理论视角	学者
双元创新	探索式创新和利用式创新	组织创新	Ozer & Zhang，2015 Xie et al.，2021
双元学习	探索性学习和利用性学习	组织学习	Kang & Snell，2009 Yuan et al.，2021
双元战略	效率性战略和灵活性战略	战略管理	Ebben & Johnson，2005
双元组织	一致性和协调性	组织设计	Gibson & Birkinshaw，2004
双元创新	累积性创新和非连续创新	技术创新	Tushman & O'Reilly，1996
双元搜索	搜索深度和搜索宽度	创新搜索	Katila & Ahuja，2002
国际化双元	国际探索和国际利用	国际战略	吴航和陈劲，2018
二元网络	本地网络和国外网络	网络嵌入	赵文和王娜，2017
情境双元	匹配性和适应性	组织文化	Gibson & Birkinshaw，2004
双元惯例	探索惯例和利用惯例	网络惯例	欧忠辉等，2021

资料来源：本研究根据相关文献整理。

（2）组织双元能力的测量

组织双元能力的测量，按照探索能力主要反映探索新产品、新市场和新流程的能力，开发能力主要反映改善现有产品、现有市场和现有流程的能力的测量思路，何和翁（He & Wong，2004）通过"引进新产品/服务""增加新产品/服务的范围""开拓新市场领域""进入新的技术领域"4个指标测量探索能力；用"改进现有产品/服务的质量""提高当前产品/服务的灵活性""降低产品/服务的生产成本""提高现有产品的产量或减少物料消耗耗"4个指标测量开发能力。上述量表先后被曹等（Cao et al.，2009）、赛义德等（Syed et al.，2020）、肖丁丁和朱桂龙（2016）等国内外学者沿用，后续学者们根据研究内容不同也会相应增加题项来提升量表的信度和效度，如詹森等（Jansen et al.，2006）将探索与开发的4个测量题项均扩展为7个题项，并被西杜等（Sidhu et al.，2007）等学者相继沿用。

组织双元能力的测量还包括平衡双元和组合双元两个广义维度。平衡双元强调合理分配资源到探索和开发活动中，有利于实现企业均衡发展。平衡双元的测量有不同方法，其中利用两者的绝对差值（｜探索—开发｜）表征平衡程度的研究较多（Cao et al.，2009；吴航和陈劲，2018），这种方法认为探索与开发之间是此消彼长的关系，绝对差值越小说明两者之间越接近平衡，因此尽量找到两者之间最佳的平衡状态。此外，也有学者以相对平衡进行测量，如魏等（Wei et al.，2014）、郭等（Guo et al.，2020）用相对探索维度（探索/（探索＋开发））表示探索性学习和利用性学习的相对平衡程度，当相对探索较高时说明企业更偏向探索，而当相对探索较低时说明企业更偏向开发。组合双元强调充分发挥探索与开发两者之间的协同互补作用，在二者的相互促进中实现企业均衡发展。现有关于双元能力组合维度的测量也存在两种主流方法：其一，用探索与开发两者的乘积（探索×开发）表示双元组合效应，这种测量基于企业可从外部获取大量资源以减少两者对内部有限资源的争夺，隐含着两者是相互独立且相互增强的关系（Gibson & Birkinshaw，2004）。其二，也有学者认为资源约束是广泛存在的，可以通过探索与开发相加（探索＋开发）表示两者的相互增强和相互平衡的关系（Syed et al.，2020）。

综合上述对组织双元能力的维度与测量研究，本研究进行了汇总整理，如表1-9所示。

表1-9　　　　　　　　　　组织双元能力的维度与测量汇总

维度	具体内容	测量方法	学者
狭义维度	探索能力	量表，4个题项	He & Wong, 2004；Syed et al., 2020；Yang, Wang & Zhang, 2021
		量表，7个题项	
		量表，3个题项	
	开发能力	量表，4个题项	Jansen et al., 2006；Sidhu et al., 2007 Kim & Atuahene-Gima, 2010；Guo et al., 2020
		量表，7个题项	
		量表，3个题项	
广义维度	平衡双元	|探索-开发|	Cao et al., 2009；吴航和陈劲, 2018
		探索/（探索+开发）	Wei et al., 2014；韩晨和高山行, 2018
	组合双元	探索×开发	Gibson & Birkinshaw, 2004；Wei et al., 2014
		探索+开发	Syed et al., 2020；奉小斌和周兰, 2020b

资料来源：本研究根据相关文献整理。

三、组织双元能力的影响因素研究

梳理现有文献可以发现，针对组织双元能力的影响因素可从组织内、外部进行研究。内部因素主要包括企业吸收能力、组织结构、管理以及资源等方面，均对企业构建双元能力有重要作用。如塔什曼和奥莱利（Tushman & O'Reilly, 1996）认为企业可以在分离的或者不同的组织单元中进行探索和开发活动，通过不同的结构性机制满足相异活动所需的文化、战略与制度环境等，以便更好地构建组织双元能力。詹森等（Jansen et al., 2005）观察到组织的吸收能力也是影响探索和开发活动的主要因素，潜在吸收能力对探索有显著促进作用，而现实吸收能力更有利于开发。而基于组织内部情境因素，吉布森和伯金肖（Gibson & Birkinshaw, 2004）认为开发和探索活动之间的紧张关系可以在个人层面上解决，通过一个支持性的组织环境，鼓励个人整合探索和开发活动。此外，有学者认为企业高管人员不仅能够构建组织结构和营造情境环境支持结构双元和情景双元，还能够探索不同的整合机制和协调员工行为帮助弥补结构和情景的不足（Raisch & Birkinshaw，2008；王鑫，2021）。还有学者分析组织冗余资源对探索开发的作用，发现可吸收冗余资源带来高开发效果，而当环境威胁不断增加时，不可吸收冗余资源则更利于探索的提升，而抑制开发（Voss et al.，2008）。

影响组织双元能力的外部因素主要集中在外部市场竞争、技术动荡、网络关系、知识搜索和获取等方面。钟竞和陈松（2007）基于实证发现，在技术环境动态性大的情况下，企业会同时加大探索和利用两种创新导向。而网络关系研究方面，李杰义和闫静波（2019）认为本地网络嵌入更有利于利用性学习，而海外网络嵌入则更有利于探索性学习，且结合组织均衡理论发现双重网络嵌入均衡和联合分别正向影响双元学习的均衡和联合。曾萍等（2017）研究指出外部网络特征（网络规模、同质性、强度、开放性）整体对企业双元创新具有积极作用，其中网络同质性对探索的影响不太显著。类似地，庞娟和靳书默（2019）、田等（Tian et al.，2022）等学者开展网络关系强度、密度、深度、中心度、持久度研究，曹等（Cao et al.，2021）探索了网络嵌入对双元创新的影响。关于知识搜索与双元能力之间的现有研究不多，其中肖丁丁和朱桂龙（2016）研究显示，科技驱动型、共性技术导向的创新搜索对探索能力具有正向影响，而市场驱动型、产品技术导向的创新搜索则对开发能力提升有显著作用，林（Lin，2021）发现搜索战略对合作探索与利用能力具有影响。

四、组织双元能力文献小结

本节从组织双元能力的概念内涵、维度测量、影响因素等对相关文献进行梳理，重点说明了探索与开发的管理悖论问题、双元即是解决管理悖论的组织能力。关于构建组织双元的研究，总体来看，企业一方面可以通过内部组织结构、情景文化、管理领导等实现双元均衡发展，另一方面也能利用外部网络资源、知识等提升组织双元能力。但是，目前关于双元能力内部维度之间的平衡与组合作用研究较多，针对双元平衡和组合的前因变量研究相对较少。此外，当前研究大多关注双元能力作为提升组织绩效的关键因素，却未能注意深入研究具体哪些因素影响双元能力的构建，以及这些因素又是如何影响探索和开发之间的协调关系的研究相对缺乏。尽管基于网络嵌入和市场竞争等的前因探究给出了相关解释，但是还应深入探究和总结影响组织双元能力构建的关键因素。特别是逆向国际化企业嵌入国内外双重网络为其构建组织双元能力提供了较好的资源基础，企业可以充分借助外部资源，通过"外取"和"内化"的方式实现企业能力的全面发展。

第四节 决策理性相关研究

一、因果和效果推理的概念与内涵

因果/效果推理是莎拉瓦蒂等（Sarasvathy et al.，2001）提出的一对概念，最初用于解释创业者所采用的一种与传统管理理论不同的理性逻辑。目前该理论已被广泛应用于创业管理（张玉利等，2011）、国际创业（Harms & Schiele，2022）等领域。与创业活动类似，逆向国际化企业在生产经营过程中也会同时面临着相对确定和不确定的外部环境、可预测与难以预测的具体目标（Feng et al.，2021），因此企业可以在借鉴先前的知识、经验基础上通过现有资源和手段创造理想的结果（Brettel et al.，2012）。有学者将因果/效果推理运用于国际企业（Coudounaris & Arvidsson，2022）、海外市场进入（Harms & Schiele，2012）、国际网络构建（Galkina & Chetty，2015）等领域，发现由于国际市场风险和不确定性，管理者无法完全根据计划有步骤地实施国际化战略和选择国际市场，因此可将国际化过程理论与因果/效果推理理论加以融合。

因果推理（causation）基于行为选择中的"理性假设"，认为企业在可预测未来发展的前提下，通过设定清晰的战略目标，并且根据环境、资源和能力等因素选择合适的手段，才能进一步实现预定目标（Read et al.，

2009；Shirokova et al.，2020）。整个决策过程以目标为导向，与传统管理中计划型战略相吻合（Dutta et al.，2015），强调市场竞争性分析和商业计划制订，从而识别和规避风险，稳步追求利益最大化（Fisher，2012）。然而，创业过程中面临的资源匮乏、信息不对称以及环境不确定性都给传统目标导向决策理性带来挑战，按照原有目标路径进行决策可能会因外部环境的持续变动而产生不一样的效果。基于此，莎拉瓦蒂（Sarasvathy，2001）提出效果推理（effectuation），帮助创业者有效应对环境不确定性。选择效果推理的创业者会基于"我是谁""我知晓什么""我认识谁"这些问题，认真思考自身特征、背景知识和网络资源关系，锚定现有手段和既有条件，强调控制和创造未来而非预测。其决策逻辑过程是：在现有手段基础上和能够承担的最大损失范围内，选择想要合作的战略伙伴，通过创业实践和环境交互不断试错和反馈，并且积极应对意外事件，保持灵活性以适应环境的动态发展（Chandler et al.，2011）（见图1－5）。

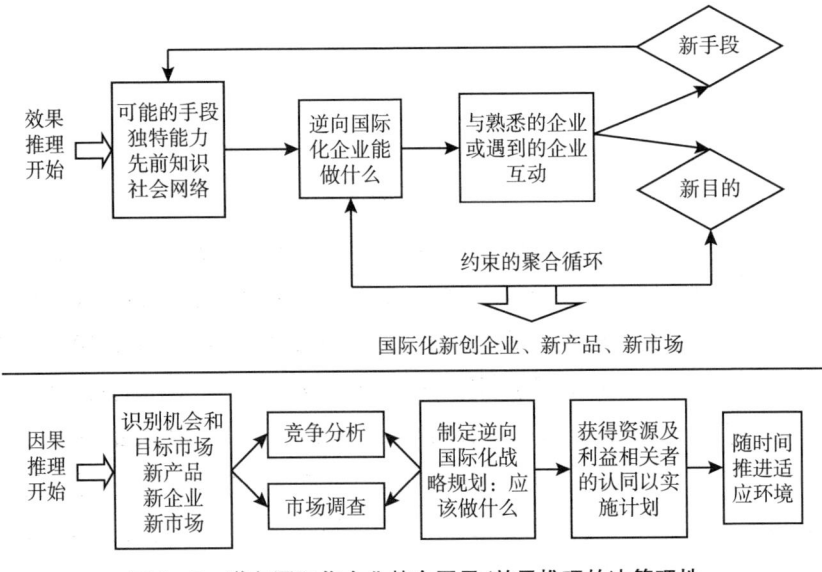

图1－5　逆向国际化企业整合因果/效果推理的决策理性

资料来源：根据张玉利等（2011）改编。

　　奉小斌、马晓书和彭学兵（2019）通过对315篇效果推理文献的共

引分析，借助因子分析、多维尺度分析绘制出该领域的学科知识结构
Euclidean（欧几里得）距离模型图谱（图1－6）。如表1－10所示，因
子分析发现效果推理的研究集中在其概念及定义、理论渊源、机会识别
与特征维度、量表开发与实证应用四个方面。通过关键词聚类分析和战
略坐标分析，发现："效果推理与创业者"和"创业决策逻辑"研究主
题相对比较成熟，未来效果推理研究热点趋势则聚焦于4大主题词，其
中"效果推理与新创绩效"和"效果推理与绩效"是关于效果推理对
绩效的影响研究主题；"国际化与不确定性""效果推理与国际化"和
"天生国际化"是关于国际化情境下的效果推理研究主题；"效果推理与
因果推理"和"决策理性"是关于效果推理与因果推理双元理性的研究
主题。此外，"效果推理与商业模式创新"也将成为效果推理研究的新
兴领域。

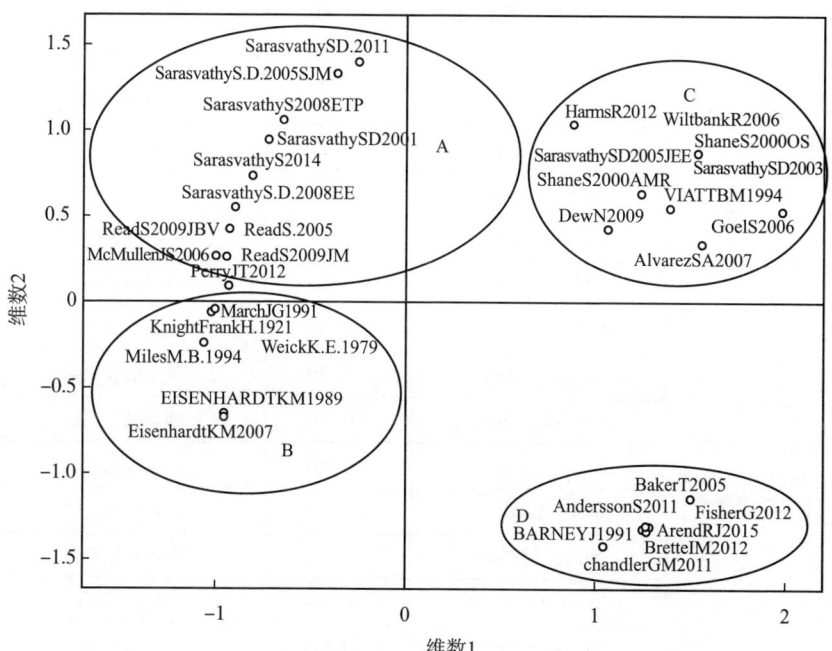

图1－6 效果推理研究领域的知识结构 Euclidean 距离模型图谱

资料来源：奉小斌、马晓书和彭学兵（2019）。

表1-10 主成分分析确定的效果推理领域知识结构

因子	高被引文献（年份）	因子荷载	研究主题
1. 效果推理概念及定义	Sarasvathy（2005v21）	0.898	效果推理特征
	Sarasvathy（2008v32）	0.890	效果推理核心问题
	Sarasvathy（2011）	0.886	效果推理概念
	Sarasvathy（2001）	0.858	效果推理定义
	Sarasvathy（2014）	0.760	效果推理特征
	Sarasvathy（2008M）	0.760	效果推理核心概念
	Read（2009v24）	0.710	效果推理定义
	Read（2005）	0.710	效果推理核心概念
	Read（2009v73）	0.659	效果推理定义
	Perry（2012）	0.607	效果推理主题综述
	McMullen（2006）	0.601	效果推理概念
2. 效果推理理论渊源	Weick（1979）	−0.901	模糊性治理
	Eisenhardt（2007）	0.879	案例研究
	March（1991）	0.743	探索与开发
	Miles（1994）	0.720	案例研究
	Eisenhardt（1989）	0.676	案例研究
	Knight（1921）	0.565	不确定性
3. 机会识别与效果推理特征维度	Wiltbank（2009）	−0.901	控制和预测
	Wiltbank（2006）	−0.901	控制和预测
	Sarasvath（2005v15）	−0.901	创业机会识别
	Sarasvathy（2003）	−0.901	创业机会识别
	Shane（2000v11）	−0.901	发现机会
	Shane（2000v25）	−0.901	发现机会
	Oviatt（1994）	0.896	国际新创企业
	Dew（2009）	0.834	可承受损失
	Alvarez（2007）	0.815	创造机会
	Goel（2006）	0.660	过度信任

因子	高被引文献（年份）	因子荷载	研究主题
	Andersson（2011）	−0.754	效果推理与国际化
	Andersson（2011）	−0.754	效果推理与国际化
	Fisher（2012）	0.689	因果效果及拼凑
4. 效果推理量表	Chandler（2011）	0.666	效果推理测量
开发与实证应用	Barney（1991）	0.584	资源观
	Baker（2005）	0.559	资源拼凑
	Brettel（2012）	0.532	效果推理与绩效
	Arend（2015）	−0.552	效果推理应用评价

注：高被引文献只列出第一作者及发表年份，相同年份的文献以期刊卷号作为区分，V21 指卷 21，M 表示被引文献为书籍。

综上因果和效果推理研究，本研究借鉴莎拉瓦蒂（Sarasvathy，2001）、菲特尔等（Futterer et al.，2018）研究，将因果推理定义为遵循目标驱动进行决策，即企业的创新活动需要在充分权衡内外部竞争环境以及预测未来发展目标的基础上，实施和选择能够带来最大效益的手段；效果推理遵循手段导向进行决策制定，即企业锚定现有资源或利用权变，选择期望合作的战略伙伴，在能够承受的损失范围内不断进行试错和反馈，进而创造可能的结果。

二、因果和效果推理的维度与测量

（一）因果推理的维度与测量

现有关于因果推理的维度划分大多基于决策过程以及与效果推理的对比。如莎拉瓦蒂（Sarasvathy，2001）分析因果推理决策过程后，概括出因果推理的相关组成部分，包括从一开始就设想结果、最大化预期回报、商业规划和竞争分析以预测不确定的未来，以及利用已有的知识。而钱德勒等（Chandler et al.，2011）在其基础上尝试开发了 7 个题项

（包括愿景、计划、分析、回报等多个因果推理的内涵），验证得出因果推理是一个定义明确且具有内部一致性的单维结构。诸多学者利用钱德勒（Chandler）开发的量表来进行公司层面的分析（Ruiz – Jiménez et al.，2020；McKelvie et al.，2020；Johnsonet al.，2021）。之后较多学者根据研究的实际情况，对 7 个题项内容进行调整，取得了较高的信度和效度。如王玲玲等（2019）将因果推理直接视为单维变量，用 6 个题项衡量新企业以目标为导向，强调竞争性分析、预测、计划和控制，以效益最大化为原则实现既定目标的程度。与之不同，布雷特尔等（Brettel et al.，2012）则认为因果和效果推理属于两种相互对立的概念，将因果推理划分为目标导向、预期回报、竞争分析、避免意外四个维度，共计 22 个题项。随后吴隽等（2016）参照此种因果推理四维划分方式，用 19 个题项进行测量，强调企业决策的目标驱动、最大化收益准则、竞争分析识别风险、规避所有干扰并采取预防措施。

（二）效果推理的维度与测量

效果推理被运用到不同创业情境中会被赋予不同的维度，如在新进入情境中，莎拉瓦蒂（Sarasvathy，2001）将效果推理划分成实验、可承担损失、先前承诺、利用权变和控制原则；在国际创业领域，莎拉瓦蒂等（Sarasvathy et al.，2014）概括出手段导向、可承担损失、战略联盟、利用权变和控制五个原则。类似地，韦哈恩等（Werhahn et al.，2015）将效果推理划分为 5 维度，并将效果推理的研究从个体层面延伸到企业层面，通过 18 个题项来测量手段、合作伙伴、可承受损失、意外和控制。纵观目前学术研究中关于因果和效果的维度划分与测量方法，以 4 维度划分为主。在分析效果推理对企业绩效的影响时，实证研究主要借鉴钱德勒等（Chandler et al.，2011）和布雷特尔等（Brettel et al.，2012）的测量方法。其中，钱德勒等（Chandler et al.，2011）在因果和效果推理的验证性研究中提出效果推理是一个格式化的多维结构，包含 3 个相关子维度（试验、可承受损失、柔性）和一个与因果推理相同的维度构造（先前承诺）。此后相关学者（如郭润萍，2016；胡海青等 2017；崔连广等，2017；Johnson & Hörisch，2021）延续了这种分类方法。类似地，布雷特尔等（Brettel et al.，2012）进行了四维度的划分（手段导向、可承受损失、战略联盟和利用权变），且将相关题项扩展至 23 个题项。

综合上述对两种决策理性的维度与测量研究，本研究进行了汇总整理，如表 1 – 11 所示：

表 1 – 11　　　　　　　　决策理性的维度与测量汇总

决策理性	维度	子维度	测量方法及题项数	研究学者
因果推理	单维	—	量表，7 题	Chandler et al.，2011
	单维	—	量表，6 题	王玲玲等，2019
	四维	目标导向、预期回报、竞争分析、避免意外	量表，22 题	Brettel et al.，2012
	四维	目标导向、收益最大化、竞争分析、避免意外	量表，19 题	吴隽等，2016
效果推理	四维	手段导向、合作伙伴、可承担损失、利用权变	元分析方法	Read et al.，2009
		实验、可承受损失、柔性、先前承诺	量表，13 题	Chandler et al.，2011
		手段、可承受损失、合作关系、接受意外	量表，23 题	Brettel et al.，2012
		试验、可承受损失、柔性、先前承诺	量表，12 题	郭润萍，2016
		柔性、实验、可承担损失、先前承诺	量表，12 题	胡海青等，2017
		试验、柔性、先前承诺、可承受损失	量表，12 题	卢艳秋等，2021
		试验、可承受损失、柔性、先前承诺	量表，13 题	Galkina et al.，2021
		柔性、可承受损失、先前承诺、实验	量表，15 题	崔连广等，2017
		试验、灵活性、前期承诺、可承受损失	量表，12 题	王玲玲等，2019
	五维	手段、可承担损失、战略联盟、利用权变、控制	案例研究	Sarasvathy et al.，2014
	五维	手段、合作伙伴、可承受损失、意外、控制	量表，18 题	Werhahn et al.，2015

资料来源：本研究根据相关研究整理。

三、因果和效果推理的区别与联系

（一）因果和效果推理的区别

因果/效果导向理论认为，管理者对市场信息或创造新市场信息的开发、处理和使用，对未来是可预测还是可控制的看法，是其采取不同决策理性的依据（Perry et al.，2012）。前者关注在既定目标基础上"应该怎么做"，后者强调利用既有手段"能够做什么"。因果推理注重竞争分析，并设定正式的计划系统的追踪目标，帮助企业预测和规避未来发展的各种威胁和风险，进而提前采取行动维持市场竞争地位以及掌控未来走势（Chandler et al.，2011）。而效果推理则是根据手头所拥有的资源和条件，关注自身可能承受的最大损失，通过逐步发展和试错，产生不可预知的多种可能性的结果（Shirokova et al.，2020）。一般而言，效果推理能够很好地解释在不可预测的情境下创业者如何决策的问题（Wiltbank et al.，2006；Rapp，2022）。当企业面临较多不确定因素时，通过现有手段的利用去控制过程，产生各种未来发展的可能性。相反，因果推理更适合在不确定性相对低的条件下采用，强调预测结果而获取实现目标的资源，尽可能保证结果的可行性（Harms & Schiele，2012；Berends et al.，2014；苏涛永和陶丰烨，2019）。基于以上讨论，本研究总结了因果推理和效果推理二者在各个方面的具体区别，如表1－12所示：

表1－12　　　　　　　　　　因果推理和效果推理对比

区分标准	因果推理	效果推理
前提驱动	既定目标	既定手段
决策依据	以最大化预期收益作为决策依据	以损失控制在可承受范围内作为决策依据
对待风险态度	采取防范措施，避免意外干扰	利用意外事件，抓住潜在机遇
对待利益相关者态度	强调竞争分析	强调联盟合作

区分标准	因果推理	效果推理
核心问题	如何做决定	如何做设计
适用条件	不确定性相对较低的环境	奈特不确定性环境
对未来的控制	聚焦于未来的可预测方面	聚焦未来的可控制方面

资料来源：本书根据相关研究整理。

（二）因果和效果推理的联系

尽管因果推理和效果推理虽然在概念、内涵、原则和适用范围上存在较大差异，但是二者并不是完全对立互斥的，而是可以在不同的决策和行为环境中同时平衡和共存（Sarasvathy，2001；Fisher，2012）。关于双元决策理性的研究尚存在争论，既有因果/效果推理同时共存或以混合决策逻辑形式存在于"连续体"（continuum）的两端（Ortega et al.，2017），也有研究提出因果与效果推理"正交论"（orthogonality），强调在企业发展的不同阶段两种决策理性存在交替作用（Laine & Galkina，2017；Stroe et al.，2018）。相关研究指出两种决策理性的侧重点不同，为了追求计划和目标的均衡发展，企业亟须从利用单一决策理性逐渐过渡到整合因果和效果两种决策理性，并根据环境的不确定性程度选择与之匹配的决策理性（Wiltbank et al.，2006；Galkina & Jack，2021）。加尔金娜（Galkina，2021）通过研究芬兰和丹麦企业家创建新企业的41个案例，将因果推理和效果推理的相互作用分为三种模式，即分离模式、混合协同和紧张关系。总体来看，两种决策理性的相互融合过程主要体现在以下几点：首先，因果推理帮助引入一般结构和行动计划，创业者可以同时使用效果推理在预设计划广泛的边界里探索更多的选择，可以同时享受两种决策方法带来的效益（Reymen et al.，2015）；其次，创业者利用既有手段进行相关活动，倘若有一定的目标支撑，可以帮助创业者找到发展的方向，通过长期目标和短期试验的结合，能够更精准地利用和发挥现有资源的最大价值（Frese，2007）；再次，盈利预测能够激发和刺激创业者实现企业增长的动力，但是如果创业者能够在考虑增长潜力的基础上，将当前资源投入到目标实现中去，就能有效避免下行风险，做出更合理的战略决策（Smolka et al.，2018）；最后，效果推理能够为组织带来一定的灵活性，因果推理可以仔细权衡成本与收益，企业在关注长期目标的同时注重利用意外事件产生的机会，二者相结合帮助企业实现更好的效益（Zheng & Mai，2013）。

四、因果和效果推理的作用效应研究

（一）企业创业领域的决策理性

决策理性起源于创业研究领域，主要包括分析新创企业和国际化企业的创业管理、创业决策、创业能力以及企业绩效等（Sarasvathy et al.，2014；Harms & Schiele，2022；张玉利等，2011；郭润萍，2016）。如里德（Read，2009）利用元分析的方法探究效果推理对新创企业绩效的影响，指出可承受损失维度对绩效提升的作用并不明显，约翰逊和霍里施（Johnson & Hörisch，2021）发现因果推理和效果推理对已成立的企业的可持续创业有积极影响。也有学者指出更多使用效果推理或因果推理逻辑与它们对企业绩效的影响没有直接关系（Ruiz‐Jiménez et al.，2020）。相关实证研究方面，乌尔万等（Urban et al.，2015）以及彭学兵等（2017）都证实了效果推理能够提升企业绩效。郭润萍（2016）聚焦新创企业的创业能力，提出了新创企业应当遵循效果推理来逐步学习和实践，获取知识以提升能力。同时，在经济条件不利的情境下，希罗科娃等（Shirokova et al.，2020）通过对新兴市场背景的中小企业（SME）的有效性进行调查，发现因果推理在改进边际绩效的同时，也导致了高度的不可靠性。除此之外，一些学者将研究拓展至国际化企业的创业过程中来，主要分析海外市场进入（Harms & Schiele，2012）、国际网络构建（Galkina & Chetty，2015）等。其中，哈姆斯和希尔（Harms & Schiele，2012）认为企业家的国际化经验越丰富，越偏向于选择效果推理来进行决策制定，效果推理下企业家不会确定海外市场进入的固定方式，而因果推理下企业家更倾向于采用稳定的出口模式进军海外市场。类似研究中（Coudounaris & Arvidsson，2022），也都指出在国际市场风险和不确定较高的环境下，管理者无法按照计划有步骤地实施国际化战略和扩张海外市场。

（二）企业创新领域的决策理性

对于创新方面的研究，因果/效果推理主要用于分析产品/服务创新、探索和开发式创新、商业模式创新等方面。布雷特尔等（Brettel et al.，2012）发现效果推理能够正向促进企业的创新行为，而且在企业处于高创新的情境下，这种促进作用会更加明显。而贝伦茨等（Berends et al.，2014）提出效果推理能够带来产品创新的资源驱动，而且是逐步的和开放式的，因果推理则是被用来设定目标和计划活动，投入资源达到最终目的。此外，他还强调随着时间的推移，效果推理的特征越来越倾向于因果推理。菲特尔等（Futterer et al.，2018）证实了因果和效果推理均对商业模式创新有促进作用，吴隽等（2016）指出效果推理（4个维度）能够正向调节新颖型商业模式创新与组织绩效间的正向关系，因果推理正向地调节了效率型商业模式创新与绩效间的关系。对于探索和开发的创新，国内学者崔连广等（2017）发现因果推理对于探索式创新和开发式创新都有正向影响，但是对于不确定性程度较低的开发式创新作用更为明显，效果推理对开发式创新的影响并不显著，更适用于探索式创新。奉小斌和周兰（2020a）、奉等（Feng et al.，2021）实证检验决策理性对创新搜索与双元性/创新绩效之间的关系，结果发现整合因果和效果推理能够增强创新搜索对双元能力和创新绩效的影响。

因果推理和效果推理的作用效应研究情况，见表 1 – 13。

表 1 – 13　　　　　　　　因果和效果推理的作用效应研究汇总

作用领域	维度	代表学者	主要发现
创业领域	创业管理	Johnson & Hörisch（2021）	因果推理和效果推理促进企业可持续创业
	创业决策	崔连广等（2020） Shirokova et al.（2020）	效果推理和因果推理适用于不同环境的创业决策
	创业能力	郭润萍（2016）	效果推理的四个维度对创业能力有积极影响

续表

作用领域	维度	代表学者	主要发现
创业领域	企业绩效	Read（2009）	可承受损失维度对绩效提升作用并不明显
		Urban et al.（2015）	效果推理能够提升企业绩效
		Yoon & Cho（2020）	因果推理对收入增长以及对风险绩效有显著的正向影响，而对利润增长具有显著的负向影响
		奉小斌和周佳微（2021）	效果推理增强多源搜索与创新绩效之间的关系，却减弱聚焦搜索与创新绩效的曲线关系
创新领域	创新绩效	Brettel et al.（2012）	效果推理正向促进企业的创新行为、产品创新
		Berends et al.（2014）Alzamora – Ruiz（2020）	效果推理和因果推理均有利于企业创新绩效
	双元创新	崔连广等（2017）	因果推理对探索式创新和开发式创新有正向影响
		奉小斌等（2020）Feng et al.（2021）	聚焦搜索与效果推理以及多源搜索与因果推理匹配有利于组织双元性发展
	商业模式创新	Harms et al.（2021）Futterer et al.（2018）	因果和效果推理对商业模式创新有促进作用
		吴隽等（2016）	效果推理（四个维度）能够正向调节新颖型商业模式创新与组织绩效间的正向关系

资料来源：本书根据相关研究整理。

五、决策理性文献小结

对于决策理性而言，学者们普遍认为因果推理适应稳定情境，而效果推理匹配模糊动态环境，并将决策理性应用到创业管理、企业国际化、战略管理、新产品开发、创新管理等领域。有关决策理性的研究主题集中在决策理性对绩效的影响、效果决策的维度结构、效果/因果双元理性等方面。然而，逆向国际化企业身处复杂的国际化市场的同时还要兼顾新开拓的国内市场，在面临复杂市场环境时离不开因果和效果决策的制定过程。其中，因果推理可以适用于按照计划生产、代工和出口等规模收益活动，以稳定其在国际市场中的原有业务发展，效果推理则更能在开拓国内新市场、构建利益合作关系、创建自主品牌和服务中发挥效益（Brettel et al.，2014）。现有创新搜索与决策理性相关研究中，较少研究关注逆向国际化过程中企业面临的环境和目标的动态变化，尤其鲜见整合因果与效果决策理性在创新搜索与组织双元能力关系中的匹配研究，对组织双元能力的动态影响讨论极其缺乏。因此，本研究拟将逆向国际化的发展过程与决策理性相融合，整合出整体的决策理性图（见图 1-5）。探索逆向国际化企业的创新搜索与决策理性的匹配关系对组织双元能力的影响，一方面能够深化创新搜索与双元能力之间关系研究，另一方面有助于挖掘决策理性与创新搜索的匹配逻辑在逆向国际化不同阶段的演化规律及其对提升组织双元能力的影响。

第二章　逆向国际化企业创新搜索与双元能力的组态效应研究

第一节　研究目的与问题提出

虽然我国外向型经济模式取得了持续 40 多年经济高速增长的奇迹，但是随着经济全球化红利的递减，中国必须将经济发展的动能从"出口—投资驱动模式"转向"内需—创新模式"。尤其是新冠肺炎疫情以来，在复杂的国际国内形势变化及依靠科技自强自立的战略背景下，大部分外向型企业经历了前所未有的挑战，这要求我们逐步转向以国内大循环为主体、国内国际双循环相互促进的新发展格局。中国作为"世界工厂"，近年来不仅在国际贸易中受到西方部分发达国家的阻碍，而且中国企业也会有在大国博弈中遭受政策与战略打压的风险。在此背景下，逆向国际化企业如何通过对遍布国内外网络的不同知识源开展创新搜索行为，从而培育双元能力成为值得研究的热点问题。

开放式创新背景下，组织利用不同的知识源获取新想法和知识并实现整合，即知识源战略备受关注（Chiang & Hung，2010）。劳尔森和索尔特（Laursen & Salter，2006）将企业外部知识源根据搜索渠道的不同划分为市场型、科学型、中介型和通用型四大类 16 种，学者们从知识源广度和深度视角对企业绩效的影响开展了大量研究，但研究结论存在正向影响、负向影响、倒"U"形影响等多种结论（金昕和陈松，2015；Ravi et al.，2021），还有部分研究探讨了内部知识源、外部知识源以及内外部知识源交互的不同作用机制（林周周等，2022）。现有关于创新搜索与双元能力的关系研究也没有形成一致结论，如里维拉等（Revilla et al.，2016）将知识源分为自主产生、购买型和共同研发三种，并且不同知识源对绩效的影响受到双元创新的情境影响；肖丁丁和朱桂龙（2016）发现科技驱动型、共性技术导向跨界搜寻对探索能力存在正向影响，而市场驱动型、共性技术和产品技术导向跨界搜寻对开发能力呈正向促进作用；而奉小斌和周兰（2020b）发现单一搜索互动不利于双元能力的平衡和组合，而交叉搜索互动对平衡双元能力产生正向影响，但对组合双元能力产生倒 U 形影响。梳理现有研究发现仍存在进一步探索的空间：一是现有实证研究侧重关注不同创新搜索模式（或策略）对企业绩效或双元能力影响的"净效应"，但不同种类的知识源存在种类、性质和搜索逻辑的差异（Patel et al.，2014），较少有研究同时剖析企业对不同类型的知识源搜索及其共同作用如何影响探索能力或开发能力；二是在不同的情境因素影响下，不同的创新搜索策略组合会如何匹配双元能力也有待进一步分析（Si，Liu & Cao，2020）；三是对于前因复杂的多变量互动的研究主题，以往实证或案例研究无法挖掘不同知识源及其互动对双元能力的影响，采用 QCA 分析法更具优势（杜运周等，2021）。

近几年学者们开始采用定性比较分析法（qualitative comparative analysis，QCA）来研究创新搜索、双元能力、动态能力等相关主题，其中模糊集定性比较分析（fsQCA）因能够捕捉随变量程度而变化的案例复杂性而受到广泛采用。如蔡猷花等（2019）使用 fsQCA 研究网络成员关系、知识搜索方式和搜索策略影响企业提升研发投入的路径，分析了高创新偏好型企业和低创新偏好型企业在加大研发投入方面的路径差异。郑等（Zheng et al.，2021）构建了知识基、吸收能力、知识深度、知识宽度、政府支持和商业环境六种影响创新绩效的组态路径。在双元能力或双元创新方面，闫佳祺等（2018）利用 QCA 技术探讨了层次型组织文化、环境不确定性、组织结构、人力资源管理系统强度对其影响的联动效应，朱建民和崔心怡（2021）采用 fsQCA 方法从单维视角向多维交互的整体视角转变建立高双元绩效组态模型，发现技术属性、企业性质、整合经验以及研发强度是影响双元创新绩效的关键因素，高技术互补性在提高双元创新绩效中发挥更为重要的作用。法因施米特等（Fainshmidt et al.，2019）运用 fsQCA 方法发现,动态能力通过使差异化和低成本导向相结合,在动态、宽松环境中带来竞争优势。综上所述,尽管 csQCA 是所有学科中使用最为广泛的 QCA 技术,但与本书相关研究的文献中 fsQCA 的采用率更高。

因此,本研究围绕"在不同特征因素影响下,逆向国际化企业不同的创新搜索组合策略将如何匹配双元能力?"这一问题开展研究,借鉴 fsQCA(模糊集定性比较分析)探讨四类知识源对逆向国际化企业探索能力和开发能力的组态影响,并探究不同企业特征因素与知识源的组态对双元能力的影响路径。本研究标定变量指标后进行数据校准,并借助 fsQCA3.0 软件对全样本和四类情境因素影响下的样本进行各组合路径的分析,检验所有假设、得出结论并提供相关建议。本研究对创新搜索与双元能力的组态研究,有助于识别不同知识源搜索的组合效应和互动关系对双元能力的复杂影响机制,并考虑一些企业相关的特征因素(如企业规模、国际化经验、企业类型和研发强度)在逆向国际化企业创新搜索与双元能力的匹配路径研究中的复杂影响作用。

第二节 研 究 假 设

一、逆向国际化企业创新搜索实现双元能力的路径分析

知识基础观认为创新活动与知识源的类型、范围、深度等特性存在紧密联系(冯文娜,2022),企业现有的知识存量易使组织产生潜在核心刚性,因此获取和利用外部知识的能力对创新活动至关重要。然而,不同类型的外部知识源给企业带来不同的收益,它们既能为企业带来互补性知识,又因搜索、理解、转换、泄密等方面不同而存在差异化的成本和风险(Jorge et al.,2014)。面对不同类型的知识源组合,企业通过不同知识源战略与外部知识进行交换与整合,从而提升探索与开发能力(Feng et al.,2021)。有研究认为,聚焦搜索外部某类知识源能够帮助企业对以往积累的技术、经营等知识进行深度开发,并利用与知识源的频繁"强联系"

（strong ties）来改善自身产品与服务（Henttonen & Ritala，2013）。但是，基于注意力基础观可知，管理者对外部广泛的合作知识源不加筛选，将会导致企业管理成本和搜索成本的急剧提升，增加企业的创新风险（Laursen & Salter，2006；Maja et al.，2020）。有学者（贯君，2019）指出不同组织有不同的发展战略需要，其对创新搜索的策略选择和相关能力层次的需求是存在一定差异的。

（1）市场型知识源与双元能力

市场型知识源来源于客户、供应商、竞争对手、咨询顾问。市场型知识源的获取能够促进企业的探索性与开发性学习，从而引发基础性创新活动或（和）增量创新活动（Ardito et al.，2021），提升企业探索与开发能力。来自供应商和竞争对手的知识，能够拓展企业的技术知识基础，帮助企业应对复杂问题和识别新的技术机会，培养企业探索能力（Zhao et al.，2014）。并且，企业通过供应商和竞争对手能够获取行业前沿资讯以及市场需求，为产品创新提供市场导向，能够更好地优化当前产品设计与功能特征（Duysters et al.，2020）。而来自客户与咨询顾问的知识，由于其不受企业内部技术路径依赖的影响，往往能够为企业带来颠覆式的创新思路，激励企业兼顾当前和未来的价值创造活动，促进企业双元能力。以往研究也发现，供应链相关的市场型知识源搜索对企业降低新产品开发的成本和提高产品绩效有积极作用（Cheah et al.，2021），资源丰富的企业能通过对市场型知识源的搜索，改变资源拼凑的方式而影响企业的双元创新能力（李晓钰和肖丁丁，2022）。

（2）科学型知识源与双元能力

科学型知识源来源于大学和科研院所、政府研发机构、公共研发部门、私有研发机构、商业实验室等。科学型知识源具有理论化、规范化、先进性的特征（Xue & Zhang，2018），不仅为企业产品的更新迭代提供理论基础，帮助挖掘现有产品的市场价值以增强企业开发能力，而且以该类知识为基础的原始创新产品往往具有颠覆现有市场的可能，在激发企业采取创新活动的同时提升探索能力（Bismark & Rowlinson，2021）。但是，也有研究提出科学型知识源可能缺乏与企业现有知识的连接关系，需要企业投入较多资源对新知识进行探索与挖掘，相较于开发能力，该类知识源对企业的探索能力将提出更高的要求（奉小斌，2020）。

（3）中介型知识源与双元能力

中介型知识来源于专业会议、商会、行业期刊、数据库和展销会等，具有公开透明的特点，能够通过中介型知识源渠道搜集获取行业前瞻知识和成熟技术，尤其服务中介处于行业与组织的交集能帮助企业扩大外部搜索范围和减少搜索成本（Zhang & Li，2010；岑杰等，2021）。由于企业的创新搜索是一种资源择取行为（胡畔等，2017），具有技术共性、市场共性且获取成本相对更低的中介型知识源更易被组织吸收。还有研究发现，企业成员在获取中介型知识源的过程中能够更好地接触、理解和使用行业相关的知识，帮助企业及时更新现有产品（Linda et al.，2012），从而提高开发能力。

（4）通用型知识源与双元能力

有关通用型知识源更多来自政府等官方公布的相关文件，它是企业创新过程中必须考虑的事项，如健康和安全标准、技术标准、环保标准是制造业创新的关键来源（Laursen & Salter，2006）。从规制合法性的角度看，企业对该类知识源的搜索与应用是逆向国际化企业能否进入市场、稳定经营以及获取政府支持的关键。企业不仅通过搜索行业标准知识优化现有产品，以提升自身合法性满足市场进入条件，而且能够通过捕获相关支持政策，以政策支持为指引，助力新产品的创新创造（Daniel et al.，2018），进而提升企业的探索与开发能力。有研究发现，政府出台环境保护相关的标准能够正向影响企业的绿色产品创新和绿色工艺创新（Zhang et al.，2020）。

二、企业特征因素对实现双元能力路径的影响分析

知识搜索策略对双元能力的影响还受限于企业的资源与能力。受到企业自身条件的影响，同一个企业搜索不同知识源或不同的企业采取相同的策略均会产生不同的效果（Nguyen et al.，2022）。如乔治等（Jorge et al.，2014）实证发现市场知识源（如客户和竞争者）对绩效有正向影响，通用型知识源或超越核心业务的专利和知识库对企业绩效没有影响，但科学知识源对绩效有倒"U"形影响。某个企业的"过度搜索"，可能会对该企业创新绩效产生负面影响，但综合实力强的企业其"过度搜索"的拐

点出现较晚（Knott & Vieregger，2020）。如有研究发现，资源丰富的企业能通过对市场型知识源的搜索，改变资源拼凑的方式而影响企业的双元创新能力（李晓钰，2022）。综上所述，创新搜索能够丰富企业的知识储备，但其对企业创新与双元能力培育的影响还受到企业的资源、能力与性质等因素影响，理性的决策者会在综合考虑企业特性的基础上，采取适合企业的不同知识源组合的搜索策略。因此，本研究参考奉小斌和周兰（2020a，2020b）的研究，将可能影响双元能力的情境因素分为企业规模、国际化经验、企业类型、研发强度四类。

与本地搜索不同，跨界搜索的知识整合难度更大且搜索的成本更高（蔡猷花等，2019），因此在多领域进行创新搜索可能会对企业资源能力和资源配置水平提出更高要求。大企业在资源禀赋与风险抵抗能力方面具有显著优势，其通过双元学习能够表现更好的组织双元能力（Lee et al.，2013；Andrea et al.，2014），企业规模调节以往创新经验与未来探索性/利用性搜索之间的关系（Feibo & Timothy，2017），甚至知识搜索宽度对创新的边际递减效应在大企业中并不显著（Martínez – Ros & Kunapatarawong，2019）。具体来说，大企业能够利用丰裕资源拓宽和深化在不同类型知识源上的搜索范围和搜索深度，并通过挖掘近距离知识所蕴含的深层价值来提升产品开发能力，而远距离知识与现有知识的融合产生探索式创新成果（胡谍，2022）。还有研究发现，大企业会对编码和缄默知识进行存储，在知识激活阶段更可能识别出存储的缄默知识，拥有更多的组织资源来激活已有知识（郭京京等，2017）。因此，大企业在搜索策略的选择上具有更大的选择空间，更易采取多知识源组合的搜索方式驱动创新活动，从而获得双元能力。

国际化经验指企业在国际化建设中积累的海外经营管理、网络关系、知识搜索能力（李竞，2018），国际化经验不同的企业在培育双元能力上存在差异化的知识搜索策略。首先，国际化经验丰富的企业在对复杂知识的理解和隐性知识积累方面具有显著优势（Zakaria et al.，2017），能够帮助企业内化科学型知识源并匹配企业的探索能力研发产生创新成果（Cao et al.，2009）。其次，国际化经验丰富的企业通过嵌入国内国际网络获取多种战略资源与学习机会，提供创新灵感、加快创新进程，有助于强化企业双元能力（Wu & Liu，2018；吴航和陈劲，2018）。最后，逆向国际化企业能够借鉴在国际化过程中知识搜索的方式、方向以增加国内多源知识搜索活动的可靠性，进而提高企业在新产品开发和现有产品改进方面的效率与质量（奉小斌和马晓书，2021）。然而，有研究从知识异质性程度的角度提出，对于国际化经验丰富的企业在接受本地知识的时候由于知识的异质性程度较大，可能会超过企业吸收能力的负荷，增加国内外知识源的沟通成本。

不同类型企业在培育双元能力方面存在不同的驱动机制，传统企业相较于高新企业面临着更大的转型压力，期望通过创新搜索的方式以获得异质性知识源，赋能企业的创新创造（Jorge et al.，2014），并在该过程中进一步培育企业的双元能力。格林佩和索夫卡（Grimpe & Sofka，2009）认为低技术和高技术行业企业的搜索模式存在较大的差异，并证实低技术行业企业聚焦搜索市场知识，而高技术行业企业侧重搜索技术知识源。吴和王（Wu & Wang，2017）发现内、外部知识源搜索均有利于高技术企业的产品创新，但只有外部知识源搜索对低技术企业有价值，并且外部知识相关性对高科技企业和低技术企业的作用存在差异。而高新行业企业的自主创新能力更强，对有关知识源的搜索特别是科学型知识源的搜索能够为高新企业提供创意来源（Dutt & Mitchell，2020），帮助高新企业积累先进知识服务于产品开发，从而提升探索与开发能力。

企业能否从不同的外部来源开发有价值的知识取决于企业的研发能力（Wu et al.，2020），高研发强度意味着企业具有更强的创新偏好，为企业采取科技驱动型的创新搜索策略提供强有力的人才和资源支持。科技驱动型创新搜索对象主要包括高等院校、公共研究机构、科研院所和商业实验室等（肖丁丁等，2016），即科学型知识源。科学型知识搜索通过跨越企业边界及现有知识基础，搜索与产品、工艺等相关的技术知识，利用外部知识源的技术溢出机会，促进不同领域技术的融合与全球范围内科技资源的整合（Sidhu et al.，2007；张文红等，2014）。科学型知识的研发成本极高，因此与科学型知识源合作的成本也较高，与其合作的组织必须考虑回报率。部分组织通过主动搭建平台与客户、供应商等市场型知识源进行交流，及时有效地搜索相关需求信息，缩短研发时间，紧跟市场趋势（王建军等，2020）。

从上述分析发现，相关研究中对创新知识源的搜索策略与企业特性对提升双元能力存在相互影响。基于此，本章从创新知识源（市场型、科学型、中介型、通用型）和企业特征（企业规模、国际化经验、企业类型、研发强度）内的 8 个前因条件出发建立关于影响企业双元能力的分析模型（见图 2 - 1）。

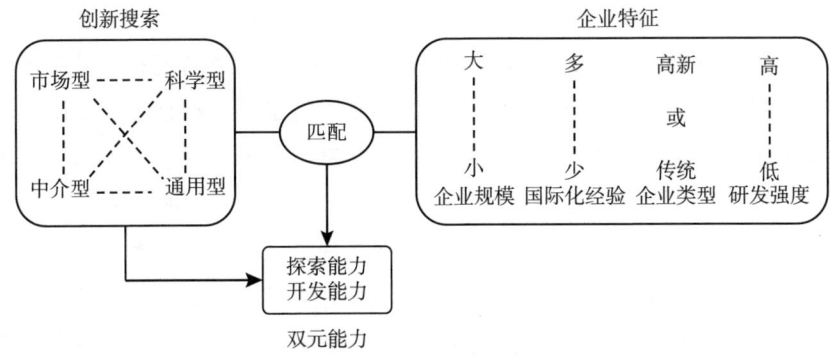

图 2 - 1　本章研究模型

第三节　研究方法与数据收集

一、QCA 方法简介

定性比较分析方法（qualitative comparative analysis，QCA）是介于案例导向和变量导向之间的整体、系统的研究方法，该综合研究策略集合两种方法的优势于一体（Ragin，1987），有助于回答多重并发的因果关系、因果非对称性和多种方案等效等因果复杂性问题。其基本思想是，以集合论和布尔运算作为其方法论的基石，探究前因条件组合如何引致被解释结果出现可观测的变化或不连续。最初一些学者尝试以集合论的方法进行构型研究，如罗姆（Romme，1995）和奥兹（Oz，2004）采用布尔运算的方式进行了初期尝试，而后菲斯（Fiss，2007）提出使用定性比较分析法，认为以集合论和布尔运算为基础的 QCA 能够探究前因条件之间的互动如何共同引致被解释结果出现可观测到的变化或不连续，此后 QCA 作为解决构型（configuration）视角的实证研究难题的一种方法，在国外管理学相关研究中快速传播并广泛应用。在先前研究者研究基础上，张弛等（2017）将管理学领域适合使用定性比较分析方法有效解决的问题分为三类，分别为："解决前因复杂性问题并处理多个前因间复杂的互动关系""探究导向同一结果的多种路径"和"作为分类方法的深化与补充"。

QCA 利用布尔代数的运算法则可以寻找到集合之间普遍存在某些隶属关系，展开因果关联的分析。布尔代数的基本规定是，将某个变量出现或不出现用二分法表示为 1 或 0，出现就取值为 1 或用大写字母表示，不出现则取值为 0 或用小写字母表示（欧忠辉等，2021）。对所有的变量进行二分法处理，围绕要研究的结果变量，分析理想状态下拥有多少种条件变量的组合，建立起一套逻辑真值表。真值表既可以反映出结果现象发生或不发生时多种条件的具体状态，同时还可以从中看出，多种条件出现或不出现之间的组合关系，进而得出这些组合是如何产生的，以及在多大程度上决定了结果现象的发生或不发生（Zheng et al.，2021）。借助布尔最简化的原则，定性比较分析法最终要找到的是导致结果变量的最核心、最典型、最精简的条件组合路径。

根据集合的不同形态，定性比较分析法可划分为清晰集的定性比较分析（csQCA）、模糊集的定性比较分析（fsQCA）和多值的定性比较分析（mvQCA）。其中，fsQCA 的出现进一步提升了分析定距、定比变量的能力，使得 QCA 不仅可以处理类别问题，也可以处理程度变化的问题（degree）和部分隶属的问题（partial membership），并且 fsQCA 通过将模糊集数据转换为真值表，保留了真值表分析处理定性数据、有限多样性和简化组态的优势，使得 fsQCA 具有质性分析和定量分析的双重属性（Ragin，2008）。使用 QCA 来构型分析的主要步骤为：数据赋值和校准、条件变量的必要性检测、构建真值表、组合条件的充分性检测（杜运周和贾良定，2017）。

QCA 将"组态比较"和"集合论"结合在一起，为一种在定性和定量之上的新方法，在案例基础上，进一步结合计算机的算法，实现了不同案例间的比较分析，有利于发现跨案例系统的相似性和差异性（闫佳祺等，2018）。定性比较分析法对样本量和数据来源要求较低、便于应对前因复杂性、主张因果非对称性、无须对跨层变量进行特殊处理、降低现象复杂性和可完整解读案例（张弛等，2017）。虽然 QCA 会有如 csQCA 存在对个案敏感的问题，以及研究结果可信性的质疑等挑战，但学者也提出了相应的对策，如针对后者，学者提出了多种稳健性检验方法，以增大 QCA 研究结果的可信度。综上所述，QCA 基于布尔代数的基本原理，并借助集合论的思想研究复杂社会现象的原因组合路径和影响方式，综合了传统定量研究和定性研究的各自优势。

二、变量选取及测量

本研究主题为"逆向国际化企业创新搜索与双元能力的组态效应研究，提取条件变量为创新搜索，结果变量为双元能力，同时提出四个情境特征。

条件变量。在本研究中，参考劳尔森和索尔特（Laursen & Salter，2006）的研究，创新搜索通过四大类知识源进行诠释，具体细分为市场型（客户、竞争对手、咨询顾问、供应商）、科学型（大学和科研院所、商业实验室、政府研发机构、私有研发机构、公共研发部门）、中介型（专业会议、展销会、行业期刊和数据库、商会）、通用型（环保标准、技术标准、健康安全法规）共 16 种。奉小斌等（2020）使用六分制的 Likert 量表，对四大类共 16 种知识源的使用程度进行打分，程度由 1~6 从低变高。基于原始数据库，本书首先将国内外数据进行合并，再进一步将 16 种知识源归类为四大类知识源进行合并，为了提高数据精度和统一性，将归类合并后的数据再次变为六分制的数据。

结果变量。双元能力通过对探索和开发能力的测量进行诠释。这两种能力的测量基于前者数据库，其中，探索能力采用"引进新产品/服务""打开新市场""扩大新产品范围""进入新技术领域"这 4 个指标进行测量；开发能力使用"改进现有产品/服务""降低产品成本""提高当前产品灵活性""提高产量或降低能耗"这 4 个指标进行测量，变量测量使用六分制量表。

特征因素。参考奉小斌等（2020）选取企业规模、国际化经验、企业类型、研发强度作为情境因素。用员工数量取对数表征企业规模；企业国际化的经营年限取对数来表征国际化经验；企业类型通过二分变量进行测量，0 为传统行业，1 为高新技术行业；用研发投入占总销售收入的比重取对数来表征研发强度。

三、问卷发放与数据收集

本研究主要探索创新知识源和企业特性对双元能力的影响。本研究样本的取样范围是以上海、浙江、广东和江苏等沿海经济发达地区的逆向国际化企业为主，主要针对从事外贸业务的企业中高层管理者进行调查，累计发放 500 份问卷。根据 QCA 样本案例选择的基本原则，在考虑样本数量的充足性和可获得性的前提下，保证样本中同时覆盖高跨界创新样本和非高跨界创新样本，最终得到 212 份有效问卷，有效回收率为 42.40%。

本研究样本的描述性统计数据分析见表 2－1。

表 2－1　　　　　　　　　　样本统计分析

项目	类别	数量	百分比（%）	项目	类别	数量	百分比（%）
国际化年限	小于 5 年	6	2.83	行业类别	通信设备、计算机及电子设备制造	55	25.94
	5～10 年	46	21.70		电器机械及器材制造	42	19.81
	10 年以上	160	75.47		通用、专用设备制造	31	14.62
企业规模	少于 300 人	60	28.30		家具、家电及文体制造	18	8.49
	301～500 人	41	19.34		服装纺织、鞋帽包制造	31	14.62
	501～1 000 人	43	20.28		其他	35	16.51
	多于 1 000 人	68	32.08	被调查者任职年限	0～4 年	37	17.45
研发投入占销售比	小于 2%	96	45.28		5～10 年	134	63.21
	2%～3%	79	37.26		超过 10 年	41	19.34
	大于 3%	37	17.45	被调查者职务等级	高层管理者	70	33.02
					中层管理者	142	66.98

资料来源：对 212 份样本数据进行描述性统计分析并整理得到。

四、QCA 步骤与数据处理过程

（一）QCA 步骤

定性比较分析将定性与定量相结合，基本思想是：以集合论和布尔运算作为其方法论的基石，探究前因条件组合如何引致被解释结果出现可观测的变化或不连续。布尔代数的主要关系符号有："～"表示"非"，"＊"表示"与"，"＋"表示"或"，"→"表示"导致"（杜运周和贾良定，2017）。本研究采用 fsQCA 处理步骤如下。

第一步，对数据进行校准处理。将原始数据转化为集合（0－1），"1"为完全隶属关系、"0"为完全没有隶属关系、"0.5"为半隶属关系。在转化前，需要通过 SPSS 软件确定三个值：完全隶属、交叉点、完全不隶属，再利用 fsQCA 软件进行校准。

第二步，条件变量的必要性检测。判断单个前因条件是否是结果的必要条件，判断标准为一致性指数，大于 0.9 则判断为必要条件。

第三步，构建真值表（truth table）。将二分表归类、整理、合成形成真值表，是所有前因条件的构型，或称之为"组态"。

第四步，组合条件的充分性检测。在单个条件变量不构成必要条件的情况下，测量条件变量的不同组合方式对结果的影响。通过布尔最小化产生最终的解。

需要指出的是，QCA 报告中的一致性（consistency）和覆盖度（coverage）这两项指标能够衡量多种组合对结果的解释力度。其中，一致性类似于回归分析中的显著性，只有满足它进一步分析集合关系才有意义；覆盖度类似于相关分析中的强度，也即通过一致性检验的集合关系多大程度上解释了结果，反映了组态的经验切题性或者重要性（Ragin，2008）。在覆盖度指标中，原始覆盖度（raw coverage）和净覆盖度（unique coverage）可用于衡量当结果的发生具备多种原因组合时每种组合的作用效果。一致性和覆盖度的计算公式分别为：

$$\text{Consistency}(X_i \leqslant Y_i) = \sum (\min(X_i, Y_i)) / \sum (X_i) \qquad (2-1)$$

$$\text{Coverage}(X_i \leqslant Y_i) = \sum (\min(X_i, Y_i)) / \sum (Y_i) \qquad (2-2)$$

上述公式中，X_i 表示个体 i 在组合 X 中的隶属度；Y_i 表示个体 i 在结果 Y 中的隶属度；Consistency（$X_i \leqslant Y_i$）的取值范围为 0 – 1，当一致度为 1 时，X 完全隶属于 Y。在此，一致度等价于回归分析中的置信度，一般来说，该数值不小于 0.75 即可被接受，本研究参考菲斯（Fiss，2011）取值 0.8。Coverage（$X_i \leqslant Y_i$）的取值范围也为 0 – 1，是组合 X 作为导致结果 Y 的唯一条件的可能性，可类比于多源回归中的拟合度，越接近于 1，表示 X 集合的唯一解释性越强（张宏等，2018）。

（二）数据处理过程

本研究采用直接法把变量校准为模糊集（Fiss，2011），以条件变量和情境变量数据中的 5%、50% 和 75% 分位数作为完全不隶属、交叉点和完全隶属的阈值，而企业类型为二分类数据不需进行处理，具体校准参数情况见表 2 – 2。

表 2 – 2 模糊定性比较分析法校准参数

变量		指标	完全隶属	交叉点	完全不隶属
条件变量	市场型	X_1	2.91	2.25	1.63
	科学型	X_2	3.00	2.19	1.63
	中介型	X_3	3.13	2.38	1.63
	通用型	X_4	3.00	2.25	1.63
结果变量	探索能力	Y_1	3.28	2.96	2.70
	开发能力	Y_2	2.43	2.15	1.87
情境变量	企业规模	C_1	7.11	6.21	5.65
	国际化经验	C_2	3.33	2.74	2.30
	企业类型	C_3	0 = 低技术企业/1 = 高技术企业		
	研发强度	C_4	2.68	2.26	1.52

资料来源：根据 SPSS 25.0 分析整理得到。

第四节　实 证 分 析

一、逆向国际化企业实现双元能力的创新搜索条件必要性分析

本研究使用 fsQCA3.0 软件进行数据分析。必要条件是指达到某一结果的所需要的前因条件，衡量必要条件的标准是某一前因条件对结果变量的一致性高于 0.9，即存在该前因条件的案例中有 90% 以上的案例都表现出同一结果。必要性分析结果见表 2-3，显示各个前因条件的一致性指标均小于 0.9，说明各个前因条件均不能成为提高探索与开发能力的必要条件。

表 2-3　　　　　　　　　　　　　必要性分析结果

前因条件	高探索能力		高开发能力	
	一致性	覆盖度	一致性	覆盖度
X_1（市场型） $\sim X_1$	0.514 0.559	0.529 0.563	0.522 0.546	0.528 0.542
X_2（科技型） $\sim X_2$	0.537 0.548	0.552 0.553	0.543 0.540	0.549 0.536
X_3（中介型） $\sim X_3$	0.528 0.566	0.543 0.571	0.533 0.554	0.539 0.550
X_4（通用型） $\sim X_4$	0.539 0.546	0.548 0.556	0.552 0.533	0.554 0.534
C_1（企业规模） $\sim C_1$	0.762 0.361	0.790 0.362	0.647 0.463	0.660 0.456
C_2（国际化经验） $\sim C_2$	0.710 0.382	0.728 0.387	0.703 0.391	0.710 0.389

前因条件	高探索能力		高开发能力	
	一致性	覆盖度	一致性	覆盖度
C_3（企业类型） ~C_3	0.730 0.270	0.615 0.347	0.799 0.296	0.785 0.303
C_4（研发强度） ~C_4	0.705 0.377	0.703 0.392	0.738 0.262	0.612 0.331

资料来源：根据 fsQCA3.0 进行标准分析并整理得到。

二、逆向国际化企业实现双元能力的创新搜索的组态分析

组态分析是指基于"布尔代数最小化"的原则，识别到达某一结果的前因条件组合，检验前因条件的不同组合所形成的组态对一致结果的充分性分析。根据 fsQCA 的操作原则，在高水平探索能力组态分析过程中将一致性门槛值设置为 0.80、频数阈值设置为 2；PRI 一致性分数以自然间断的截断值作为门槛值，设置为 0.877。在高水平开发能力组态分析中将一致性门槛值设置为 0.80、频数阈值设置为 2；PRI 一致性分数以自然间断的截断值作为门槛值，设置为 0.938。最后，分析得到复杂解、中间解和简约解三种解，其中复杂解不包含"逻辑余项"，简约解包含"逻辑余项"，中间解包含符合理论和实际的"逻辑余项"。本研究将同时出现在简约解和中间解的条件认定为核心条件，它对结果的出现具有重要影响；将仅出现在中间解的条件认定为边缘条件，它对结果的出现具有辅助影响。参考拉金和菲斯（Ragin & Fiss）的表述，用"●"表示核心条件，"•"表示边缘条件，"⊗"表示该条件不出现，空白表示该条件对结果无关紧要。

（一）高水平探索能力的组态分析

高水平探索能力的组态分析结果如表 2-4 所示，与探索能力相关的条件变量和特征变量的组合有 6 种组态。总体解一致性为 0.965，表示有96.5%的样本表现出 6 种组态对企业探索能力产生影响。同时，各个组态

的一致性均高于可接受标准，表明组态分析有效、结果可靠。

表 2 - 4　　　　　　　　　　高水平探索能力的组态分析

前因要素	高水平探索能力					
	1HA	1HB	1HC	2HA	2HB	3HA
X_1（市场型）	⊗	⊗	•	•	•	●
X_2（科学型）	⊗	⊗	•	●	●	•
X_3（中介型）	⊗	⊗	•	•	•	•
X_4（通用型）	⊗	•	•	•	•	●
C_1（企业规模）	●	⊗		●	●	•
C_2（国际化经验）	●	●	●	•		●
C_3（企业类型）		●	●		•	●
C_4（研发强度）	●	●	●	●	●	
一致性	0.978	0.953	0.962	0.982	0.990	0.969
原始覆盖度	0.17	0.045	0.112	0.152	0.138	0.144
唯一覆盖度	0.13	0.017	0.019	0.049	0.049	0.055
解的一致性	0.965					
解的覆盖度	0.437					

资料来源：根据 fsQCA3.0 进行标准分析并整理得到。

1HA（ $\sim X_1 * \sim X_2 * \sim X_3 * \sim X_4 * C_2 * C_3 * C_4$ ）、1HB（ $\sim X_1 * \sim X_2 * \sim X_3 * X_4 * \sim C_1 * C_2 * C_3 * C_4$ ）、1HC（ $X_1 * X_2 * X_3 * X_4 * C_2 * C_3 * C_4$ ）三个组态均以企业特性为核心条件主导企业探索能力的提升。1HA 显示在规模、国际化经验、研发强度方面具有显著优势的企业，即使缺乏一定的外部知识源搜索也能够提升企业的探索能力。该组态下的企业往往拥有核心竞争技术，在此基础上大规模企业也更倾向于利用内部的资源与知识开展自主创新活动，以提高探索能力（Meyer et al.，2022）；1HB 和 1HC 均显示以国际化经验和研发强度为核心条件的高新企业能够提升企业探索能力，比较两者的边缘条件发现规模较小的企业聚焦于通用型知识源的搜索，而规模中等的企业采用多源搜索的战略对市场型、科学型、中介型和通用型的知识源均开展适度搜索，进一步印证了（Martinez–Ros & Kunapat-arawong，2019）的发现。1HB 和 1HC 进一步表明以自主创新为主的企业能够增强探索能力，二者也显示出企业规模对知识搜索范围的约束，即小企业由于资源与技术能力的限制更易采取聚焦搜索策略，倾向选择搜索成本相对较低的中介型或通用型知识源。

2HA（$X_1 * X_2 * X_3 * X_4 * C_1 * C_2 * C_4$）、2HB（$X_1 * X_2 * X_3 * X_4 * C_1 * C_3 * C_4$）两个组态下的企业具有大规模、高研发强度的特点，且均采用以科学型知识搜索为主的多源搜索策略。该组态下的企业为创新搜索和创新实践提供资源、资金和人才的支持，能够满足对科学型知识源吸收、连接与转化的需求。且相较于其他知识源，科学型知识源更能为企业产品带来突破性发展，促使企业采取以科学型知识源搜索为主的搜索战略以提升企业探索能力。即科学型知识源对探索能力的培育以及探索性创新具有显著的正向影响。

3HA（$X_1 * X_2 * X_3 * X_4 * C_1 * C_2 * C_3$）组态显示国际化经验丰富的高新企业，采取以市场型、通用型知识搜索为主的多源搜索策略能够提升企业探索能力。在逆向国际化过程中，国际化经验丰富的企业由于知识异质性导致沟通成本增加、吸收能力负荷等问题，而对市场型、通用型知识的学习能帮助企业尽快掌握市场动态、政策导向，促进企业以该类知识源为指导，依靠现有的知识积累与技术能力开展创新活动实现市场转向，进而培育企业的探索能力。

（二）高水平开发能力的组态分析

高水平开发能力的组态结果如表 2-5 所示，与开发能力相关的条件变量和特征变量的组合有 5 种组态。总体解一致性为 0.981，表示有 98.1% 的样本表现出 5 种组态对企业开发能力的影响，各个组态的一致性均高于可接受标准，表明组态分析有效、结果可靠。

表 2 - 5　　　　　　　　　　　　高水平开发能力组态分析

前因要素	高水平开发能力				
	1HA	1HB	2HA	2HB	2HC
X_1（市场型）	●	●	•	⊗	⊗
X_2（科学型）	•	•	•	⊗	⊗
X_3（中介型）	•	•	•	⊗	⊗
X_4（通用型）	•	•	•	•	⊗
C_1（企业规模）	●	●		⊗	•
C_2（国际化经验）	•		●	●	●
C_3（企业类型）		●	●	●	●
C_4（研发强度）	●	●	●	●	●
一致性	0.980	0.979	0.998	1	1
原始覆盖度	0.154	0.138	0.118	0.048	0.101
唯一覆盖度	0.064	0.048	0.021	0.017	0.075
解的一致性	0.981				
解的覆盖度	0.333				

资料来源：根据 fsQCA3.0 进行标准分析并整理得到。

1HA（$X_1 * X_2 * X_3 * X_4 * C_1 * C_2 * C_4$）和 1HB（$X_1 * X_2 * X_3 * X_4 * C_1 * C_3 * C_4$）两个组态下的企业具有大规模、高研发强度的特点，且均采用以市场型知识搜索为主的多源搜索策略。该类组态下的企业特性类似于高水平探索能力下 2HA 和 2HB，而从搜索策略的比较来看，市场型知识源在企业提高开发能力方面起着更为重要的作用。该类知识源帮助企业掌握市场需求和竞争对手动态，并通过快速升级产品和服务的方式获得竞争优势。

2HA、2HB 和 2HC 三个组态下的企业均属于高研发强度、国际化经验丰富的高新企业，该类组态下的企业倾向于进行内部创新，开发现有技术蕴含的潜在价值，改善和优化现有产品和服务。而从边缘条件看，三者表现出差异化的搜索策略：2HA 采取多源搜索战略对市场型、科学型、中介型以及通用型知识源均采取适度搜索，在防止知识冗余造成吸收能力负荷的同时（Katila & Ahuja，2002），全方位把握市场动态、技术前沿、行业发展以及政策环境以支撑企业内部产品更新；2HB 则受限于企业规模采取聚焦于通用型知识源的搜索策略，以制度标准为指引优化企业产品；2HC 则完全依靠企业内部资源，采取独立创新的方式，提升企业开发能力。

对组态间进行比较发现：第一，研发强度作为核心条件存在于提升探索能力的 5 个组态和提升开发能力的 5 个组态中，说明研发强度对提升企业双元能力起着至关重要的作用。第二，企业搜索策略的选择对双元能力的作用受到企业特性的影响，如提升探索能力的组态 1HC、2HA 和 3HA 尽管都采取多源搜索策略，但由于企业特性的不同其在搜索资源的分配上存在差异化表现。第三，比较提升探索能力的组态 2HA 和 2HB 发现国际化经验与企业类型间存在相互替代的作用，也就是说高新企业所培育的技术能力能够弥补由于国际化经验欠缺所带来的经营方法和技术知识积累不足等问题。

第五节 研 究 小 结

一、创新搜索路径的研究结论及讨论

以外部知识来源作为创新搜索的切入点，并考虑逆向国际化企业经营的相关特征情境因素，构建了以市场型、科学型、中介型和通用型四大类知识源为条件变量的创新搜索与双元能力的组态效应模型。本章通过定性比较分析（QCA）结果如下。

第一，与探索能力相关的条件变量和特征变量的组合有 6 种组态，1HA、1HB 和 1HC 三个组态均以企业特性为核心条件主导企业探索能力的提升，2HA 和 2HB 两个组态下的企业具有大规模、高研发强度的特点，且均采用以科学型知识搜索为主的多元搜索策略，3HA 组态显示国际化经验丰富的高新企业，采取以市场型、通用型知识搜索为主的多元搜索策略能够提升企业探索能力。

第二，与开发能力相关的条件变量和情境变量的组合有 5 种组态，1HA 和 1HB 两个组态下的企业具有大规模、高研发强度的特点，且均采用以市场型知识搜索为主的多元搜索策略，2HA、2HB 和 2HC 三个组态下的企业均属于高研发强度、国际化经验丰富的高新企业，该类组态下的企业倾向于进行内部创新，开发现有技术蕴含的潜在价值，改善和优化现有产品和服务。

第三，研发强度作为核心条件存在于提升探索能力的 5 个组态和提升开发能力的 5 个组态中，企业搜索策略的选择对双元能力的作用受到企业特性的影响，如提升探索能力的组态 1HC、2HA 和 3HA 尽管都采取多源搜索策略，但由于企业特性的不同其在搜索资源的分配上存在差异化表现。比较提升探索能力的组态 2HA 和 2HB 发现，国际化经验与企业类型间存在相互替代的作用，即高新企业所培育的技术能力能够弥补由于国际化经验欠缺所带来的经营方法和技术知识积累不足等问题。

二、理论贡献

本研究能够帮助逆向国际化企业构建双元能力以克服"能力陷阱"与"核心刚性"的问题，促进该类企业更高效地转型升级以实现组织的可持续发展。第一，在现有学界对创新搜索与双元能力关系相关研究的基础上，通过对外部不同类型知识源创新搜索及其共同作用与双元能力的组态效应研究，弥补以往研究仅关注创新搜索对双元能力影响"净效应"的局限性；第二，不同于以往研究，将企业特征因素作为创新搜索与双元能力之间关系的控制变量，加入企业特征因素（企业规模、国际化经验、企业类型和研发强度）来考虑创新搜索与双元能力的匹配关系，拓展了逆向国际化企业创新搜索与双元能力的组态路径研究；第三，基于前因复杂的多变量互动研究视角，利用 QCA 分析方法挖掘不同知识源及其互动对双元能力的影响，并提出具体的知识源搜索路径，为逆向国际化企业转型升级提供理论支持。

三、管理启示

本章通过逆向国际化企业创新搜索与双元能力的耦合机制研究，对逆向国际化企业提出以下建议。

第一，企业应该重视市场型和科学型的知识源搜索，适当提高相关成本预算。本研究发现，市场型和科学型知识源在提升企业双元能力方面起着更为重要的作用。西方国家的企业在创新方面更具市场灵活性，且在高精尖领域或核心技术领域掌握关键专利。中国企业应当在技术创新和产品研发方面，加强前期市场调研，在更多细分领域进行差异性研发，直击消费者"痛点"，在中国经济转型升级过程中抢占市场先机。同时，在企业条件允许的情况下，应当加强核心技术领域的研发，通过技术专利获得主动权。

第二，企业应该适当改善相关特征因素以提高创新绩效。本研究发现，企业的内部条件对双元能力的实现有深远影响。对企业规模、国际化经验、企业类型、研发强度以及其他综合条件进行合理评估，了解企业的优劣势，制定相关的创新战略以适当地提升规模，弥补国际化经验，完善内部信息库并加强内部技术资源，为更好地开展双元创新活动提供支持。

第三，企业应该根据自身条件选择合适的创新搜索策略。考虑到成本方面，资金宽裕或研发风险抵抗能力强的企业，可以选择多种知识源的搜索组合策略，并加强市场型、科学型的知识源搜索投入。反之，资源短缺的企业可以选择适度的知识源组合搜索或集中资源对某一知识源进行搜索，提高搜索质量且降低成本，并且可以多利用通用型知识源，通过免费的官方通道以了解相关政策法规和标准。考虑到国际化经验方面，经验丰富的企业可以根据趋势制定更多短期的搜索策略，使该类企业的搜索活动更加柔性化。

四、研究局限与展望

本研究虽然在逆向国际化企业实现双元能力的创新搜索路径研究上得

出一些有价值的结论，并对企业利用创新搜索以及强化内部条件来实现双元能力提供了一些指导性建议，但仍存在以下一些局限。

首先，样本区域的局限性。本研究样本来沿海发达地区，由于区域性的经济环境和政策环境不同，对样本企业异质性有较强的影响。样本区域的局限性导致许多样本数据趋同，致使在定性比较分析过程中出现了逻辑余项，即个别搜索组合路径缺乏代表性样本，可能使研究结果受到一定影响。

其次，在原始数据库的基础上根据研究主题做出了相应的数据处理，而这个数据处理的过程有数据合并、阈值调整以及其他处理事项，可能会对输出的结果造成合理范围内的偏差。

最后，现有文献更多的是对使用四大类知识源进行创新搜索测量的应用，缺乏对四类知识源之间关系的分析，因此本研究实证分析更偏向于知识源与企业之间的互相作用，而非知识源内部的调节关系带来的作用虽然对本研究没有影响，但有进一步分析论证的空间。

第三章 逆向国际化企业创新搜索互动对双元能力的影响研究

第一节 研究目的与问题提出

近年来以美国为首的部分发达国家大力推行贸易保护主义，导致我国外向型企业屡遭贸易壁垒，不得不实施逆向国际化战略转向国内市场。逆向国际化是指外向型企业在保留原有国际业务的同时积极拓展国内市场，实现从嵌入全球价值链向国内价值链攀升的战略升级过程（Gnizy & Shoham，2014）。然而，当前我国许多企业在逆向国际化过程中遭遇两难境地：一方面由于低成本优势丧失和产业链上下游挤压导致出口利润微薄，另一方面因缺乏核心技术、市场渠道和自主品牌导致在国内市场举步维艰（Chin，Liu & Yang，2015）。锁定在全球价值链低端的逆向国际化企业存在知识获取方面的"断点"和"隔离"效应，亟需利用本国与全球网络搜索异质性知识突破技术和市场桎梏，改变原有"模仿利用能力强、创新探索能力弱"的能力不平衡发展轨道（肖丁丁和朱桂龙，2016）。为此，逆向国际化企业如何利用双重网络创新搜索突破双元能力失衡困境，成为政产学界共同关注的话题。

虽然既有研究强调跨时间、组织或联盟边界的知识搜索促进双元能力的构建与协调（Lavie & Rosenkopf，2006），但是创新搜索与双元能力的关系仍存在以下研究空间：首先，学者们先后研究企业跨越单一边界（如组织、认知、地理边界）和多维边界（如组织—认知边界、认知—地理边界）的知识搜索行为（Rosenkopf & Nekar, 2001; Wang, Chin & Lin, 2020），并将创新搜索对象分为市场类、机构类、中介类及通用类这四类不同性质和内容的知识源（Laursen & Salter, 2006），但却较少同时关注企业如何选择创新搜索的地理边界和对知识源的聚焦程度（Henttonen & Ritala, 2013）。其次，逆向国际化企业嵌入在全球和本地双重知识网络引起普遍关注（Patel et al., 2014），现有学者基于产业集群、全球价值链等理论视角进一步区分了集群本地和超本地、区域和远程等多种搜索活动。虽然企业在全球网络与本地网络的搜索互补性得到部分研究证实（吴航和陈劲，2018; Ozer & Zhang, 2015），但是对跨越不同层次网络的知识搜索策略之间是否存在互动关系尚无答案。最后，虽然双元性思维已成为管理研究的一种新范式，逆向国际化企业也经常面临国际模仿与国内创新、制造代工与自主创牌等双元情境（孙骞和欧光军，2018），但鲜有研究从双重网络创新搜索互动角度探究企业如何突破双元能力锁定的困境。不同层次网络的创新搜索策略与不同类型的双元能力之间存在丰富的影响关系，虽然个别研究注意到探索与开发能力在多维创新搜索提升绩效的中介作用（肖丁丁和朱桂龙，2016），但逆向国际化企业双重网络创新搜索互动对双元能力的平衡与组合影响机理的研究仍较为匮乏。

为了揭示逆向国际化企业创新搜索互动对双元能力均衡的影响机制，本研究基于网络嵌入、知识搜索、组织双元等理论，首先整合跨地理边界知识搜索与知识源利用策略，探究逆向国际化企业创新搜索互动模式，其次探讨不同网络层面的知识搜索互动对企业平衡和组合双元能力的影响，并通过长三角、珠三角地区的逆向国际化企业样本数据实证检验理论模型与相关假设，最后对研究结果进行总结与讨论。期望通过本研究，为我国逆向国际化企业处理国内外复杂网络关系，以及借力双重网络搜索互动构建双元能力和突破全球价值链锁定提供理论参考。

第二节 研究假设

一、逆向国际化企业的创新搜索互动模式

开放式创新背景下，企业面临多样化的外部信息和资源，通过创新搜索进行资源获取、组织学习和能力提升已经成为创新的重要路径。罗森科夫和尼克尔（Rosenkopf & Neakar，2001）将创新搜索界定为"组织为获取外部资源、解决创新问题而进行的跨越组织边界或者知识边界的信息搜索活动"。从搜索边界来看，逆向国际化企业在参与全球价值链分工的同时拓展国内市场，双重地理网络嵌入为其提供更丰富的知识来源，企业借助双重网络产生声誉机制与协同效应获取商业知识、互补性资源（Chen，Tan & Jean，2016）。然而，从搜索内容来看，结合组织学习理论可知，多样化的知识源存在种类、性质和搜寻逻辑的差异，企业关注某一类知识可能带来快速稳固的创新，但易陷入能力陷阱和核心刚性，而同时利用多类知识虽有利于突破式创新，却受注意力和能力限制难以充分发挥效用（Patel et al.，2014）。因此，逆向国际化企业为了兼顾国内外市场的均衡发展，既注重搜索嵌入双重网络中的异质性知识和资源，又要根据国内外市场的差异权衡与之匹配的知识源聚焦策略（Un & Rodríguez，2018）。劳尔森和索尔特（Laursen & Salter，2006）将企业外部知识源划分为市场型、科学型、中介型和通用型四大类 16 种，亨托宁和里塔拉（Henttonen & Ritala，2013）在此基础上根据知识搜索深度区分了聚焦搜索和多源搜索两种策略，二者从两个维度上刻画企业在知识搜索过程中对不同知识源的利用程度。沿用以上研究的观点，本研究认为聚焦搜索是企业侧重对特定知识源或局部知识领域的重复搜索，多源搜索是企业对外部多种知识源或多样化知识领域展开的搜索。企业为了实现长短期战略或业务目标的需要，将动态调整对不同知识源的深度搜索策略。对于逆向国际化企业而言，在国内外两种网络中进行知识搜索可能同时采用聚焦搜索和多源搜索

策略，这也是本书研究对象所处的特定背景。

基于网络嵌入理论可知，单一网络（国内或国外）会导致企业对知识、文化和制度理解的不完整，而网络多样化有助于企业获取差异化并相互关联的知识，而有效的网络协作能够促进技术的更新和知识的整合（Patel et al.，2014；吴航和陈劲，2018）。仅从单一网络视角难以全面分析逆向国际化企业双重网络嵌入情境下知识搜索对双元能力的影响机理，为此有必要深入探究国内外网络间搜索活动的相互作用即搜索互动关系。逆向国际化企业在国内外双重网络中采取的知识搜索策略存在差异，而且双重网络搜索之间同时存在竞争张力和互补协同（Wu & Wu，2014；Zhou et al.，2021）：一方面，国内和全球网络嵌入同时竞争企业内部的稀缺资源或管理注意力（彭伟，朱晴雯和符正平，2017）；另一方面，企业在国内外市场同步运营，既可在全球网络中获得知识溢出效应进行模仿式创新，又能在国内网络中搜索获得利基市场信息和顾客隐性偏好，突破全球价值链低端锁定（Chin，Liu & Yang，2015）。综上所述，本研究基于双重网络嵌入、创新搜索等理论，整合不同的地理范围和知识源搜索策略，将逆向国际化企业创新搜索归为单一和交叉两大类搜索互动模式：（1）单一搜索互动，此类互动遵循创新搜索活动的路径依赖性与组织先前惯例（March，1991），强调逆向国际化企业在国内和国外双重网络中均采取相同的搜索策略，包括国内外聚焦搜索互动（home focused × abroad focused，$HF \times AF$）和国内外多源搜索互动（home multi-focus × abroad multi-focus，$HM \times AM$）；（2）交叉搜索互动，此类互动遵循不同搜索活动的双元并序逻辑，强调在双重网络中采取不同的搜索策略既共同决定企业创新水平，又彼此竞争组织专有资源（张晓棠和安立仁，2015），包括国内聚焦和国外多源搜索（home focused × abroad multi-focus，$HF \times AM$）、国内多源和国外聚焦搜索（home multi-focus × abroad focused，$HM \times AF$）。

二、双元能力的平衡和组合

双元能力理论指出探索和开发是维持组织生产经营的两种不同性质的能力（March，1991），即企业不仅要有充分利用现有资源改进已有产品或完善现有技术，维持当下生存的开发能力，还需要不断探索创新资源开发新技术或全新产品，延续未来发展的探索能力（芮正云和罗瑾琏，2018）。由于探索和开发所需的结构、流程、战略、文化等不同（He & Wong，2004），企业双元能力之间形成竞争性张力并且经常出现失衡和偏移问题，如能力陷阱（过分关注开发而忽视探索）和失败陷阱（过分强调探索而舍弃开发），为此组织也时刻面临双元能力的取舍与权衡难题（Levinthal & March，1993）。为解决此难题，学者们提出了双元能力的平衡观和互补观，其中平衡双元能力（balance dimension of ambidexterity，BD）是探索与开发能力的协调，而组合双元能力（combined dimension of ambidexterity，CD）是两种能力的联合（Cao et al.，2009）。一方面，平衡观强调探索与利用属于一个连续体上的两端，假定两者属于一种"非此即彼"的零和博弈关系，主张缩小两者差距来维持双元平衡状态（杨雪，顾新和王元地，2015）；另一方面，互补观指出两种能力是相辅相成的，探索更多的创新知识能促进组织对知识的整合和利用，而不断开发利用所形成的知识敏感性有助于企业进一步的探索（Gupta et al.，2006；李忆和司有和，2008）。本研究延续以上学者的研究，将双元能力均衡划分为平衡双元能力和组合双元能力两个维度，认为平衡双元能力本质是对两种能力的同时兼顾，组合双元能力则是两种能力的相互促进。

三、单一搜索互动与双元能力

（一）国内外聚焦搜索与双元能力

网络嵌入性理论指出网络的关系强度影响企业对知识的理解和资源的转化效率，聚焦搜索在某种程度上建立了企业与特定知识源之间的强联结关系，这虽然有助于深度挖掘当前知识的潜在价值，但由于有些逆向国际化企业技术能力层次相对较低，过多的国内外网络强联结关系会加速企业陷入"重开发、轻探索"的创新模式循环（马鸿佳等，2016）。例如，绍兴轻纺产业是浙江省外贸依存度较高的行业，具有覆盖产业链上下游的集群网络嵌入特征，多数纺织企业的产品和技术以引进和模仿国外企业为

主，但近年来大部分企业陷入"一流设备、二流产品、三流价格"的低端
"仿织"困境。基于知识搜索理论可知，前期国际化知识和经验为企业持
续聚焦特定行业或知识领域的搜索提供了便利，可加深企业对复杂知识的
理解和渗透，大量积累的隐性知识还能强化其技术壁垒，不断提升知识利
用能力（Katila & Ahuja，2002；Simsek，2009）。聚焦学习倾向拓展现有
的知识和技能，在深入搜索中改进知识基础，使得已有产品和服务的质
量和性能持续提升。但是，在全球价值链嵌入背景下，逆向国际化企业
过多资源被分配到相似知识的整合与利用上，难以获得全球关键技术知
识（Un & Rodríguez，2018；Wu & Wu，2014），且跨国企业通常采用核
心技术垄断、营销渠道控制等方式阻碍该类企业的功能升级与价值链升
级。由于聚焦某类知识搜索可以带来快速且稳固的创新成果，根据组织
学习的路径依赖和组织惯性观点，企业倾向重复当前知识的搜索路径，
这使得企业在深化利用能力自我强化趋势的同时，从事变异、试验或创
新的活动也受到制约，最终无法缩小利用与探索之间的差距，导致双元
能力陷入非平衡发展（Eisenhardt & Martin，2000）。由此本研究提出以
下假设：

假设 H1a：国内外聚焦搜索互动对平衡双元能力有负向影响。

双元能力理论基于探索与利用能力"正交"（orthogonality）的假定，
强调两者互补与协同效应，但是逆向国际化企业进行国内外单一聚焦搜索
互动却未能促进探索与开发的内在协同。其一，按照边际效益递减规
律，在国外市场中持续聚焦和利用某一类知识源虽然能获得成本、效
率、可靠性等创新优势，但会降低企业知识创新组合的概率，使企业极
易陷入"核心刚性"和"能力陷阱"（Levinthal & March，1993）。同
时，在全球价值链锁定效应的作用下，跨国企业通过持续提高质量要
求，迫使逆向国际化企业不断进行专用性资产投资使其陷入"代工陷
阱"，最终阻碍探索适应未来的新产品和新技术（Ascani et al.，2020；
焦豪，2011）。例如，近年来富士康患上对苹果等国际品牌的"依赖症"
而无法成功实现战略转型，其国内外生产线布局受制于苹果公司的订
单，这种代工路径锁定效应对富士康探索新的商业模式非常不利。其
二，从技术演进规律来看，知识积累具有连续性，国内外双重网络深度

交互将会导致某些知识冗余（He & Wong，2004），甚至在利用能力自增强的影响下对其他类型知识产生排斥效应，由此企业可能会错失国内潜在机会和减少对新的市场渠道的探索意愿。由于聚焦国内外特定知识源渠道或局部知识域，缺乏充足的多样化资源、环境适应性等支持，逆向国际化企业难以同时追求探索和开发的发展（Gibson & Birkinshaw，2004）。由此本研究提出以下假设：

假设 H1b：国内外聚焦搜索互动对组合双元能力有负向影响。

（二）国内外多源搜索与双元能力

基于资源基础观分析，逆向国际化企业通过多源搜索与多种知识源建立联系，获取互补资源、实现创新风险共担，甚至产生技术突破（肖丁丁和朱桂龙，2016），但也可能遭遇难以获取核心技术与动态能力等瓶颈。一方面，组织学习理论强调获取、吸收外部多样化知识有助于形成新的组织惯性和构建组织能力（孙骞和欧光军，2018），逆向国际化企业通过国内广泛搜索不仅有利于掌握市场需求、顾客偏好等动态信息，还从市场获得共性技术和产品技术持续增强企业的探索能力。但是，由于不断探索更多的潜在新知识源，企业容易忽视对网络中特定知识的深度挖掘，无法构建与外部知识源的强关系（strong ties），从而导致企业缺乏开发自身核心技术的利用能力（Tian et al.，2022；Guo, Wang & Xie，2015）。另一方面，逆向国际化企业借助国际化经验和全球价值链嵌入的关系基础，在双重网络中搜索多种知识源可增加企业异质性知识存量（吴航和陈劲，2018），新旧知识要素间产生更多的组合并促进企业开展愈发广泛的探索。由于多源搜索可获知较多的行业新信息，企业为了抢占先发优势通常会过度实施创造性拼凑活动，而忽视对现有资源的深入开发利用，引发创新失衡和资源错配风险，进而诱发双元能力陷入失衡状态（Levinthal & March，1993）。笔者在前期调研中发现，逆向国际化企业在国内外广泛地搜索客户、供应商、竞争对手、研发机构、咨询顾问、大学和科研院所、展销会、技术标准等多种知识源，一方面分散了有限的资金和精力，另一方面未必能及时将不同来源搜索的知识吸收转化为创新能力，并不利于企业关注现有产品和技术的瓶颈突破。

据此本研究提出以下假设：

假设 H2a：国内外多源搜索互动对平衡双元能力有负向影响。

从战略匹配（strategic alignment）理论可以推知，实施国内外多种知识源搜索交互策略可能与企业内部资源与能力瓶颈不匹配，这可能加剧探索与利用的能力约束或资源不协调。创新搜索理论强调，全球多源搜索帮助企业探索到更多复杂和新颖的知识（Katila & Ahuja，2002），但过分增加技术知识的多样化会超过企业吸收能力的负荷。尤其处于转型阶段的逆向国际化企业倾向于追捧国外先进知识而忽视国内知识网络构建，无法发挥每类知识源的最大效用，反而不利于特定知识领域的开发利用。从知识整合理论可以推知，虽然针对国内多种利益相关主体的广泛搜索可以促进企业探索更多异质性知识源，但国内外同步多源搜索活动会受到组织资源和管理者注意力的限制（Shepherd et al.，2017），企业无法全面深入了解国内市场的需求特征，可能导致知识整合的规模不经济和探索新知识创新的成功率降低（Martin & Mitchell，1998）。在此搜索互动模式下，国外多源搜索的超负荷可能制约母国网络优势的发挥，双重网络多源搜索竞争稀缺资源影响创新成功，因此企业持续多源探索会影响双元能力联合作用的发挥。以浙江嵊州厨具产业为例，部分厨电企业在转型阶段一方面努力通过展销会、技术标准、外贸公司多种搜索手段维持贴牌生产，另一方面又多渠道探索集成灶、集成橱柜、集成厨房等新产品及技术，但受限于资源和能力，难以形成核心技术和品牌竞争力，转型效果并不理想。据此本研究提出以下假设：

假设 H2b：国内外多源搜索互动对组合双元能力有负向影响。

四、交叉搜索互动与双元能力

（一）国内聚焦和国外多源搜索互动与双元能力

逆向国际化企业基于结构双元理论中的"空间分离"原理（Tushman & O'Reilly，1996），在国内外市场采取聚焦和多源两种不同的搜索策略获取互补的资源和资产，较好地兼顾探索与开发双元能力的竞争性要求。一方面，根据知识搜索理论（Katila & Ahuja，2002），企业国内聚焦搜索通常是对本地网络内已有知识的利用式学习，不仅促进国内网络中专有知识和复杂知识的分享与转移，也促进知识利用能力的积累。在深入了解国内特定市场的基础上，企业通过既有产品的完善来提升开发能力，在国内获得的稳定收益反过来支撑其国外多种知识源中探索新需求和新技术（Cao et al.，2009）。另一方面，国际化 LLL（linkage，leverage & learning）理论指出企业通过全球网络获取多种战略资源（如市场、制度知识）与学习机会，从而增强创新能力（吴航和陈劲，2018）。国内外网络联结的多样性给企业提供多重收益（Gnizy & Shoham，2014；Wang et al.，2018），既为其深耕国内市场带来更多高价值、稀缺性的知识促进企业创造全新产品，又使企业不断挖掘熟悉技术以降低知识整合成本。因此，逆向国际化企业可通过这种交叉搜索互动兼顾资源探索与利用，避免创新知识获取的不完备与能力锁定。据此本研究提出以下假设：

假设 H3a：国内聚焦搜索和国外多源搜索互动对平衡双元能力有正向影响。

双元创新理论指出，组织能够通过悖论思维模式协调和整合竞争性的搜索任务，充分发挥不同搜索模式之间的协同效应（芮正云和罗瑾琏，2018）。基于此理论逻辑，在国内聚焦和国外多源的搜索互动达到某个临界点之前，探索与开发在更广泛的社会系统中通过彼此间的关联、互动与协调来化解冲突（Ozer & Zhang，2015），其组合效应体现在两方面：其一，知识观（KBV）较好解释了逆向国际化企业既能通过多样性网络联系增加解决创新问题的方法，又促进企业快速甄选外界交叉性知识和捕捉多样化市场需求机会，并降低探索多种知识源的复杂性与不确定性。其二，双重网络嵌入为企业打开国内市场找到突破口的同时，整合双重网络中互补的新知识，避免相似性陷阱与突破价值链低端锁定，从而促进企业更有效地开发利用现有知识优化产品（Wang et al.，2017）。然而，企业交叉搜索过度会加剧对企业内部稀缺资源的争夺，减弱探索和开发之间的协同效应（Tushman & O'Reilly，1996）。从知识搜索成本来看，国外过度探索不仅致使企业知识基冗余复杂和管理外部多元知识源对象的沟通成本上升（Terjesen & Patel，2017），企业内部的管理资源也会面临竞争性调配，而且全球多样化网络中搜索与整合非熟悉知识的成本和风险较大，这将影响企业将国外探索的新知识应用于国内产品开发。虽然国内特定知识源可为企业发展提供一定的知识基础，但一旦聚焦搜索国内的特定知识源而忽视国内外多种知识源之间的互补性（芮正云和罗瑾琏，2018），既可能影响逆向国际化企业全面拓展国内市场和实现价值链攀升，也不利于其在国际市场寻求和探索新的发展机会（胡保亮和方刚，2013）。基于此，本研究提出以下假设：

假设 H3b：国内聚焦搜索和国外多源搜索互动对组合双元能力有倒"U"形影响。

（二）国内多源和国外聚焦搜索互动与双元能力

国内多源和国外聚焦搜索互动实现知识的跨界获取与整合，国内外网络中创新资源和知识的有效平衡有利于减少创新搜索活动的不确定性，进而维持双元能力平衡状态。首先，从关系嵌入视角分析，逆向国际化企业实施交叉搜索既能利用弱联系获取部分不被跨国企业控制的代工技术域外知识，又依靠全球价值链的强联系获取现实或潜在资源，为持续更新企业内部知识基奠定了基础（胡保亮和方刚，2013）。例如，温州外销型鞋企在通过 OEM 方式获得生产流程、产品质量与生产连续性等知识的基础上，又聘请意大利设计师指导、发展外部合作关系主动嵌入价值链高端环节，如奥康集团利用"双向借道"模式实现产品与链条升级。其次，企业国际化过程本质上是不断嵌入国际网络学习与积累知识的过程，上述交叉搜索互动不仅能为企业在全球范围内与特定知识源建立深层次联系，促进企业理解和识别有价值的信息，实现知识的不断整合和最大化利用（Patel et al.，2014），而且对于国内新市场的预测更精准，有利于企业持续拓展国内潜在市场。最后，基于动态能力理论可知（Eisenhardt & Martin，2000），在国内外交叉搜索互动下，国内市场机会的增加激发企业加大技术辨识与整合的研发投入，企业对国外市场的认知和丰富的代工经验又促进其探索国内市场，由此构建的"二阶能力"为企业提供互补性知识资产，进而促进双元能力的平衡。据此，本研究提出以下假设：

假设 H4a：国内多源搜索和国外聚焦搜索互动对平衡双元能力有正向影响。

地理网络均衡的相关研究认为，有效的网络协作是进行国内外知识整合以及优势互补的关键，国内多源与国外聚焦搜索互动突破单一网络层面的资源限制与效率瓶颈，促进探索与利用通过"彼此借力"带来协同效应（Duan et al.，2021）。受地理邻近性和母国优势的影响，国内多源搜索获取更多潜在创新知识，不仅突破企业先前在国外网络的惯例和常规，而且利用相似基础的知识帮助企业加快新产品开发速度，能实现企业探索能力对利用能力的促进（焦豪，2011）；国外聚焦搜索能加深对企业原有国际市场知识的理解与提炼，持续聚焦搜索容易形成市场短视和知识过时（吴航和陈劲，2018），但国内广泛地搜索可以促进对新知识的整合与新市场探索。类似地，逆向国际化企业在国外聚焦搜索，既能深度利用全球网络嵌入积累的经验、流程和战略方法以增强国内探索新知识的效率与质量，又可以增加国内多源知识探索活动的可靠性（Lavie & Rosenkopf，2006；Wang et al.，2017）。但是，知识搜索的边际收益递减规律暗示跨界知识搜索存在最佳的平衡点（Katila & Ahuja，2002），当国内多源和国外聚焦搜索互动一旦过度，创新资源无序竞争和组织刚性会制约探索和开发活动的良性互动。国外过度聚焦特定类型知识的开发和利用会减少企业内部创新的有效组合（He & Wong，2004），难以打破企业核心能力在全球价值链某个环节锁定的局面，制约双重网络中关键性资源流动和知识的持续探索（Zhou et al.，2022）。同时，国内多样化知识搜索活动依赖高水平的信息处理和知识整合能力（李忆和司有和，2008），而企业在国外持续聚焦锁定某一知识领域的条件下，丧失对环境变化的敏感性，甚至会拒绝广泛搜寻探索和灵活尝试的行为。据此本研究提出以下假设：

假设 H4b：国内多源搜索和国外聚焦搜索互动对组合双元能力有倒"U"形影响。

根据以上的理论分析和假设的提出，总结出本研究的概念模型如图 3 -1 所示。

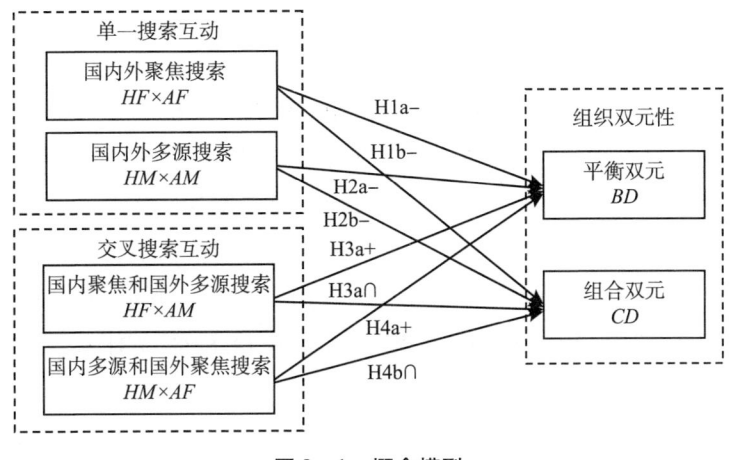

图 3 - 1   概念模型

第三节   研 究 方 法

一、研究样本与数据采集

本研究聚焦逆向国际化企业的创新搜索行为,因此选取的样本企业不仅开展国外业务或出口活动,而且还需回国内市场拓展业务,通过问卷中设计"近 3 年是否有从国际市场转回国内发展的经历,且业务领域涉及国内外两个市场"这个问项以及商务局等政府部门提供的外向型企业目录等方法来甄选样本企业。此次调研的取样范围是以上海、广东(广州、深圳、珠海、东莞、惠州等)、浙江(杭州、嘉兴、宁波、温州、绍兴、湖州等)和江苏(苏州、南京、无锡、常州、镇江等)从事外贸业务相对较多的沿海发达地区企业为主,针对企业的中高层管理者进行调查。本研究通过现场、邮件、委托第三方等方式累计发放问卷 500 份,剔除问题项缺失等不符合要求问卷后得到有效样本 212 份,有效回收率达 42.40%。本研究对未回答问卷做无应答偏差检验,发现回收问卷和未回答问卷在样本企业特征变量之间不存在显著差异。

从样本企业的国际化业务经营年限来看，小于 5 年的占 4. 25% （9份），5 ~ 10 年的占 21. 69% （46 份），10 年以上的占 74. 06% （157 份）。企业规模方面，员工人数少于 300 人的占 29. 72% （63 份），301 ~ 500 人的占 19. 34% （41 份），501 ~ 1 000 人的占 20. 28% （43 份），大于 1 000 人的占 30. 66% （65 份）。行业类型方面，通信设备、计算机及电子设备制造企业占 25. 94% （55 份），电器机械及器材制造占 19. 81% （42 份），通用、专用设备制造占 14. 62% （31 份），家具、家电及文体制造占 9. 91% （21 份），服装纺织、鞋帽包制造占 14. 62% （31 份），其他占 15. 10% （32 份）。从样本企业研发经费投入占销售比来看，46. 70% （99 份）的样本企业研发投入小于 2%，2% ~ 3% 占比 37. 26% （79 份），大于 3% 仅占 16. 04% （34 份）。从被调查者在本企业的任职年限来看，其中 5 ~ 10 年的达到 63. 7% （135 人），超过 11 年的有 18. 4% （39 人），其他 0 ~ 4 年占比 17. 9% （38 人）；从被调查者的职务等级来看，主要集中于中高层管理人员，其中 33% （70 人）为高层管理者，67% （142 人）为中层管理者。

二、变量测量

（一）自变量

首先，参考劳尔森和索尔特（Laursen & Salter，2006）等研究将知识源种类划分为市场型（供应商、客户、竞争对手、咨询顾问）、科学型（大学和科研院所、政府研发机构、公共研发部门、私有研发机构、商业实验室）、中介型（专业会议、商会、行业期刊和数据库、展销会）、通用型（技术标准、健康安全法规、环保标准）四大类（共 16 种），国内外网络中均包含了这四大类知识源。然后，为规避问卷填答者的趋中效应、提高问卷的科学性，本研究采用 6 分制的 Likert 量表对 16 种知识源的利用程度打分（1 为 "没有利用"，6 为 "高度利用"）。最后，借鉴郭等（Guo et al. ，2015）对创新搜索的计算公式测算逆向国际化企业聚焦搜索（*focused search*）和多源搜索（*multi-focus search*）的程度：

$$Focused\ search = \frac{\sum_j IMP_j}{16 \times 6} \qquad j = 1,\ \cdots,\ 16 \qquad (3-1)$$

$$Multi\text{-}focus\ search = 1 - \sum_j \left\{ \frac{IMP_j}{\sum_j IMP_j} \right\}^2 \qquad j = 1,\ \cdots,\ 16 \quad (3-2)$$

其中，j 表示知识源种类，IMP 表示对某类知识源的利用程度，数字 16 代表知识源种类数，6 代表知识源利用程度的最高得分。借鉴上述公式分别测量逆向国际化企业的四种搜索方式：国内聚焦搜索（HF）和多源搜索（HM）、国外聚焦搜索（AF）和多源搜索（AM），由于各种搜索方式之间存在既相互独立又相互影响的交互作用，因此本研究借鉴张晓棠和安立仁（2015）等研究的测量方式，将以上 4 个潜变量进行对应相乘衡量四种搜索互动水平，即国内外聚焦搜索互动（$HF \times AF$）、国内外多源搜索互动（$HM \times AM$）、国内聚焦和国外多源搜索互动（$HF \times AM$）、国内多源和国外聚焦搜索互动（$HM \times AF$）。

（二）因变量

学术界对于双元能力探索（$Explore$）和开发（$Exploit$）的测量较为成熟，本研究借鉴何和翁（He & Wong, 2004）等研究的测量方法，其中探索能力用"引进新产品/服务""扩大新产品范围""打开新市场""进入新的技术领域"四个指标测量；开发能力用"改进现有产品/服务""提高当前产品灵活性""降低产品成本""提高产量或降低能耗"四个指标测量。在此基础上对双元能力均衡进行度量，其中平衡双元能力（BD）采用探索和开发能力的绝对差值表示，为保证结果易于观测，本研究实证检验用（$6 - |Explore - Exploit|$）代表平衡双元能力，该值越大说明平衡程度越大，反之平衡程度越小；组合双元能力（CD）则用探索和开发能力的乘积表示。

（三）控制变量

本研究对企业规模、国际化经验、企业类型、研发强度进行控制：（1）企业规模（$Size$），通过对员工数量取对数测量；（2）国际化经验（$Experience$），对企业国际化经营年限取对数进行测量；（3）企业类型（$Industry$），通过设置哑变量 0 和 1 加以衡量，其中 1 是高新技术企业，

0 是传统行业；（4）研发强度（*R&D*），用研发投入占总销售收入的比重取对数测量。

三、信效度检验和描述性统计分析

对探索和开发能力进行信度和效度分析结果如表 3 – 1 所示，KMO 值满足大于临界值 0.7 的要求。各因素的 Cronbach's α 系数均大于 0.7 临界值，说明量表有较好的信度。各个变量的因子载荷处于 0.770 ~ 0.869 之间，都满足大于 0.5 的要求，表明量表有较好的聚合效度。利用 AMOS 22.0 处理数据得到 AVE 也都高于 0.5，CR 值也都大于 0.8，说明各变量具有较好的结构效度。

表 3 – 1　　　　　　　　变量的信度和效度检验结果

变量	题项	载荷	KMO	Cronbach's α 系数	AVE	CR
探索能力 （*Explore*）	1	0.797	0.805	0.852	0.597	0.855
	2	0.869				
	3	0.809				
	4	0.773				
开发能力 （*Exploit*）	5	0.821	0.790	0.858	0.612	0.862
	6	0.857				
	7	0.827				
	8	0.770				

第四节　研究结果与分析

一、相关分析

通过表 3 – 2 描述性统计及其相关矩阵可知，各变量的均值、标准差和相关系数，自变量之间的相关系数都小于 0.5，说明变量间的多重共线性较小。

表3-2　变量描述性统计及其相关矩阵

变量	1	2	3	4	5	6	7	8	9	10
1. Size	1									
2. Experience	0.392**	1								
3. Industry	0.087	-0.082	1							
4. R&D	-0.039	0.007	0.021	1						
5. HF	-0.042	0.044	-0.066	-0.037	1					
6. HM	-0.018	0.030	-0.173*	-0.063	0.366**	1				
7. AF	-0.149*	-0.062	-0.066	-0.018	0.092	0.074	1			
8. AM	-0.070	-0.095	-0.026	-0.046	0.059	-0.022	0.232**	1		
9. Explore	0.112	0.055	-0.047	0.018	-0.185**	0.010	-0.170*	0.013	1	
10. Exploit	0.030	-0.036	0.031	0.030	0.103	-0.055	0.098	-0.175*	0.430**	1
均值	6.303	2.774	0.604	2.294	0.414	0.926	0.381	0.926	3.588	4.27
标准差	0.991	0.645	0.490	1.090	0.195	0.007	0.195	0.007	0.880	0.914

注：N=212，*p<0.05，**p<0.01（双侧检验）。

二、假设检验

本研究采用多元层级回归检验相关假设。为降低变量之间的共线性，首先对所有自变量以及因变量中的双元能力进行中心化处理，并且通过回归检验发现所有变量的 VIF 值小于 3 属于可以接受水平。经过分析可得逆向国际化企业创新搜索互动对双元能力均衡的影响如表 3 - 3 所示，其中模型 1 和模型 5 是检验控制变量的影响，结果显示影响不显著。模型 2 和模型 6 是在加入控制变量的基础上分别加入国内聚焦、国内多源、国外聚焦、国外多源四种单一的搜索策略，模型 3 和模型 7 则是加入搜索互动的一次项，模型 4 和模型 8 则在前面模型基础上添加所有创新搜索互动模式的平方项。

（1）单一搜索互动和双元能力均衡：由表 3 - 3 中模型 3 和模型 7 数据可知国内外聚焦搜索互动对双元能力的平衡和组合都有显著的负向影响（$\beta_1 = -0.199$，$p < 0.01$；$\beta_2 = -0.368$，$p < 0.001$），且模型 4 和模型 8 中的国内外聚焦搜索互动的二次项对平衡和组合双元能力的影响都不显著，这说明双重网络中聚焦特定知识源的搜索互动不利于逆向国际化企业构建探索与开发双元能力及发挥两种能力的协同，即假设 H1a 和假设 H1b 得到验证。同理，国内外多源搜索互动对双元能力的平衡和组合都有显著的负向影响（$\beta_1 = -0.250$，$p < 0.001$；$\beta_2 = -0.258$，$p < 0.001$），且两者互动的二次项对双元能力平衡和组合的影响并不显著，即逆向国际化企业双重网络中多种知识源搜索互动制约双元能力的平衡与组合效应发挥，因此假设 H2a 和假设 H2b 得到验证。

（2）交叉搜索互动和双元能力均衡：模型 3 中国内聚焦和国外多源搜索互动对双元平衡的影响为正向作用（$\beta = 0.342$，$p < 0.001$），而模型 4 中两者互动的平方项对双元能力平衡的影响并不显著，即假设 H3a 成立。同理，国内多源和国外聚焦搜索互动对双元能力平衡的影响中，其一次项系数是正且显著（$\beta = 0.291$，$p < 0.001$），二次项不显著（$\beta = -0.126$，$p > 0.05$），这表明国内外交叉搜索互动有利于双元能力的平衡，即假设 H4a 得到验证。在对双元能力组合的影响中，模型 7 中国内聚焦和国外多源

表 3 - 3　假设检验结果

变量	双元能力平衡（BD）				双元能力组合（CD）			
	模型 1	模型 2	模型 3	模型 4	模型 5	模型 6	模型 7	模型 8
1. Size	0.119 (1.580)	0.097 (1.287)	0.148* (2.077)	0.143* (2.032)	0.093 (1.229)	0.067 (0.885)	0.080 (1.135)	0.063 (0.963)
2. Experience	0.069 (0.925)	0.076 (1.017)	0.048 (0.693)	0.051 (0.745)	-0.041 (-0.544)	-0.040 (-0.529)	-0.075 (-1.091)	-0.072 (-1.125)
3. Industry	0.030 (0.437)	0.013 (0.186)	-0.034 (-0.516)	-0.059 (-0.899)	-0.019 (-0.273)	-0.017 (-0.239)	-0.066 (-1.020)	-0.086 (-1.428)
4. R&D	0.074 (1.080)	0.069 (1.014)	0.059 (0.937)	0.052 (0.819)	0.032 (0.461)	0.026 (0.383)	0.025 (0.393)	-0.028 (-0.480)
5. HF		-0.026 (-0.356)	0.005 (0.074)	0.048 (0.679)		-0.176* (-2.397)	-0.152 (-2.259)	-0.113 (-1.743)
6. HM		-0.056 (-0.749)	-0.101 (-1.462)	-0.086 (-1.047)		0.115 (1.549)	0.068 (1.001)	0.120 (1.576)
7. AF		-0.154* (-2.174)	-0.150* (-2.279)	-0.083 (-1.119)		-0.099 (-1.400)	-0.074 (-1.133)	-0.065 (-0.949)
8. AM		0.067 (0.956)	0.116 (1.748)	0.170* (2.212)		-0.075 (-1.070)	-0.051 (-0.776)	-0.094 (-1.318)
9. HF × AF			-0.199** (-2.856)	-0.181* (-2.582)			-0.368*** (-5.355)	-0.384*** (-5.886)
10. HM × AM			-0.250*** (-3.620)	-0.256** (-3.501)			-0.258*** (-3.790)	-0.336*** (-4.947)

续表

变量	双元能力平衡（BD）				双元能力组合（CD）			
	模型 1	模型 2	模型 3	模型 4	模型 5	模型 6	模型 7	模型 8
11. $HF \times AM$			0.342*** (4.956)	0.384*** (5.417)			0.214** (3.134)	0.310*** (4.704)
12. $HM \times AF$			0.291*** (4.115)	0.304*** (4.070)			0.335*** (4.798)	0.306*** (4.410)
13. $(HF \times AF)^2$				−0.132 (−1.302)				0.014 (0.145)
14. $(HM \times AM)^2$				−0.019 (−0.249)				−0.016 (−0.218)
15. $(HF \times AM)^2$				−0.043 (−0.496)				−0.344*** (−4.299)
16. $(HM \times AF)^2$				−0.126 (−1.461)				−0.162* (−2.013)
R^2	0.031	0.061	0.215	0.249	0.008	0.059	0.234	0.351
ΔR^2	0.013	0.024	0.167	0.188	−0.011	0.022	0.187	0.297
F 值	1.682	1.649	4.533***	4.047***	0.421	1.603	5.053***	6.580***

注：N=212；* $p < 0.05$；** $p < 0.01$；*** $p < 0.001$（双侧检验）；括号内代表 t 值。

搜索互动的系数为显著正向作用（β = 0.214，p < 0.01），且模型 8 显示两者互动的平方系数为负且显著（β = − 0.344，p < 0.001），这说明跨网络的国内聚焦与国外多源交叉搜索对双元能力组合效应的发挥存在最佳临界点，超过临界点将制约探索与开发两种能力的内在协同效应发挥，即假设 H3b 得到验证。同理，根据模型 7 和模型 8 可知，国内多源和国外聚焦搜索互动对双元能力组合的系数为正且显著（β = 0.335，p < 0.001），两者互动的平方系数为负且显著（β = − 0.162，p < 0.05），所以国内多源和国外聚焦搜索互动与双元组合之间存在倒"U"形关系，即假设 H4b 成立。

　　为了更清楚地揭示不同网络层次中差异化搜索策略之间的交互作用，本研究借鉴简单斜率检验原理，分别将国内聚焦搜索和国内多源搜索作为基础变量，逐步加入国外聚焦搜索和国外多源搜索，并观测其交互作用对双元能力平衡和组合的影响。如图 3 - 2（a）和图 3 - 2（b）所示，在单一搜索互动中，随着国外聚焦（或多源搜索）程度的增强，国内聚焦（或多源搜索）对双元平衡的正向影响越来越弱，因此国内外同质性的搜索策略之间存在干扰型交互作用，意味着国内外网络中采取同样的搜索策略只会加剧双元能力的失衡。图 3 - 2（c）和图 3 - 2（d）中的交叉搜索互动作用正好相反，随着国外聚焦（或多源搜索）的不断提升，国内多源（或聚焦搜索）对双元平衡的负向影响逐渐减弱，甚至呈现出了正向作用，表明双重网络中采取不同的搜索策略可以产生互补增强的交互作用。

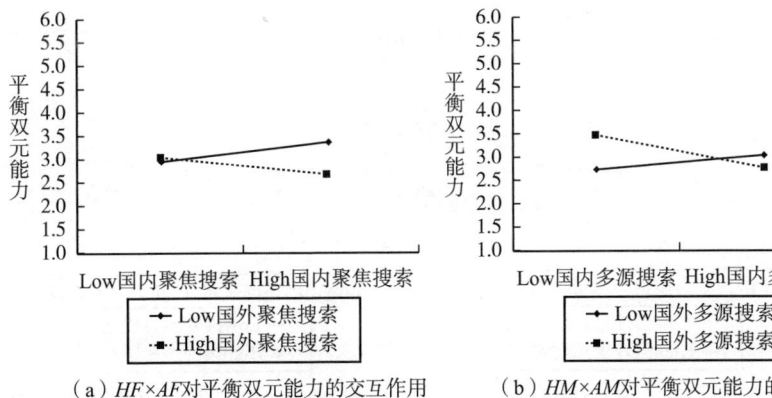

（a）HF×AF对平衡双元能力的交互作用　　（b）HM×AM对平衡双元能力的交互作用

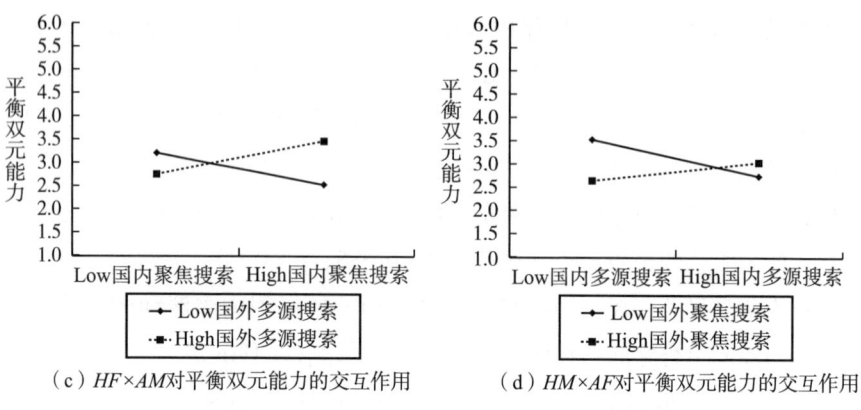

（c）HF×AM对平衡双元能力的交互作用　　　（d）HM×AF对平衡双元能力的交互作用

图3－2　逆向国际化企业国内外创新搜索互动对平衡双元能力的影响

类似地，图3－3（a）和图3－3（b）中单一搜索对双元组合的影响呈现出干扰交互效果，强化国外聚焦（或多源搜索）会引发国内聚焦（或多源搜索）对组合双元能力的负向影响。图3－2（c）表明，当国内聚焦和国外多源搜索活动都处于较低水平时，两者互动可以促进组合双元能力的不断提升，但是随着后续两类搜索活动互动增强，交互作用却未能有效促进双元能力组合的增加，甚至出现了不利影响。同理，表3－2（d）中国外聚焦搜索的不断加入，使得国内多源搜索对组合双元的负向作用趋于平缓，意味着二者在较低水平的交叉式搜索互动可以改善单一搜索测量带来的极端效果，促进双元能力组合效应的提高，然而，两种搜索策略的互动持续增加，未能发挥出增强的交互作用，双元能力的组合效应呈现了递减的趋势。

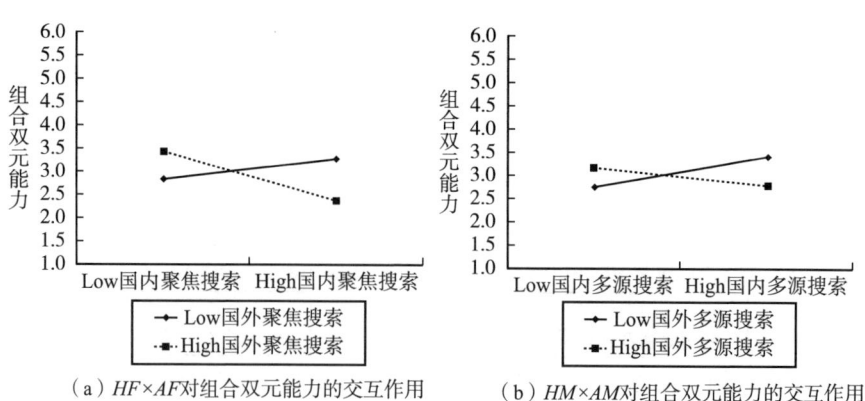

（a）HF×AF对组合双元能力的交互作用　　　（b）HM×AM对组合双元能力的交互作用

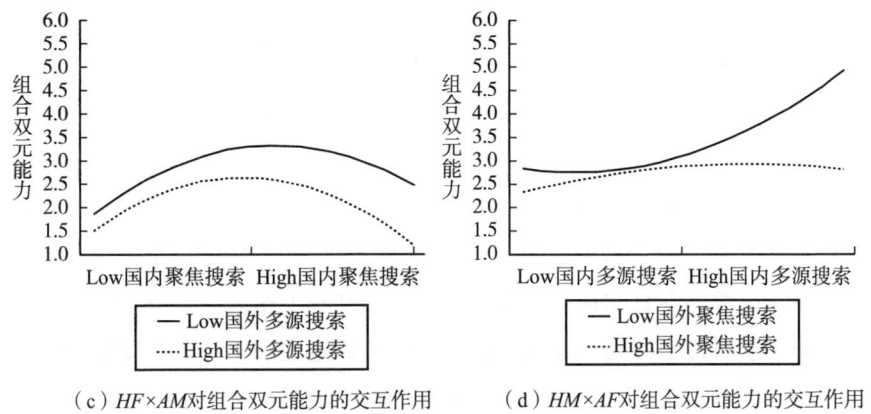

（c）*HF×AM*对组合双元能力的交互作用　　（d）*HM×AF*对组合双元能力的交互作用

图3－3　逆向国际化企业国内外创新搜索互动对组合双元能力的影响

第五节　研 究 小 结

一、研究结论

本研究以沿海地区212家逆向国际化企业为研究对象，通过实证分析探讨了双重网络嵌入下的逆向国际化企业搜索互动模式与双元能力的关系。研究发现：第一，国内外单一搜索互动对双元能力的均衡有负向影响，即逆向国际化企业在国内外两种网络中无论偏向聚焦搜索还是多源搜索，均不利于企业平衡探索和开发两种能力，也难以发挥两种能力的联合作用。第二，国内聚焦和国外多源的搜索互动、国内多源和国外聚焦的搜索互动这两组交叉搜索互动都对平衡双元能力有着正向影响，但对组合双元能力的影响呈现倒"U"形。一方面，这意味着国内和国外交叉搜索互动中的多源和聚焦搜索策略可产生互补效果，企业能够同时兼顾探索和开发能力；另一方面，虽然不同网络层次的知识源搜索策略是产生互补增值的条件，但是过度追求两种网络的交叉搜索互动也会阻碍企业双元能力组合效应的发挥。

二、理论启示

本研究主要存在以下三个方面的理论贡献。

第一，本研究基于以往的地理跨界搜索研究，整合知识搜索范围（国内和国外）和搜索方式（聚焦和多源）两个维度解构逆向国际化企业的创新搜索行为，在延续地理搜索相关研究的基础上拓展了不同网络嵌入情境下企业创新搜索的知识源选择问题。既有跨地理搜索研究主要集中在对本地与超本地、区域与远程、国内与国际等方面（魏江和徐蕾，2014；Piao & Zajac，2016），但是这些研究仅仅回答了"在哪里搜索"的问题，而且创新搜索范围研究存在交叉重叠，并未能揭示企业嵌入外部多种类型的知识源"如何搜索"的问题。本研究不仅丰富了罗森科夫和尼克尔（Rosenkopf & Nekar，2001）、卡提拉和阿胡贾（Katila & Ahuja，2002）等学者关于创新搜索维度和内容的研究，推进了劳尔森和索尔特（Laursen & Salter，2006）等学者有关外部知识源搜索的测量和最佳知识源临界值的研究，而且拓展了逆向国际化企业双重网络嵌入和创新搜索等方面的研究。

第二，本研究基于逆向国际化企业双重网络嵌入特征，将国内网络和国外网络纳入同一个研究框架之中，进一步明晰了国内外网络之间的搜索互动机制，拓展了双重网络交互方面的研究成果。虽然双重网络嵌入互补性得到部分证实，如吴航和陈劲（2018）研究发现国际化双元平衡与组合对创新绩效的影响，但现有研究却忽视双重网络嵌入情境中多维创新搜索策略之间的互动关系，尤其忽视了结构双元理论所强调得双重网络的结构分离实现双元能力。本研究整合地理网络均衡（Pater et al.，2014；Wu & Wu，2014）和创新搜索策略研究（Henttonen & Ritala，2013），深入探索了双重网络搜索的互动机理，并找出逆向国际化企业的知识源聚焦/多源搜索与双重网络嵌入的匹配规律，拓展了张晓棠和安立仁（2015）等关于多维搜索策略交互方面研究，深化了对逆向国际化企业成长和知识迁移机制的认知。

第三，本研究揭示了不同搜索互动模式作为前因构件对双元能力均衡的差异化影响机制。以往研究较多从组织结构、情景、领导等层面分析探索/开发能力的影响前因（Gibson & Birkinshaw，2004；Tushman & O'Reilly，1996），但缺乏对平衡和组合双元能力的网络层面创新搜索前因探索（肖丁丁和朱桂龙，2016）。本研究结合逆向国际化企业独特的双重网络特征，探讨双重网络嵌入下聚焦与多源搜索互动对双元能力平衡和组合的差异化影响，突破本地或全球单一网络知识搜索对双元能力的制约，如本地网络聚焦搜索过度引发的能力陷阱、全球价值链深度搜索过度的锁定效应以及对两种网络过度多源搜索产生的失败陷阱（胡保亮和方刚，2013）。本研究不仅突破了原有多维创新搜索与探索/开发能力的单一笼统关系，而且从多维创新搜索视角拓展了解决组织双元张力的协调机制，厘清了知识搜索互动模式对构建和提升双元能力的影响机理，为双元能力均衡影响机制的研究提供了新视角。

三、实践启示

本研究对逆向国际化企业如何选择搜索策略组合、提升双元能力有一定的指导意义。首先，双重网络嵌入为逆向国际化企业界定了创新搜索策略集合，单一式和交叉式两种搜索互动也给这类企业提供了更全面的利弊分析框架。逆向国际化企业可以根据自身资源条件在双重网络中做好战略调配，权衡从国内和国外网络中的不同来源获取知识，为企业突破技术和市场锁定提供指导方向。其次，在动态竞争环境下，企业培育双轮驱动的创新能力，既要充分利用现有资源维持当前发展，也要不断探索更新能力应对未来变革。逆向国际化企业在双重网络中布局差异化的知识源搜索策略，可以避免探索能力或开发能力失衡的后果，正确培育和平衡双元能力，提高国内外动态环境的适应性和反应灵活性，为我国外向型企业在国内外市场中稳步发展提供借鉴。最后，从宏观网络层面和微观策略层面指导逆向国际化企业发挥结构分离机制或网络资源错位匹配，实现探索和开发创新能力的协同发展，为企业不断发挥双元能力的组合效应、突破国外技术锁定和开发国内新兴市场提供参考意见。

四、研究局限与展望

本研究也存在以下不足：第一，本研究虽然揭示了不同网络层面的多维搜索策略交互会影响企业双元能力的平衡与组合，但是关于搜索策略交互影响双元能力均衡的中介或调节机制并未研究，未来可以就该方向继续探究并找出更有效的搜索互动方式。第二，逆向国际化过程中企业面临国际产品线宽度或深度缩减等变化，以往研究较少考虑不确定环境中知识搜索活动面临的资源拼凑、创造性整合等情境，决策理性等情境特征是否影响创新搜索对双元能力的作用过程尚需探索。第三，相关研究表明探索和开发能力的平衡状态并非是唯一和静态的，双元能力的均衡状态取决于多层次影响因素，未来研究可以借助纵向案例、系统动力学等方法揭示多重网络创新搜索影响双元能力的动态均衡机理和路径。

第四章　逆向国际化企业创新搜索与双元能力的中介影响

第一节　研究目的与问题提出

在 VUCA（多变、不确定、复杂和模糊）环境下，全球贸易战、新冠肺炎疫情等突发事件打破企业正常发展轨迹，我国大批外向型企业面临内部升级需求和外部竞争的双重压力（Feng et al.，2021），越来越多的企业通过转向国内市场和打造自主品牌的逆向国际化战略来实现转型升级。然而，企业依赖内部资源已经无法满足创新的需要，迫切需要搜索异质性技术知识和市场知识，从而在市场中获得持续竞争优势（Deng，2015）。在逆向国际化的浪潮下，如果企业只注重对于外部知识的探索，则会陷入"成功陷阱"；反之，仅重视对企业内部知识的开发，则会陷入"失败陷阱"（March，1991）。因此，逆向国际化企业要对内外部资源进行搜索与利用来构建双元能力，通过探索和开发两类活动来维持双元能力结构关系，从而提升组织创新绩效。

虽然有学者已经对创新搜索与双元能力的关系做了初步研究（肖丁丁等，2017；奉小斌和周兰，2020a，2020b），以往学者对于创新搜索的研究都集中在技术和市场知识两个方面（王庆金等，2019），较少有学者从聚焦搜索和多源搜索这两个维度来研究创新搜索。并且，以往研究围绕创新搜索对双元能力的直接影响开展研究，但创新搜索对双元能力的内在作用过程并不清楚。有学者在实证研究的过程中，注意到了组织惯例对搜寻机制的中介作用，如欧忠辉等（2021）强调组织惯例与知识搜索相结合有助于企业双元创新，提出知识搜寻机制主要通过影响组织惯例进而影响企业竞争优势的建立。组织惯例也在创新与绩效关系等研究中被视为中介变量（孙永磊等，2014），或探讨组织惯例或惯例复制对创新的作用（Jin et al.，2021；贯君等，2019），但目前将组织惯例作为创新搜索与双元能力的中介变量的研究还较少。

综上所述，本研究试图厘清以下两个问题：（1）创新搜索对企业双元能力是否具有影响；（2）组织惯例在创新搜索对双元能力的关系中是否具有中介作用。本研究旨在从双元视角出发，探讨不同类型的创新搜索对双元能力的影响，以及不同的组织惯例（常规惯例和柔性惯例）在其中的中介作用，从而为逆向国际化企业的构建双元能力提供理论与实践启示。

第二节　研究假设

一、逆向国际化企业创新搜索对双元能力的影响

开放式创新背景下，逆向国际化企业面临多样化的外部信息和资源，通过创新搜索进行资源获取，不断提高利用现有知识和探索外部知识的能力，从而提高企业双元能力（奉小斌和周兰，2020a）。一方面，从知识资源获取的角度来看，创新搜索通过对产品生产、顾客需求以及工艺改进等市场信息的搜索，能够尽可能多地获取到商业知识以及互补性资源（Chan et al.，2016）。而商业知识及互补性资源为逆向国际化企业改进现有产品以及完善组织当前技术、开发新产品以及开拓新技术奠定相关基础，进一步提升组织的双元能力（芮正云和罗瑾琏，2018）。另一方面，从创新搜索作用效果来看，其面对多元化、差异化的搜索主体，能够与搜索活动涉及的一系列利益相关者产生交集（He & Wong，2004），对系统整合供应商、制造商以及消费者的动态能力、组织创新的潜在能力等产生积极效应（肖丁丁和朱桂龙，2016），还对组织战略、文

化以及流程产生优化作用，从而对于双元能力的探索和开发产生积极影响（Schoenmakers & Duysters，2010）。

逆向国际化企业对特定知识或局部知识领域的聚焦搜索正向影响其双元能力。首先，从有限理性的角度来看，组织为实现长短期战略或业务目标的期望，需要投入相当部分的资源用于知识搜索、知识解锁以及资源转化（奉小斌和周兰，2020a），聚焦搜索加强企业对于某一特定领域知识的深度理解，为组织双元能力的提升奠定了资源基础（Barney，1991；焦豪，2011）。其次，聚焦搜索能够在很大程度上积累大量隐性知识还能强化技术壁垒，促进逆向国际化企业对于现有知识的开发利用，引导自身对于现有产品和技术的瓶颈突破进而提升双元能力（Katila & Ahujia，2002；奉小斌和周兰，2020b）。最后，从强关系建立的角度，聚焦搜索能够专注于对特定知识的深度挖掘，与诸多的外部知识源之间构建强关系，进一步促使逆向国际化企业通过增强开发与利用自身核心技术来提升双元能力（Guo et al.，2015）。

与此同时，对于逆向国际化企业外部多种知识源或多样化知识领域的多源搜索也正向影响双元能力。首先，基于多种知识获取的角度，单一的知识源获取途径并不能覆盖企业经营生产所需的各种资源（Laursen & Salter，2006），多样化的知识为企业资源库提供了大量的行业性知识，新颖与复杂知识有利于组织提升双元能力。其次，从响应市场需求以及满足顾客偏好的角度来看，逆向国际化企业通过对于行业相关信息的多源搜索帮助企业获得共性技术和产品技术，在相应基础上持续对组织的双元能力产生影响（奉小斌和周兰，2020a）。最后，多源搜索获取到的新知识要素与逆向国际化企业原有知识要素间产生融合，从而促进企业采用更加广泛的探索方式寻求企业间的交流合作，为组织的探索开发活动提供保障（Henttonen & Ritala，2013）。

基于此，本研究提出以下假设：

假设 H1a：聚焦搜索正向影响组织双元能力。

假设 H1b：多源搜索正向影响组织双元能力。

二、组织惯例的中介作用分析

（一）创新搜索与组织惯例的关系

创新搜索是一个组织跨越单一或多维边界学习的过程（Feng et al.，2021），逆向国际化企业在组织间学习的过程中，其知识结构、知识要素、组织管理会发生不同程度的变革和优化。学者们对这个过程持有不同的观点，如陈彦良等（2014）认为，组织惯例的核心表征为由众多的单体知识结构根据一定的规范对知识进行编排组合形成，由此可见，惯例的形成受到单体知识结构和对其进行编纂原则的影响。但部分学者认为组织惯例是由多个成员主体共同参与、共同行动形成的行为模式、规范原则，同时会因为参与者对于惯例的理解、角色观点的差异、认知的差异发生变化而不断调整，主体间的异质性对组织惯例产生影响（Francisco，2020；马鸿佳等，2020）。张文红等（2015）基于制造企业组织冗余和服务创新的视角，证实跨界搜索能够帮助企业获取异质性知识以克服惯例刚性，促进组织惯例的调整，邓昕才等（2017）证实跨界搜索对组织惯例更新有正向影响。而后有学者试图从组织惯例视角打开跨界搜索与企业创新和绩效等关系的"黑箱"（Ehsan et al.，2021；曹勇等，2022），但是不同类型的创新搜索策略对组织惯例有何影响还有待探索。本研究借鉴相关研究，将组织惯例分为常规惯例和柔性惯例两个维度，其中，常规惯例更侧重于企业固有的运营能力，知识构成较为单一、结构相对稳定，知识的演进具有连续性和渐进性等特点（Bygballe et al.，2021）；柔性惯例更依赖于企业所特有的动态能力，知识构成较为多元、结构复杂，知识的演进具有不连续性和激进性等特点（陈彦良和高闯，2014）。

聚焦搜索正向影响组织常规惯例。首先，聚焦搜索使逆向国际化企业与特定知识源建立强联结关系，为企业带来特定领域内大量隐性知识和有潜在价值知识的转移，调整和更新企业的惯例行为和理念，进而改变组织的常规惯例（Francisco，2020）。其次，聚焦搜索使逆向国际化企业可以根据自身发展需要而获取相应的技术知识或市场信息，优化组织内部的技术基础和市场敏锐度，主动变革组织生产流程等常规惯例。最后，聚集搜索帮助企业进一步优化的组织内部学习和知识管理过程，挖掘潜在的市场机会、不断改变自身行为模式并适应企业需求进而正向影响组织常规惯例（王永伟等，2012）。

聚焦搜索正向影响组织柔性惯例。首先，聚焦搜索可以使逆向国际化企业与交易对象建立稳定的关系，促使企业间知识资源的传递和吸收，为拓展自身知识库提供了丰富的知识流（Guo et al.，2020）。因此，企业可以通过聚焦搜索并利用丰富的知识流促进内外部资源的整合与创新，提升组织目标灵活度来提高组织柔性惯例（谢洪明等，2011）。其次，聚焦搜索有助于逆向国际化企业与外部组织之间的信息沟通，吸引上下游更多的企业参与到交易中来，促进企业进一步理解客户需求以及竞争者信息，为更好地满足顾客需求和占据市场建立基础（陈彦良等，2014）。最后，聚焦搜索专注于特定领域带来的大量隐性知识积累，能够不断强化逆向国际化企业的技术壁垒（Guo et al.，2018），吸引外部网络中其他企业与之联结合作，从而促进组织积极变革以适应外部环境，提高组织柔性惯例。

基于此，本研究提出以下假设：

假设 H2：聚焦搜索正向影响组织常规惯例。

假设 H3：聚焦搜索正向影响组织柔性惯例。

多源搜索正向影响组织常规惯例。首先，多源搜索拓宽了搜索幅度，广泛获取异质性知识资源，帮助逆向国际化企业避免核心刚性和能力陷阱，打破原有知识体系的局限，有利于颠覆组织常规惯例（Zhang，Wang & Xu，2021）。其次，多源搜索企业与外部多元化组织的沟通，强化逆向国际化企业间对于共享知识信息的理解和合作关系的协调（孙永磊等，2019），便于组织间面对复杂任务时展开相关合作，从而提升组织常规惯例。最后，多源搜索使逆向国际化企业获得大量无序且尚未被充分利用的资源，激发了企业对资源重组和潜在价值的挖掘进行尝试和探索（Rosen-kopf & Nerkar，2001），有利于企业改变组织常规惯例。

多源搜索正向影响组织柔性惯例。首先，多源搜索帮助逆向国际化打破组织边界，跨越原有组织惯例搜索到跨度较大的知识，组织为了更充分吸收和利用此类知识而对众多单体知识结构进行重新编排，优化自身知识结构进而提升组织柔性惯例（Ehsan et al.，2021）。其次，多源搜索由于与更多外部组织进行了交互，刺激组织为更好地融入环境以及适应外部变化而做出组织内部结构等惯例调整，从而促成组织柔性惯例的"一系列试错"和"挑选"，以实现组织内部规范与外部信息相匹配，最终实现组织惯例的更新（Zan et al.，2022）。最后，多源搜索组织为了能够广泛搜索知识源和处理大量资源，积极与外部组织进行联合决策，从各个部门剥离出非生产性资源进行异构，激发组织柔性惯例的生成（王琳等，2022）。

基于此，本研究提出以下假设：

假设 H4：多源搜索正向影响组织常规惯例。

假设 H5：多源搜索正向影响组织柔性惯例。

（二）组织惯例与组织双元能力的关系

惯例作为企业发展过程中的一个重要内部因素，将影响组织内部能力的构建（Zhen et al.，2021），因此，组织惯例与双元能力之间也存在一定的关系。刘立娜和于渤（2019）基于哈尔滨电站设备集团公司的纵向案例，发现后发企业利用式动态能力和探索式动态能力的形成是知识和组织惯例互动演化的结果。还有学者发现惯例复制能够提高组织间知识共享的意愿，并从双元视角将组织惯例复制划分为常规惯例复制和柔性惯例复制，其中，常规惯例复制依赖于组织的利用能力，而柔性惯例复制更依赖于组织的探索能力（陈彦亮和高闯，2020）。但由于惯例模板具有微观构成及其情景依赖性，不同环境下惯例复制与组织双元能力之间的存在匹配（魏龙和党兴华，2022）。

常规惯例是企业在演化、竞争和创新的过程中，围绕工作任务形成的有规律的、可预测的组织行为模式（Nelson & Winter，1982），代表了企业如何做事情的具体表现，对组织双元能力有积极影响。一方面，常规惯例由于其知识模块内涵清晰、结构稳定的特征，组织更容易学习常规惯例，并通过常规惯例扩展组织边界来优化吸收现有知识，促进和提高利用能力（肖瑶等，2021）。另外，常规惯例具有相对更高的内部结构和外部关系的稳定性，能有效减少企业内外部存在的不确定因素与投机性，促进组织间关系的构建、维护和协调，提高组织间知识的流动（Francisco，2020；党兴华等，2013），有利于企业对原有产品、服务进行优化以构建利用能力。另一方面，虽然现有研究将组织惯例视为探索性创新的负向影响因素，认为成员间的行为默契、规范共识与惯例中的惰性难以发生探索式创新（Dönmez et al.，2016），但近期有研究意识到缺乏惯例也可能不利于组织的探索能力提升。这是因为散乱的组织行为会使得组织网络出现过多结构洞并破坏成员间的强联结，无序的知识与关系合作会导致交易成本升高与信任的缺失，最终导致组织知识废弃速度过快并抑制创新绩效的获取（Friesl & Larty，2012）。

组织惯例代表一种稳定与变革共存的悖论态势（米捷等，2016），作为组织持续创新的本源能够有效地协调组织内部冲突，较好满足组织双元能力的矛盾要求。一方面，有学者将"能动性"引入组织惯例中，认为惯例内部动态性源自惯例参与者基于遵循先前惯例产生的行为结果与预期之间的差异，而对惯例进行"修复""扩展"和"持续改进"较好推进了组织开发能力的提升（Feldman，2000）。部分学者认为外部环境变化是惯例产生演化的主导因素（高展军和李垣，2007），组织通过惯例更新应对环境变化，并帮助其提升利用能力以满足当前市场与满足客户需求。另一方面，柔性惯例由于知识模块多元化、结构复杂多变，通过学习柔性惯例扩展组织边界能够帮助组织发现、修改新知识，创造和扩展探索能力（Zhen et al.，2021）。此外，柔性惯例保证了组织具有一定程度的组织柔性，企业开发新产品、新技术以构建探索能力的过程中，柔性惯例对人员流动、组织技术与任务变革或极端破坏事件发生具备抵御变化的稳定行为序列，从而避免资源流失甚至组织耗散（马鸿佳等，2020）。从动态能力形成过程来看，双元能力作为一种动态能力源于企业内部经验积累、知识衔接和知识编码三个组织学习过程，这一过程中组织惯例的变异、选择、复制和保留机制决定了双元能力的演化（Zollo et al.，2002）。

基于此，本研究提出以下假设：

假设 H6：常规惯例正向影响组织双元能力。

假设 H7：柔性惯例正向影响组织双元能力。

（三）组织惯例在创新搜索与双元能力的关系中的中介作用

根据资源基础观，组织占据的异质性资源是企业构建动态能力的基础，组织惯例作为知识储备的重要载体，可以帮助企业有效地利用、存储、开发和重组内外部知识，更好地识别现有资源与外部异质性资源的潜在价值（余浩和刘文浩，2020）。组织惯例是由多个主体参与且重复可识别的行为模式（Feldman & Pentland，2003），是企业动态能力的重要组成部分，具有协调控制、维持组织稳定运行、减少冲突、辅助决策和促进组织演化的作用（Zollo & Singh，2002；Turner & Rindova，2012）。因此，组织惯例是解释组织知识搜索、构建组织能力等一系列组织现象的重要机制（朱云鹍等，2021）。

常规惯例在创新搜索与组织双元能力中起中介作用。一方面，聚焦搜索使逆向国际化企业反复探访和提取外部知识，而常规惯例作为知识载体本身就蕴含组织记忆，可以强化对已有知识的理解、转移和共享。逆向国际化企业与外部组织间拥有高度信任、互惠和稳定互动关系，使组织无须投入过多精力于组织知识搜索与筛选的过程中，有效降低知识搜索成本和组织间协调费用（Jensen et al.，2009；Peng et al.，2011）。常规惯例由于其相对更为成熟的组织行为习惯和稳定的外部关系，成员之间存在更高程度的行为默契，帮助企业间达成规范共识，进而促进聚焦搜索所获得的专业性知识资源能够更为流畅地转移（贯君等，2019）。另一方面，多源搜索涉及多样化的外部伙伴，常规惯例作为组织协调手段往往比契约更有效，能够促进伙伴间常规化交流和共享机制建立，有效提升伙伴间的互动频率与交流深度，降低机会主义风险和交易成本（Reding et al.，2011），提高多样化知识向组织双元能力转化的效率。此外，由于常规惯例具有模板清晰稳固的结构特性，使逆向国际化企业在多源搜索过程中遵循多样化伙伴已有的技术轨道开展渐进式的学习活动，更容易意识到成员组织的共性需求，有利于提升创新搜索和能力构建的运行效率（Iannacci & Resca，2021）。

基于此，本研究提出如下假设：

假设 H8a：常规惯例在聚焦搜索与组织双元能力关系中起中介作用。

假设 H8b：常规惯例在多源搜索与组织双元能力关系中起中介作用。

柔性惯例在创新搜索与组织双元能力中起中介作用。一方面，柔性惯例在激发组织间价值获取欲望的同时，使逆向国际化企业能够逐渐意识到知识需求，这一"即兴索迹"的开放式创新行为满足了组织双元能力构建的多样性资源的需求。并且，由于柔性惯例具有模板模糊多变的结构特性，使企业能够从聚焦搜索获得的知识中意识到发展的前沿性需求，聚焦搜索机制支撑组织的变革性需求（魏龙和党兴华，2022）。另一方面，多源搜索更加注重开放式创新，而柔性惯例具有开放式网络的选择偏好，这一结构特性提升了组织间知识的传播效率与需求意识（魏龙和党兴华，2020），更准确高效地将知识构建成满足企业需求的双元能力。并且，柔性惯例能提高开放性组织的探索性优势，不断通过多源搜索获得新兴技术实现探索式能力构建的同时，提升了知识共享意愿（Ooi & Husted，2021）。基于此，本研究提出如下假设：

假设 H9a：柔性惯例在聚焦搜索与组织双元能力关系中起中介作用。

假设 H9b：柔性惯例在多源搜索与组织双元能力关系中起中介作用。

通过前面的理论分析和相关基本假设，可以推导出以组织惯例为中介的逆向国际化企业创新搜索对双元能力的影响机制模型，如图 4 - 1 所示：

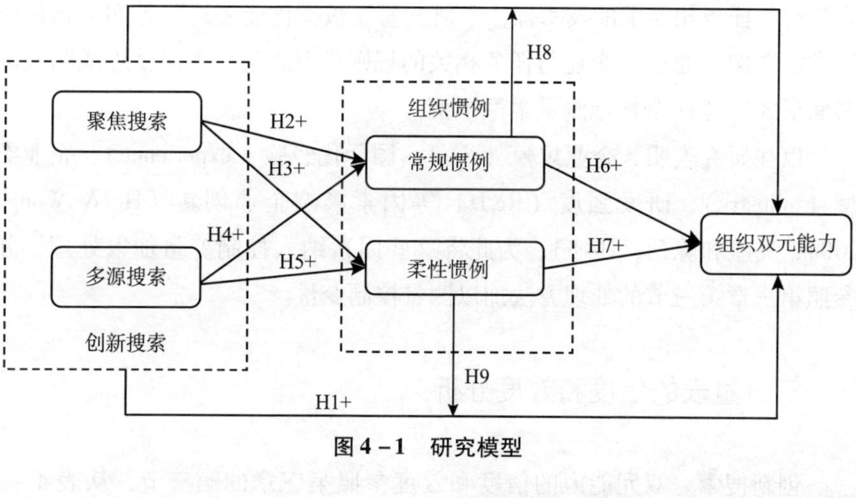

图 4 - 1　研究模型

第三节 研 究 方 法

一、研究样本与数据收集

本研究主要探索创新搜索对双元能力的中介影响。本研究样本的取样范围是以上海、浙江、广东和江苏等沿海经济发达地区的逆向国际化企业为主，主要针对从事外贸业务的企业中高层管理者进行调查，累计发放500份问卷。在考虑样本数量的充足性和可获得性的前提下，剔除问题项缺失等不符合要求的问卷后最终得到212份有效问卷，有效回收率为42.40%。具体相关样本特征见第三章第三节。

二、变量选取及测量

本研究中的创新搜索、双元能力的测量见第三章第三节，对于组织惯例的测量，借鉴陈彦亮等（2014）、魏龙等（2020）的研究量表，用"企业具有与任务相匹配的技术操作手册，易于被模仿或表述"等四个指标测量常规惯例，通过"企业与任务相关的规则难以表达，无法整理成明确的书面形式"等四个指标测量柔性惯例。

以往研究表明，企业规模（size）、国际化经验（experience）、企业类型（industry）、研发强度（R&D）等因素影响企业创新（He & Wong，2004；吴航和陈劲，2018），为此将这些因素纳入控制变量加以处理，并参照第三章第三节的处理方法加以测量控制变量。

三、量表的信度和效度分析

创新搜索、双元能力的信度和效度参照第三章的第三节，从表4-1可知组织惯例量表的 Cronbach's α 系数值达到0.70以上，组合信度（CR）

大于基准值 0.70，说明研究量表具有较好的内部一致性。通过表 4-1 可知，组织惯例的载荷值介于 0.777~0.856。平均提取方差值（AVE）均高于 0.50，由此判别量表具有较好的聚合效度。

表 4-1　　　　　　　　　　　变量测量及信效度分析

变量及测量题项	因子载荷	Cronbach's α	AVE	CR
组织惯例		0.860		
柔性惯例		0.856	0.663	0.887
1. 企业具有与任务相匹配的操作手册，易被模仿表述	0.777			
2. 企业会借鉴自身合作企业的工作方式和方法	0.856			
3. 企业通过定期考察评估参与到规范的修订过程中	0.797			
4. 企业通过战略规划进行组织变革迎接内外部挑战	0.825			
常规惯例		0.865	0.676	0.893
1. 企业任务相关的规则难以整理成明确的书面形式	0.856			
2. 企业执行任务的方式和方法需要亲自实践才能掌握	0.813			
3. 企业通过不定期的项目反馈参与规范的修订过程中	0.834			
4. 企业能快速推广并应用新的组织接受内外部挑战	0.785			

资料来源：对 212 份样本数据进行分析得到。

本研究结合 AMOS22.0 软件对变量的区分效度进一步验证，验证性因子分析结果见表 4-2。其中模型拟合指数随着因子数增加而递增，五因子模型（聚焦搜索、多源搜索、常规惯例、柔性惯例、双元能力）的模型拟合指数最佳（$\chi^2/df < 2.000$，$NFI > 0.900$，$IFI > 0.900$，$CFI > 0.900$，RM-SEA < 0.080），说明本研究选取的变量之间有良好的区分效度。

表 4 – 2　　　　　　　　　　　验证性因子分析结果

模型	χ^2/df	GFI	NFI	IFI	CFI	RMSEA
五因子模型	1.102	0.919	0.987	0.990	0.995	0.024
四因子模型	3.125	0.862	0.876	0.848	0.873	0.089
三因子模型	4.047	0.732	0.743	0.769	0.778	0.108
双因子模型	6.756	0.615	0.634	0.649	0.649	0.124
单因子模型	7.723	0.581	0.541	0.565	0.578	0.147

注：单因子模型为聚焦搜索 + 多源搜索 + 常规惯例 + 柔性惯例 + 组织双元能力；双因子模型为聚焦搜索 + 多源搜索 + 常规惯例 + 柔性惯例、组织双元能力；三因子模型为聚焦搜索 + 多源搜索 + 常规惯例、柔性惯例、组织双元能力；四因子模型为聚焦搜索 + 多源搜索、常规惯例、柔性惯例、组织双元能力；五因子模型为聚焦搜索、多源搜索、常规惯例、柔性惯例、组织双元能力。

第四节　研究结果与分析

本节将进一步对创新搜索与双元能力变量间的假设加以检验，并检验组织惯例的中介作用，从而得出相应的结论。

一、相关性分析

通过表 4 – 3 可知，各变量的均值、标准差以及变量间的 Pearson 相关系数均在合理的范围内，说明各变量之间不存在明显的多重共线性。此外，聚焦搜索和多源搜索对于双元能力、常规惯例和柔性惯例对于双元能力、聚焦搜索和多源搜索对常规惯例和柔性惯例的作用在表中得到初步显示。

表 4－3　研究变量的相关系数矩阵表

变量	1	2	3	4	5	6	7	8	9	10
企业规模	1									
国际化经验	0.386***	1								
行业类型	0.083	-0.081	1							
研发投入	-0.037	0.009	0.023	1						
聚焦搜索	0.071	0.081	0.068	0.088	1					
多源搜索	0.115	0.072	0.048	0.102	0.373***	1				
整体双元能力	0.281***	0.082	0.065	0.095	0.389***	0.411***	1			
组合双元能力	0.216***	0.084	0.072	0.054	0.321***	0.315***	0.426***	1		
常规惯例	0.170*	0.067	0.020	0.092	0.440***	0.372***	0.460***	0.433***	1	
柔性惯例	0.178*	0.085	0.041	0.063	0.394***	0.294***	0.448***	0.405***	0.451***	1
平均值	6.303	2.774	0.604	2.294	0.589	0.924	4.412	3.997	3.976	4.572
标准差	0.991	0.645	0.490	1.090	0.152	0.009	1.204	1.131	1.041	1.002

注：$*p<0.05$，$**p<0.01$，$***p<0.001$（双尾检验）；对角线括号中的值为变量 AVE 的平方根。

二、假设检验

本研究借助多元层级回归方法检验假设，为降低变量之间的共线性，对自变量（聚焦搜索和多源搜索）、中介变量（常规惯例和柔性惯例）以及因变量（整体双元能力、组合双元能力）进行中心化处理。在进行回归分析之前，对多重共线性、序列相关性问题进行检验，结果发现所有方程的 VIF（方差膨胀因子）值均小于 5，各回归模型的散点图均呈现无序状态。为了克服实证模型中可能存在的内生性问题，本书将对关键变量有影响的因素纳入控制变量加以考虑，在构建理论模型时遵循创新搜索、组织惯例与双元能力等理论逻辑避免变量间双向影响，并选取代表性样本和采用学术界认可的量表来预防样本选择误差及变量测量误差。表 4 - 4 中模型 1 ~ 4 是检验自变量对中介变量的影响，模型 5 ~ 10 分别检验自变量和中介变量对因变量的影响。

（一）直接效应

如表 4 - 4 所示，聚焦搜索对常规惯例、柔性惯例一次项系数分别为正且显著（$\beta_1 = 0.354$，$p < 0.001$；$\beta_2 = 0.367$，$p < 0.001$），即假设 H2 和 H3 通过验证。而多源搜索对常规惯例、柔性惯例一次项系数分别为正且显著（$\beta_1 = 0.293$，$p < 0.001$；$\beta_2 = 0.231$，$p < 0.001$），假设 H4 和假设 H5 通过验证。这说明逆向国际化企业无论是聚焦特定类型的知识源还是多种知识源，其对组织常规惯例和柔性惯例的形成均有积极的作用，具体表现在影响企业惯例所嵌入的运营能力和动态能力的形成过程。

聚焦搜索对整体双元能力和组合双元能力的一次项系数分别为正且显著（$\beta_1 = 0.341$，$p < 0.001$；$\beta_2 = 0.357$，$p < 0.001$），假设 H1a 通过验证。多源搜索对整体双元能力和组合双元能力的一次项系数分别为正且显著（$\beta_1 = 0.316$，$p < 0.001$；$\beta_2 = 0.325$，$p < 0.001$），假设 H1b 也同样通过验证。本研究证实聚焦搜索和多源搜索均对逆向国际化企业提升整体双元能力和组合双元能力有正向作用，这与奉小斌和周兰（2020a，2020b）结果一致。

表4－4　创新搜索、组织惯例与双元能力关系的回归结果

变量	常规惯例		柔性惯例		整体双元能力			组合双元能力		
	模型1	模型2	模型3	模型4	模型5	模型6	模型7	模型8	模型9	模型10
企业规模	0.132*	0.121*	0.122*	0.118*	0.201***	0.198***	0.185***	0.175***	0.152**	0.122*
国际化经验	0.081	0.068	0.076	0.074	0.090	0.084	0.087	0.078	0.075	0.067
行业类型	0.064	0.060	0.034	0.030	0.043	0.045	0.039	0.062	0.067	0.059
研发投入	0.071	0.073	0.065	0.064	0.064	0.069	0.066	0.043	0.051	0.044
聚焦搜索		0.354***		0.367***		0.341***	0.264***		0.357***	0.221***
多源搜索		0.293***		0.231***		0.316***	0.156**		0.325***	0.148**
常规惯例							0.253***			0.242***
柔性惯例							0.194***			0.181**
R^2	0.085	0.356	0.079	0.322	0.092	0.252	0.401	0.089	0.193	0.235
调整 R^2	0.078	0.338	0.068	0.303	0.083	0.230	0.385	0.088	0.169	0.210
F值	3.642*	13.928***	2.642*	12.210***	4.920*	14.920***	21.782***	4.306*	11.028***	19.337***

注：*$p < 0.05$，**$p < 0.01$，***$p < 0.001$（双尾检验）。

常规惯例对整体双元能力的回归系数为 0.253（p < 0.001），对组合双元能力的回归系数为 0.242（p < 0.001），证实常规惯例对双元能力有显著的正向影响，假设 H6 通过检验。此外，柔性惯例对整体双元能力的回归系数为正且显著（β = 0.194，p < 0.001），对组合双元能力的回归系数为正且显著（β = 0.181，p < 0.01），证实柔性惯例对双元能力有显著的正向影响，假设 H7 得到支持。

（二）中介效应

分别在模型 2 和模型 4（自变量对中介变量回归）、模型 6（自变量对因变量回归）和模型 9（自变量对因变量回归）的基础上，模型 7 引入常规惯例、柔性惯例作为中介变量之后，聚焦搜索和多源搜索对整体双元能力的回归系数分别从 0.341（p < 0.001）、0.316（p < 0.001）减小到 0.264（p < 0.001）、0.156（p < 0.01），但仍然显著。因此，常规惯例在创新搜索与双元能力的关系中起到部分中介作用。综上，假设 H8a、假设 H8b 通过检验。

同理，模型 10 中引入常规惯例和柔性惯例之后，聚焦搜索的回归系数在引入以前为 0.357（p < 0.001），引入柔性惯例后，聚焦搜索的一次项系数减小为 0.221（p < 0.001），但仍表现为显著。同理，多源搜索的回归系数在柔性惯例引入前为 0.325（p < 0.001），引入柔性惯例之后，多源搜索其回归系数减小为 0.148（p < 0.01），但仍表现为显著。因此，柔性惯例在创新搜索和整体双元能力的关系中起中介作用，假设 H9a、假设 H9b 通过检验。

三、研究结果讨论

（一）创新搜索的研究结果讨论

通过回归分析的结果发现，逆向国际化企业不论是针对特定知识源的聚焦搜索，抑或是面向多种类型知识源的多源搜索，都对双元能力、组织惯例有积极影响。从知识源视角来看，企业不论采用何种搜索策略，都是支撑企业构建双元能力的有效手段，为双元能力构建提供资源支持。这也验证了创新搜索对企业的双元能力有促进作用（奉小斌等，2020a，2020b），是企业在创新发展的过程中提升自身竞争力的有效手段。而创新搜索对逆向国际化企业的组织惯例产生正向影响，这与邓昕才等（2017）的研究结果类似，创新搜索通过对企业所涉及的知识进行补充修正，而惯例的复制与形成又与企业的知识结构密切相关，创新搜索有利于组织惯例发展更新。

（二）组织惯例的研究结果讨论

通过回归分析发现，组织惯例对双元能力产生正向影响，这说明双元能力在企业中同时受到外部知识源和内部认知因素的影响。常规惯例指组织固有的运作能力，柔性惯例指组织特有的动态能力，这两者虽然侧重点不同，但是对于双元能力而言都具有促进作用。并且，常规惯例和柔性惯例在创新搜索对双元能力产生影响的路径中都起中介作用。这佐证了王永伟等（2011）提出的组织惯例对于搜寻机制的中介作用结论，组织惯例是对企业知识不断总结修正和优化的过程，而常规惯例通过跨越组织边界的知识搜索来对企业现有知识进行改进，强化对知识的复制移动，柔性惯例通过跨越组织边界的知识搜索来发现新知识，强化对知识的共享和发现。

第五节　研　究　小　结

一、研究结论

本研究针对逆向国际化化企业创新搜索对双元能力的影响机制，通过实证分析得到以下结果：第一，创新搜索能够显著促进企业双元能力的构建，创新搜索的两个维度（聚焦搜索和多源搜索）对双元能力均有积极作用；第二，组织惯例能够促进企业双元能力的构建，常规惯例和柔性惯例对双元能力均有显著的积极作用；第三，创新搜索能够显著促进组织惯例的发展，聚焦搜索和多源搜索均能对常规惯例和柔性惯例的发展起到积极作用；第四，组织惯例对创新搜索与双元能力关系具有中介效应，呈现出"创新搜索—组织惯例—双元能力"的中介路径机制，组织惯例在创新搜索和双元能力之间存在传导作用，创新搜索形成的资源积累是组织惯例的基础（邓昕才等，2017）。

二、理论启示

第一，本研究不仅丰富了卡提拉和阿胡贾（Katila & Ahujia，2002）关于创新搜索维度和内容的研究，还拓展了逆向国际化企业创新搜索的理论研究。既有研究广泛认同技术与市场是其核心内容（王庆金等，2019），本研究根据逆向国际化企业对全球范围内不同知识源的利用程度和性质差异区分聚焦搜索和多源搜索两种创新搜索模式，为研究企业创新搜索提供了新的研究视角。第二，本研究从组织惯例角度，深入挖掘了逆向国际化企业创新搜索对双元能力的影响路径。近年来，虽然创新搜索和双元能力之间的关系开始受到关注（肖丁丁等，2017；奉小斌和周兰，2020a，2020b），但以往研究主要探讨创新搜索对双元能力的直接影响，关于创新搜索对双元能力的内在作用机理尚未得到明确解释和检验。本研究基于组织惯例视角，重视其作为知识储备的重要载体的价值，探究了逆向国际化企业创新搜索对双元能力的中介作用机理。

三、管理启示

本研究对于逆向国际化企业搜索外部知识和构建双元能力具有实践指导意义。首先，在动态竞争环境下，企业培育双轮驱动的创新能力，既要充分利用现有资源维持当前发展，也要不断探索更新能力应对未来变革。逆向国际化企业正确培育双元能力，可避免探索能力或开发能力失衡的后果，提高国内外动态环境的适应性和反应灵活性，为我国外向型企业在国内外市场中稳步发展提供借鉴。其次，逆向国际化企业在选择搜索策略时应统筹兼顾外部环境和内部资源条件，合理运用知识源聚焦或多源搜索策略来获取异质性知识，满足双元能力提升的需求。具体而言，企业可以通过多源搜索获得创新资源和机会，加强对外部知识的了解，提升企业对外部知识的探索能力，提升双元能力；企业亦可以通过聚焦搜索对企业外特定知识源进行搜索，聚焦该类知识将其转化为内部动力，抓住核心市场业务，从而提升企业双元能力。不仅如此，创新搜索通过组织惯例这一中介作用对双元能力产生影响，企业在通过创新搜索提升双元能力时，不仅可以观察双元能力的构建程度，也可以观察组织惯例的变化，牢牢把握双元能力的构建过程，以便掌握详尽的情况来应对各种困难，尤其在逆向国际化的背景下，双元能力的构建尤为重要。最后，企业应该重视组织惯例在企业发展中的作用，组织惯例是企业中不断被重复的动作，是指导组织行为的关键力量，直接影响企业的创新水平，不论是常规惯例还是柔性惯例对企业双元能力的构建产生重要作用。企业有必要利用组织惯例的协调控制、决策辅助、知识整合等作用提升企业双元能力，最大限度地发挥组织惯例的积极功效。

四、研究局限与展望

本研究也存在一些不足之处，主要包括以下两个方面。

第一，样本数据具有一定的局限性。从本次调研结果可知，被调查者有相当一部分为中层管理者，他们对于企业战略层面的安排可能并不是十分清楚，部分回答内容容易模棱两可，在对指标进行评分时与实际情况存在偏差。为了对这一点进行改进，未来将主要对企业高层管理者开展调研，确保能够获取到更多真实可靠的数据。

第二，本研究使用的是横截面数据，而逆向国际化企业的发展和惯例更新是一个动态变化过程，未来的研究应更多采用时间序列方法，收集和分析不同时间点的相关变量数据，进而更准确地论述逆向国际化企业创新搜索对双元能力的动态影响。

第五章 决策理性视角下逆向国际化企业创新搜索平衡对双元能力的影响

第一节 研究目的与问题提出

全球化竞争背景下,企业如何构建组织双元能力以维持当前生存和延续未来发展成为核心议题(芮正云和罗瑾琏,2016)。然而,随着欧美发达国家的制造业回归和贸易保护主义抬头,以及发展中国家低成本制造的竞争加剧,锁定在全球价值链底端的制造企业存续面临挑战。为了突破外向代工抑或国内拓展的两难抉择,我国外向型企业纷纷通过逆向国际化实现战略转型,即在参与国际分工的同时主动构建国内价值链,谋求功能和链条升级(Chin et al.,2015)。虽然双重网络嵌入具有资源多样性和情境依赖性,但大部分逆向国际化企业由于忽视国内外网络的均衡发展,导致其缺乏兼顾探索与利用的双元能力(奉小斌和周兰,2020a,2020b)。基于网络嵌入视角,有研究发现本地和全球网络创新搜索均能够促进企业能力发展和绩效提升(Un & Rodríguez,2018),也有研究指出嵌入不同网络对企业绩效的作用存在差异,需进一步考察两种网络的平衡和交互作用(Patel et al.,2014)。那么,在构建组织双元能力的过程中,逆向国际化企业在双重网络搜索之间是否存在平衡效应?如果存在,其中的作用机理又是什么?

开放式创新理论指出,企业可以通过搜索外部知识突破资源瓶颈与提升创新能力(肖丁丁和朱桂龙,2016)。在劳尔森(Laursen,2016)等学者对创新搜索的单维构念和模式进行奠基性研究之后,学术界逐渐认同创新搜索是一个多维"伞形构念"(张晓棠和安立仁,2015)。尽管不同企业对外部知识源的搜索呈现差异化特征(Henttonen & Ritala,2013),尤其是逆向国际化企业创新搜索呈现双重网络嵌入与资源约束特征,但鲜有研究从搜索范围与知识源整合视角探讨企业的多维搜索策略。结合组织双元性理论,创新搜索活动逐渐从"权衡取舍"转向"兼顾平衡"(张晓棠和安立仁,2015),从单一维度的创新搜索难以全面考察双重网络对逆向国际化企业突破双元能力张力的影响。因此,有必要结合战略匹配的相关研究,探讨创新搜索不同维度的有效平衡对逆向国际化企业这一特殊组织双元能力的作用机制。除此之外,有学者注意到企业在逆向国际化过程中需借助效果推理(effectuation)应对环境不确定性,但却忽视了因果推理(causation)的重要作用(Yu et al.,2018),未能全面考虑企业在具体创新搜索活动中的决策情景。逆向国际化企业在战略转型过程中涉及不同决策理性的适配性,因果/效果两种决策理性之间的潜在协同作用研究尚处于早期阶段(Smolka et al.,2018),双元决策理性影响创新搜索结果的实证相对较少,且两种决策理性的作用机制的差异性以及二者间的整合效果仍需深入探究。

为此,本书在分析逆向国际化企业双重网络创新搜索模式的基础上,整合知识搜索、组织双元、决策理性等理论揭示创新搜索平衡对组织双元能力的影响,因果推理和效果推理及双元决策理性在上述关系中的权变作用,并以长三角、珠三角地区的逆向国际化企业样本数据实证检验理论模型与相关假设,最后对研究结果进行总结与讨论。本研究旨在指导逆向国际化企业在复杂的国内外竞争环境中理性地选择创新搜索策略,为企业基于科学的决策理性培育组织双元能力提供理论参考和实践启示。

第二节 研 究 假 设

一、创新搜索平衡与双元能力

创新搜索平衡策略较好契合了结构双元中的"空间分离"原理

(Smith & Tushman，2005)，企业既可以在国内外市场中通过聚焦搜索从熟知的业务领域内获益，又能借助多源搜索在新市场中追求创新知识或新应用，从而实现探索和开发能力的同步提升。一方面，聚焦某一类知识进行搜索能够帮助逆向国际化企业不断挖掘其国内外市场优势、增强知识认知模式、与外部构建强关系，进而通过联结双方共享、了解和利用现有知识基来提升开发能力 (胡畔和于渤，2017)。汉森 (Hansen，1999) 指出，强联结更有利于传递、了解和利用现有知识，能够促进开发式学习，聚焦搜索在某种程度上建立和特定知识源的强联结关系，促进开发能力的提升 (徐国军等，2018)。然而，由于存在边际收益递减规律，国内外持续聚焦一类知识的搜索和利用会引发知识组合创新效益的下降，导致企业陷入"核心刚性"和"能力陷阱" (Levinthal & March，1993)，阻碍新技术和新产品的探索，尤其是处在全球价值链低端锁定下的逆向国际化企业更难实现技术和市场的突破。

另一方面，创新搜索和组织学习理论指出企业需要在开放式环境中不断获取和学习知识，以此不断提升组织能力。多源搜索可获取国内外市场需求、技术前沿等动态信息，帮助企业突破现有知识基础、学习和掌握新技术，进而激发企业创新思维，持续增强探索能力 (张恒俊和杨皎平，2015)。从网络关系角度来说，广泛与多种知识源建立弱联结关系有利于企业获取新颖知识，进而为探索性学习创造机会 (Wang et al.，2018)。但是，注意力基础观强调企业的管理注意力是一种有限资源，而逆向国际化企业通过多源搜索获取过多的信息资源容易分散管理注意力，忽视对特定知识的深入了解和开发利用 (Levinthal & March，1993)。鉴于在不同地理范围采用单一搜索策略对促进双元能力是一把"双刃剑"，根据资源动态管理理论和资源互补理论，组织可以重构、组合和利用所获取差异性资源，通过对国内外聚焦和多源搜索所获得的知识进行匹配整合，发挥开发和探索能力之间互补效应以适应动态环境 (Ascani et al.，2020)。因此，逆向国际化企业通过特有的双重网络协同发展聚焦和多源搜索活动，在国内外差异搜索平衡的作用下带来资源利用和知识探索学习的双元优势，有利于构建组织双元能力。据此，提出以下假设：

假设 H1a：国内聚焦和国外多源搜索平衡对组织双元能力有正向影响。

假设 H1b：国内多源和国外聚焦搜索平衡对组织双元能力有正向影响。

二、因果推理的调节作用

遵循既定计划和明确路径的因果推理能够有效匹配聚焦搜索行为中利用能力的提升，而依附于多源搜索的探索能力却难以在此决策理性下充分发展，最终加大双元能力的失衡。首先，基于传统管理理论，因果推理帮助企业准确预测、把握市场环境以及制定战略规划（郭润萍，2016），较强的目标导向和系统的处理模式促进特定技术和市场知识的获取与整合，为企业深入了解和聚焦现有领域内知识的搜索以及开发利用奠定基础。其次，预期效用理论认为决策者为获取确定性的预期，通常显示出风险厌恶的特征。因此，基于避免意外原则，逆向国际化企业会尽量规避各种风险和突发事件，专注特定目标知识源的搜索，从而促进资源的有效利用和深度开发。但是，这可能导致企业错失潜在发展机会，并制约其探索和突破活动（Brettel et al.，2012）。再次，杜等（Dew et al.，2009）指出，通过因果推理决策者习惯在熟知的信息渠道中搜索，随时获取核心圈内的知识和信息，同时还会将外部的相关者视为竞争对手。企业进行竞争分析更有可能加强对市场的把控和预测，提高知识利用的成功率（Brinckmann et al.，2010），然而，这阻碍了企业联盟关系的构建，限制了多渠道获取异质性知识的搜索行为，不利于企业探索能力的提升。最后，莎拉瓦蒂（Sarasvathy，2001）认为在利益最大化的驱动下，因果决策者会更倾向选择、整合和配置最优资源执行组织相关战略过程。但受组织资源约束和注意力限制，企业难以分散更多的管理注意力对外界进行多样化和多层次的探索（Shepherd et al.，2017）。综上所述，因果推理能促进逆向国际化企业国内或国外聚焦搜索与开发能力的关系，但规避风险和利益最大化等决策原理对国内外多源搜索与探索能力的关系起到一定制约作用，不利于国内聚焦和国外多源搜索或国内多源和国外聚焦搜索平衡。据此，本研究提出以下假设：

假设 H2a：因果推理对国内聚焦和国外多源搜索平衡与组织双元能力的关系起到负向调节作用。

假设 H2b：因果推理对国内多源和国外聚焦搜索平衡与组织双元能力

的关系起到负向调节作用。

三、效果推理的调节作用

在国内外两种差异化搜索模式中，效果推理更适合多样化和不确定性高的多源搜索情形，利于探索能力的持续提升，但并不符合聚焦搜索行为下利用能力的发展实际，最终有碍组织双元能力构建，原因有以下四个方面：其一，效果推理强调手段导向原则，允许逆向国际化企业借助原有国际化经验以及资源积累不断探索和吸收新知识，并根据自身内部资源状况和外部实时情况不断尝试和调整，通过结果反馈和信息引导帮助企业逐步更新和迭代，激发企业尝试探索各种未知信息和知识（杨卓尔等，2016；胡海清等，2017）。其二，多源搜索为企业带来多样化创新机会的同时，引发创新过程的高度不确定性，而效果推理的柔性原则在将不确定性转为机遇的同时提升企业灵活性，不仅帮助企业把握未知机会，而且驱动企业不断探索新知识来发展战略多样性以适应环境动态变化（崔连广等，2017；Sarasvathy et al.，2014）。其三，与社会网络理论的观点相一致，效果推理强调借助战略联盟的协作关系扩充自身资源和手段，以此降低企业在发展过程中的不确定性，从而实现对未来结果的控制（Chandler et al.，2011）。基于资源基础观可知，逆向国际化企业通过构建多渠道关系的战略合作关系是其实现资源互补和技术突破的重要途径（Katila & Ahuja，2002）。然而，这种思维逻辑与专注特定类型知识源合作者以及得到稳定产出的聚焦搜索假定相背离。其四，可承受损失原则有助于企业根据自身风险承受能力来采取控制行动，减少知识搜索计划的时间消耗。然而，在不确定性较低的聚焦搜索情境下，企业采取风险控制行动可能浪费有限资源（Katila & Ahuja，2002）。综上所述，效果推理原理促进企业加大多源搜索力度而导致国内外搜索失衡，外部多样化新知识转化为能力的过程中受惯性影响会激发探索能力提升，因而效果推理通过间接影响创新搜索失衡给组织双元能力带来消极影响。据此，本研究提出以下假设：

假设 H3a：效果推理对国内聚焦和国外多源搜索平衡与组织双元能力的关系起到负向调节作用。

假设 H3b：效果推理对国内多源和国外聚焦搜索平衡与组织双元能力的关系起到负向调节作用。

四、双元决策理性的调节作用

因果和效果推理的整合有助于增强国内外两个市场的差异搜索策略对组织双元能力的影响。首先，效果推理强调利用既有手段创造可能性的结果（崔连广等，2017），但是会导致组织长远发展的方向和结果并不清晰，难免影响组织双元能力的构建。由目标管理理论可知，因果推理的优势在于找到现有资源的最佳价值（Sharma & Salvato，2011），计划作为指导方针为逆向国际化企业提供了核心业务的发展方向，加深了聚焦领域内的机会识别和开发倾向（Fisher，2012）。其次，遵循因果推理的逆向国际化企业为求稳定发展会主动避免外界突发事件，这不仅可能导致企业拒绝探索和尝试而错失新的发展机会，还会因为组织路径依赖而致使国外市场的持续锁定和升级受阻（Brettel et al.，2012）。然而，根据战略柔性的观点，柔性原则使得企业通过内外部资源的整合积极应对环境偶然事件（杨卓尔等，2016），在一定程度上为其持续多源搜索潜在机遇奠定了基础，帮助企业突破发展桎梏。再次，效果推理的战略联盟原则虽然能够激发企业不断扩大搜索渠道与资源边界来增加探索机会，并且擅长在多个利益相关者之间分散风险（Sarasvathy，2001）。但由于决策的目标性不强，企业可能在不断探求多渠道合作中时寻找新的发展机会（Guo et al.，2015），容易忽视企业对特定知识源的深度利用。在此情境下，因果推理不仅能够助力企业通过聚焦搜索获得稳定效益，还可以通过市场竞争分析帮助企业从国内外海量的信息资源中甄选更有价值的合作者，为其开发特定新知识提供决策依据（Reymen，2015）。最后，因果决策依赖于企业是否拥有稳定且可预测的未来，能否选择合适的手段达到利益最大化的目标（Yang & Gabrielsson，2017）。然而逆向国际化企业多方拓展国内外市场面临着不确定性环境，预期回报可能难以在复杂变动的条件下实现（Villani et al.，2018）。基于此，效果决策能够控制搜索过程以及兼顾过程中可承受的风险，将现有的资源全都投入到组织目标实现中，就能够在考虑企业增长潜力空间的基础上有效避免损失和风险（Smolka et al.，2018）。

综上所述，两种决策理性的整合不仅帮助企业多渠道搜索保持灵活性探索，而且有利于兼顾特定领域内业务的稳定性开发，促进组织双元能力得到稳步发展。据此，本研究提出以下假设：

假设 H4a：双元决策理性对国内聚焦和国外多源搜索平衡与组织双元能力的关系起到正向调节作用，即因果和效果推理整合性越高，企业国内聚焦和国外多源搜索平衡与组织双元能力的正向关系越强。

假设 H4b：双元决策理性对国内多源和国外聚焦搜索平衡与组织双元能力的关系起到正向调节作用，即因果和效果推理整合性越高，企业国内多源和国外聚焦搜索平衡与组织双元能力的正向关系越强。

综合上述理论分析和假设提出，总结出本研究的概念模型如图 5 - 1 所示：

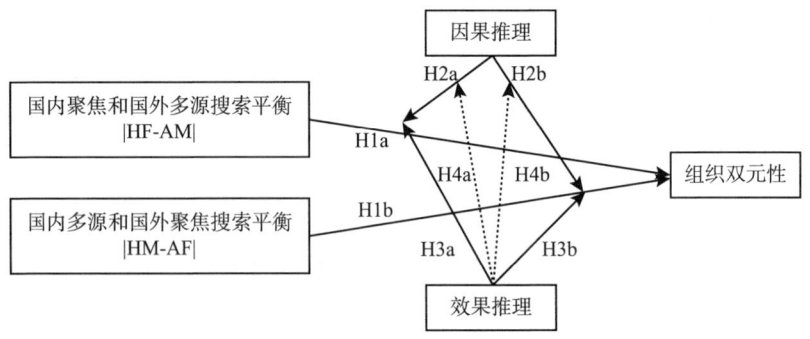

图 5 - 1　本研究的概念模型

第三节　研 究 方 法

一、研究样本与数据采集

本研究运用实证方法对创新搜索平衡与组织双元能力关系及决策理性的调节作用进行分析。鉴于研究对象是企业层面，所涉及的国内聚焦搜索与国外多源搜索平衡、国内多源搜索与国外聚焦搜索平衡、因果/效果推理和组织双元能力难以从公开资料获取，因此采用问卷调查方法收集研究数据。

　　本研究以逆向国际化企业为研究对象探究其创新搜索行为，因此根据从商务局等政府部门获取的外向型企业目录等，通过设置问项"近3年是否有从国际市场转回国内发展的经历，且业务领域涉及国内外两个市场"来甄选样本企业，确保被调查企业具备逆向国际化企业双重网络嵌入的基本特征。本次问卷调研集中在逆向国际化现象突出的沿海区域，如上海、广东、浙江和江苏等省市20余个城市，填写对象主要是企业的中高层管理者。借助调研地区的管理咨询协会、MBA培训等机会，课题组通过电子邮件、走访等方式共计发放问卷500份，剔除填写不完整、规律性强等无效问卷后最终获得有效问卷245份，有效率达49.00%。样本统计结果如表5-1所示：

表5-1　　　　　　　　　　　　　样本统计分析

企业特性	类别	数量	占比（%）
地区	上海	79	32.25
	广东	74	30.20
	浙江	34	13.88
	江苏	58	23.67
员工人数	小于300人	72	29.39
	301~500人	47	19.18
	501~1 000人	50	20.41
	1 001~2 000人	37	15.10
	大于2 000人	39	15.92
国际化经验	小于5年	11	4.49
	5~10年	54	22.04
	大于10年	180	73.47
企业属性	高新技术企业	148	60.41
	非高新技术企业	97	39.59

续表

企业特性	类别	数量	占比（%）
行业类型	通信设备、计算机及电子设备制造企业	63	25.72
	电器机械及器材制造	48	19.59
	通用、专用设备制造	36	14.69
	家具、家电及文体制造	24	9.80
	其他	74	30.20
研发投入	小于2%	114	46.53
	2%~3%	91	37.14
	大于3%	40	16.33

二、变量测量

1. 自变量。本研究聚焦于不同知识源的创新搜索行为，因此借鉴劳尔森和索尔特（Laursen & Salter，2006）等的研究，将知识源按照种类划分为四大类（16种）：市场型（供应商、客户、竞争对手、咨询顾问）、科学型（大学和科研院所、政府研发机构、公共研发部门、私有研发机构、商业实验室）、中介型（专业会议、商会、行业期刊和数据库、展销会）、通用型（技术标准、健康安全法规、环保标准）。同时，为了避免趋中效应，对国内（home）和国外（abroad）各自的16个问项均采用6分制的Likert量表进行打分（1为"没有利用"，6为"高度利用"）。最后借鉴郭等（Guo et al.，2015）对创新搜索的测量公式，分别计算聚焦搜索（focused search）和多源搜索（multi-focus search）：

$$Focused\ search = \frac{\sum_j IMP_j}{16 \times 6} \qquad\qquad j = 1，\cdots，16$$

$$Multi\text{-}focus\ search = 1 - \sum_j \left\{ \frac{IMP_j}{\sum_j IMP_j} \right\}^2 \qquad\qquad j = 1，\cdots，16$$

其中，j代表四大类（16种）知识源的某一种，IMP表示对某类知识源的利用程度，取值范围是1~6。借鉴吴航和陈劲（2018）等对搜索平

衡的计算方法，两种创新搜索（国内聚焦和国外多源搜索平衡｜$HF - AM$｜、国内多源和国外聚焦搜索平衡｜$HM - AF$｜）平衡的程度分别用 $1 - |HF - AM|$ 与 $1 - |HM - AF|$ 衡量，值越大代表平衡程度越大，反之平衡程度越小。

2. 因变量。组织双元能力主要通过测量探索和开发能力来表征，借鉴何和翁（He & Wong，2004）的测量方法，用"引进新产品/服务""增加新产品/服务的范围""开拓新市场领域""进入新的技术领域"四个指标测量探索能力；用"改进现有产品/服务的质量""提高当前产品/服务的灵活性""降低产品/服务的生产成本""提高现有产品的产量或减少物料消耗"四个指标测量开发能力。组织双元能力作为管理探索和开发的一种综合能力，其计算方法主要有两种：其一，使用探索能力和开发能力的绝对差值测量组织双元能力的平衡程度（He & Wong，2004）；其二，通过计算探索能力和开发能力的乘积衡量二者的组合效果（Cao et al.，2009）。为了更全面地诠释组织双元能力，本研究采用两种方法验证组织双元能力（整体双元能力和组合双元能力）。

3. 调节变量。借鉴钱德勒等（Chandler et al.，2011）和郭润萍（2016）的测量方法，首先，将效果推理（effectuation，E）分为四个指标（试验、可承受损失、柔性、先前承诺）来测量，其中用 3 个题项测量试验（experimentation）维度，用 3 个题项维度测量可承受损失（affordable loss）维度，用 4 个题项测量柔性（flexibility）维度，用 2 个题项维度测量先前承诺（pre-commitments），将以上各维度取均值代表效果决策逻辑；其次，通过 7 个题项直接测量和取均值测量因果推理（causation，C）；最后，对因果和效果推理分别进行中心化处理，参考斯莫卡等（Smolka et al.，2018）用二者乘积即代表因果和效果决策的整合（EC）。

4. 控制变量。以往研究表明，企业规模（size）、国际化经验（experience）、企业类型（industry）和研发强度（R&D）等因素影响企业创新（He & Wong，2004；吴航和陈劲，2018），为此将这些因素纳入控制变量加以处理。企业规模（size）：企业由于规模大小不同，可能在资源利用和经营特点上有所差异，进而对战略选择和能力发展有影响（Katila & Ahuja，2002；Simsek et al.，2009），因此需要对企业规模进行控制，测量方法是通过对企业员工数量取对数。国际化经验（experience）：对于逆向国际化企业而言，原有国际市场的经验代表了企业的发展状态，原有的国际化基础可能影响企业在国内外的知识搜索行为以及自身能力的提升，因而本研究对国际化经验进行控制，通过对企业国际化经营年限取对数进行测量。企业类型（industry）：不同性质的企业可能对双元能力提升的要求和标准不同，由此会选择不同的搜索策略，本研究通过设置哑变量 0（非高新技术企业）和 1（高新技术企业）来加以衡量和控制。研发强度（R&D）：不同的研发投入意味着企业对新技术和新市场进行开发和探索的程度，影响企业战略实施的效果（He & Wong，2004），本研究用研发投入与总销售收入的比值测量研发强度。

三、信效度检验

鉴于本研究的自变量（$|HF-AM|$、$|HM-AF|$）是借助公式计算所得，其信度和效度无须再做检验。本研究通过 SPSS25.0 对调节变量（因果推理和效果推理）和因变量（探索能力和开发能力）进行信效度检验，得出如表 5-2 所示的结果，表 5-2 中各变量的 Cronbach's α 系数均在 0.70 以上，说明问卷量表具有较好的内部一致性信度。在借鉴成熟量表的基础上设计问卷变量题项，保证题目清晰无歧义，进而对各变量题项进行因子分析，结果显示 27 个题项共提取 7 个因子，其中从效果推理的 12 个题项提取出四个因子：实验（experimentation，EX）、可承受损失（affordable loss，AL）、柔性（flexibility，FL）、先前承诺（pre-commitment，PC），载荷范围为 0.708 ~ 0.865；因果推理的 7 个题项为一个因子，载荷范围为 0.701 ~ 0.850；探索能力的 4 个题项为一个因子，载荷范围为 0.812 ~ 0.880；开发能力的 4 个题项为一个因子，载荷范围为 0.788 ~ 0.882。由此可知，各因子载荷荷均大于 0.70，说明量表的聚合效度较好。各变量的 AVE 和 CR 值也分别满足高于 0.5 和 0.8 的要求，说明各变量具有较好的结构效度。

表 5 - 2　　　　　　　　　　变量的信度和效度检验结果

变量		题项	载荷	α 系数	KMO 值	AVE	CR
因果推理		C1 企业分析并选择能带来最大收益的未来发展机会	0.757	0.874	0.846	0.542	0.891
		C2 企业为最大限度地利用资源和能力制定发展战略	0.850				
		C3 企业设计并计划业务发展战略	0.749				
		C4 企业为确保目标实现，对过程实施控制	0.741				
		C5 企业对目标市场进行的研究，并做了竞争分析	0.701				
		C6 企业对于要达到的目标有清晰且一致的愿景	0.811				
		C7 企业设计并计划生产和销售工作	0.771				
效果推理	EX	E1 企业试验了不同的产品和商业模式	0.834	0.887	0.894	0.528	0.816
		E2 企业现有产品和服务与最初想法相差较大	0.811				
		E3 找到行之有效的商业模式之前，尝试了很多方法	0.768				
	AL	E4 谨慎投资确保不超过企业所能承受的资源损失	0.865				
		E5 企业不会冒险投资而超过最初设想的损失	0.746				
		E6 企业避免冒险投入过多资金，防止陷入财务危机	0.708				
	FL	E7 企业利用新出现的机会去调整自身业务	0.813				
		E8 企业根据现有资源决定业务发展	0.726				
		E9 企业灵活应对和利用新出现的机会	0.765				
		E10 企业不采取可能限制灵活性和适应性的行为	0.773				
	PC	E11 企业为了降低不确定性，与顾客、供应商以及其他机构和个人建立大量的合作关系	0.851				
		E12 企业经常利用顾客和供应商预先给予的支持	0.782				

续表

变量	题项	载荷	α系数	KMO值	AVE	CR
探索能力	A1 企业引进新产品/服务的能力	0.812	0.869	0.827	0.629	0.871
	A2 企业扩大新产品范围的能力	0.880				
	A3 企业打开新市场的能力	0.844				
	A4 企业进入新的技术领域的能力	0.828				
开发能力	A5 企业改进现有产品/服务的质量的能力	0.847	0.869	0.802	0.619	0.865
	A6 企业提高当前产品的灵活性的能力	0.882				
	A7 企业降低现有产品/服务的成本的能力	0.857				
	A8 企业提高产量或者减少材料消耗的能力	0.788				

验证性因子分析结果如表 5 – 3 所示。与其他三组模型相比，四因子的模型拟合效果更好（$\chi^2/df = 1.184$；GFI = 0.901；TLI = 0.979；CFI = 0.982，RMSEA = 0.027），表明效果/因果推理和探索/开发能力四个变量之间具有较好的区分效度。

表 5 – 3 验证性因子分析结果

模型	χ^2/df	GFI	TLI	CFI	RMSEA
四因子模型	1.184	0.901	0.979	0.982	0.027
三因子模型	4.858	0.599	0.558	0.596	0.126
双因子模型	6.293	0.540	0.393	0.442	0.147
单因子模型	7.726	0.491	0.229	0.288	0.166

注：单因子模型为效果决策 + 因果决策 + 探索能力 + 开发能力；双因子模型为效果决策 + 因果决策、探索能力 + 开发能力；三因子模型为效果决策 + 因果决策、探索能力、开发能力；四因子模型为效果决策、因果决策、探索能力、开发能力。

第四节 研究结果与分析

一、描述性统计与相关性分析

各变量的均值、标准差以及变量间的相关系数如表 5 - 4 和表 5 - 5 所示，可以发现各变量之间的相关性系数均在合理范围之内，说明各变量之间并不存在明显的多重共线性。此外，国内/外多源搜索对探索能力以及国外聚焦搜索对开发能力的促进作用得到初步显示，下面需进一步借助回归分析来验证本研究的相关假设。

表 5 - 4 　　　　　　　　变量描述性统计分析结果

变量	均值	标准差	1	2	3	4	5
1. Size	6.318	0.990	1				
2. Experience	2.776	0.637	0.411 **	1			
3. Industry	0.620	0.485	0.090	- 0.040	1		
4. R&D	2.291	1.066	0.083	- 0.007	- 0.011	1	
5. HF	0.412	0.193	- 0.044	0.052	0.036	0.058	1
6. HM	0.925	0.007	- 0.046	0.007	- 0.073	0.089	0.358 **
7. AF	0.381	0.195	- 0.174 **	- 0.073	0.033	0.032	0.056
8. AM	0.925	0.008	- 0.087	- 0.089	0.039	0.037	0.018
9. Effectuation	4.334	0.790	0.090	- 0.001	- 0.017	- 0.012	- 0.087
10. Causation	4.285	1.014	0.002	0.085	- 0.011	- 0.048	0.019
11. Explore	4.477	0.924	- 0.004	- 0.052	0.140 *	0.187 **	0.036
12. Exploit	4.238	0.945	- 0.012	0.016	0.173 **	- 0.001	0.183 **

注：N = 245；＊p < 0.05；＊＊p < 0.01（双侧检验）；省略控制变量。

表 5 – 5 变量描述性统计及其相关矩阵

变量	均值	标准差	6	7	8	9	10	11
6. *HM*	0.925	0.007	1					
7. *AF*	0.381	0.195	0.038	1				
8. *AM*	0.925	0.008	– 0.001	0.252 **	1			
9. *Effectuation*	4.334	0.790	0.007	0.038	– 0.008	1		
10. *Causation*	4.285	1.014	– 0.034	0.022	– 0.025	0.097	1	
11. *Explore*	4.477	0.924	0.158 *	0.096	0.163 *	0.129 *	0.038	1
12. *Exploit*	4.238	0.945	0.012	0.165 **	0.090	– 0.021	0.135 *	0.139 *

注：N = 245；＊p < 0.05；＊＊p < 0.01（双侧检验）；省略控制变量。

二、回归分析与假设检验

本研究采用层级回归分析检验假设，如表 5 – 6 所示。为了降低变量之间的共线性，首先对自变量、调节变量以及因变量中的双元能力进行中心化处理，而且对数据进行回归分析的同时也进行了共线性的诊断，各回归模型的方差膨胀因子 VIF 均小于 2，表明本研究数据的共线性程度较弱。此外，为保证研究的稳健性，本研究从整体双元和组合双元两个维度考察组织双元能力。表 5 – 6 中模型 1 和模型 6 是基础模型，模型 2 和模型 7 分别是在模型 1 和模型 6 的基础上添加调节变量和自变量，模型 3 和模型 8 则是分别在模型 2 和模型 7 基础上加入效果决策和各搜索平衡的交互项，模型 4 和模型 9 则是加上因果决策与各搜索平衡的交互项，模型 5 和模型 10 则是将所有决策理性和搜索平衡的交互项以及效果和因果决策的联合调节作用纳入研究模型。

表5-6 假设检验结果

变量	整体双元能力					组合双元能力				
	模型1	模型2	模型3	模型4	模型5	模型6	模型7	模型8	模型9	模型10
1. $Size$	-0.042	-0.008	0.048	0.041	0.041	-0.039	-0.003	0.054	0.047	0.046
2. $Experience$	0.003	-0.017	-0.069	-0.048	-0.084	0.010	-0.009	-0.062	-0.040	-0.073
3. $Industry$	0.213**	0.202**	0.150*	0.152**	0.141*	0.211**	0.200**	0.146*	0.149**	0.138*
4. $R\&D$	0.128*	0.119	0.121*	0.131*	0.126*	0.126*	0.116	0.118*	0.128*	0.124*
5. $Effectuation$		0.070	0.077	0.077	0.074		0.060	0.067	0.068	0.064
6. $Causation$		0.113	0.114	0.107	0.104		0.099	0.100	0.093	0.089
7. $\|HF-AM\|$		0.126*	0.154**	0.157**	0.165**		0.131*	0.160**	0.164**	0.172**
8. $\|HM-AF\|$		0.148*	0.181**	0.167**	0.183**		0.150*	0.184**	0.170**	0.184**
9. $\|HF-AM\|*E$			-0.344***	-0.332***	-0.341***			-0.343***	-0.330***	-0.339***
10. $\|HM-AF\|*E$			-0.204***	-0.211***	-0.185**			-0.213***	-0.221***	-0.195**
11. $\|HF-AM\|*C$				-0.144*	-0.143*				-0.149*	-0.150*
12. $\|HM-AF\|*C$				-0.122*	-0.132*				-0.118*	-0.127*
13. $\|HF-AM\|*EC$					0.113*					0.096
14. $\|HM-AF\|*EC$					0.142*					0.134*
R^2	0.060	0.118	0.262	0.302	0.331	0.059	0.114	0.261	0.302	0.326
ΔR^2	0.060	0.058	0.144	0.040	0.029	0.059	0.055	0.147	0.041	0.024
F值	3.845**	3.938***	8.304***	8.363***	8.135***	3.744**	3.781***	8.254***	8.348***	7.932***

注：$N=245$；* $p<0.05$；** $p<0.01$；*** $p<0.001$（双测检验）。

（1）主效应

表5-6中模型2和模型7用于检验主效应关系，其中国内聚焦和国外多源搜索平衡（｜HF-AM｜）不仅对整体双元能力有显著的正向影响（β=0.126，p<0.05），而且对组合双元能力也呈现正向显著关系（β=0.131，p<0.05），因此假设1a得到验证，即企业采用国内聚焦和国外多源搜索平衡模式有利于组织双元能力的发展。同理，国内多源搜索和国外聚焦搜索平衡（｜HM-AF｜）对整体双元能力的系数为正且显著（β=0.148，p<0.05），对组合双元能力的系数也为正且显著（$β_2$=0.150，p<0.05），因此假设1b得到验证，即国内多源和国外聚焦搜索平衡（｜HM-AF｜）对组织双元能力有正向影响。

（2）调节效应

首先，从模型3和模型8中可知，当加入"搜索平衡×效果推理"的交互项之后，其中国内聚焦和国外多源搜索平衡（｜HF-AM｜）与决策理性的乘积项对整体双元能力的回归系数为负且显著（β=-0.344，p<0.001），对组合双元能力的回归系数为负且显著（β=-0.343，p<0.001），说明假设3a得到验证，效果推理对国内聚焦和国外多源搜索平衡（｜HF-AM｜）与组织双元能力的关系起到负向调节作用。同理，在整体双元能力的影响结果中，国内多源搜索和国外聚焦搜索平衡（｜HM-AF｜）与决策理性的交互项系数均为负（β=-0.204，p<0.001），且组合双元能力的影响结果类似（β=-0.213，p<0.001），即假设3b成立，效果推理对国内多源和国外聚焦搜索平衡（｜HM-AF｜）与组织双元能力的关系起到负向调节作用。

其次，模型4和模型9的两组双元能力检验结果中，因果推理与国内聚焦和国外多源搜索平衡（｜HF-AM｜）的交互项系数均为负，且关系显著（整体双元能力：β=-0.144，p<0.05；组合双元能力：β=-0.149，p<0.05），表明研究假设2a得到验证，因果推理对国内聚焦和国外多源搜索平衡（｜HF-AM｜）与组织双元能力的关系起到负向调节作用。同理，因果推理与国内多源和国外聚焦搜索平衡（｜HM-AF｜）的交互项对两类双元能力的影响系数均为负且显著（整体双元能力：β=-0.122，p<0.05；组合双元能力：β=-0.118，p<0.05），因此，假设2b成立，因果推理

对国内多源和国外聚焦搜索平衡（│HM－AF│）与组织双元能力的关系起到负向调节作用。

　　最后，模型5和模型10的检验结果显示，双元决策理性与国内聚焦和国外多源搜索平衡（│HF－AM│）的交互项对整体双元能力的系数为β＝0.113，且达到显著水平（p＜0.05）。而在组合双元能力的检验结果显示，两者之间交互项系数却不显著（β＝0.096，p＞0.05），因此，针对H4a的假设"双元决策理性对国内聚焦和国外多源搜索平衡（│HF－AM│）与组织双元能力的关系起到正向调节作用"并未得到全部验证。在双元决策理性与│HM－AF│搜索平衡的交互项对两组双元能力的影响关系中，整体双元能力和组合双元能力的影响结果显示，二者交互系数均为正且显著（β＝0.142，p＜0.05）（β＝0.134，p＜0.05），因此，假设H4b得以验证，双元决策理性对国内多源和国外聚焦搜索平衡（│HM－AF│）与组织双元能力的关系起到正向调节作用。

第五节　研　究　小　结

　　本研究以245家逆向国际化企业作为研究对象，探索双重网络下不同的创新搜索平衡对组织双元能力的影响，以及管理者不同的决策理性在其中的调节效应，实证得到如下结果：第一，逆向国际化企业国内聚焦与国外多源搜索平衡、国内多源与国外聚焦搜索平衡均能够为探索和开发能力提供均衡发展的基础，提升组织双元能力。本研究实证结果证实了在国内外网络中，企业主要通过"聚焦搜索→开发能力""多源搜索→探索能力"及"国内外创新搜索平衡→组织双元能力"三条路径促进双元能力。第二，本研究验证了因果和效果推理对国内外搜索平衡与组织双元能力的关系均有负向调节作用。一方面，本研究发现因果推理并不适用多源搜索下的高成本和高不确定性，仅能促进聚焦搜索过程的渐进性和稳定性，因而单一因果理性会加剧组织双元能力的背离。另一方面，效果推理虽然为不可预测情境下逆向国际化企业创新搜索提供了较好的决策方法，能够匹配多源搜索的联盟性和突破性，但并不适合稳定情形下的聚焦搜索，这验证了蔡等（Cai et al.，2017）的研究结果。第三，实证结果发现双元决策理性增强国内多源和国外聚焦搜索平衡与整体/组合双元能力的关系，但仅对国内聚焦和国外多源搜索平衡与整体双元能力关系的正向调节作用得到验证。对于假设 H4b 未能完全验证，可能是逆向国际化企业大部分处于国内市场持续扩张和国外市场逐步缩减的阶段，而整合国内外知识源开展搜索可能导致矛盾结果，如因果推理从识别机会开展搜索而效果推理聚焦利用手头资源拼凑（Crick et al.，2020），两种决策推理竞争企业有限资源、注意力和时间，制约了利用和探索能力的协同效用发挥。

本研究的理论贡献主要有三点：首先，本研究整合双重网络嵌入与创新搜索理论，不仅从知识网络空间和知识源利用程度两个维度解构了多维创新搜索的概念，而且结合地理均衡与搜索策略匹配探索出逆向国际化企业创新搜索平衡模式，将创新搜索从搜索空间、搜索内容等拓展到多维搜索领域，为探究多维创新搜索策略及其平衡机理奠定了基础。其次，本研究将组织双元能力的前置因素从组织结构、情景、领导等延伸到网络层面的创新搜索范畴，探讨双重网络嵌入下不同搜索匹配模式对构建整体/组合双元能力的影响，这不仅突破了单一网络层次搜索研究中的开发/探索能力失衡局限，而且较好地链接了多维创新搜索与组织双元性理论，为构建组织双元能力提供了新的研究视角。最后，本研究从双元决策理性整合视角，探索逆向国际化企业的国内外搜索平衡模式对组织双元能力的权变影响，不仅验证了"效果推理适用于动态环境，因果推理适用于稳定环境"（Chandler et al.，2011），而且拓展了莱恩和加尔金娜（Laine & Galkina，2017）的双元决策理性共存观点，并推动双元决策理性研究向更深层次发展。

本研究具有以下管理启示：首先，逆向国际化企业应在国内外网络中科学地选择创新搜索策略，以均衡发展和提升组织双元能力。由于市场空间以及搜索策略差异对企业资源获取、能力发展和转型升级存在不同程度的影响，企业需要在国内外市场业务并行的前提下权衡利用互补性创新搜索策略，同步实现资源利用和知识探索的双重收益。其次，面对复杂多变的国内外环境，企业应避免利用单一的决策理性来整合双重网络中的知识源。企业既要利用因果推理促进聚焦搜索带来稳定性的知识开发，增加对发展方向清晰的认知以及获得最大化收益，又要借助效果推理拓展合作渠道和整合创新资源，不断提升对外部知识的探索能力。最后，逆向国际化企业在追求稳定发展的同时也要保持对环境的动态适应性，合理整合利用双元决策理性促进组织双元能力。由于两种决策理性的作用原理和适应情境迥异，权衡利用双元决策理性能够帮助企业获得多样化知识和避免陷入决策极端，促进企业运用差异化搜索策略提升组织双元能力。

　　本研究存在三方面局限：首先，本研究虽对逆向国际化企业采取不同维度的搜索匹配策略展开实证研究，但却未能精确分析出其国内外差异化搜索平衡的最佳平衡点，未来研究可以通过构建数理模型模拟出最佳的平衡点。其次，本研究虽意识到逆向国际化企业在其发展过程中存在资源和决策情景的差异，但是外向型企业在逆向国际化过程中所处的阶段不同可能会影响其搜索平衡模式的选择，也可能适配不同的决策理性。未来可结合案例研究或系统动力学仿真，探究其在逆向国际化不同阶段中所采取的搜索模式和决策理性对组织双元能力的影响。最后，本研究采用横截面数据进行实证分析可能限制了研究结论的普适性，未来研究可借助纵向数据验证创新搜索平衡与组织双元能力之间的关系。

第六章　创新搜索与决策理性的匹配对组织双元能力的影响

——基于逆向国际化企业的多案例研究

第一节　研究目的与问题提出

近年来，中国政府出台诸多政策大力推动外向型企业转型，然而受到发达国家贸易保护和发展中国家低成本竞争的双重挤压，大部分企业正面临如何平衡当前生存与未来发展的组织双元性困境。愈来愈多的企业选择逆向国际化战略寻求升级，即在参与全球价值链分工的同时，通过构建国内价值链来突破低端锁定（Gnizy & Shoham，2018）。相较于全球价值链上的旗舰企业，中国逆向国际化企业普遍存在着技术与市场双重劣势（黄昊等，2019），尽管创新搜索能够在一定程度上缓解企业内部的知识资源匮乏，许多企业长期紧跟国际伙伴搜索并未能走出"模仿—追随—落后"的双元能力失衡怪圈（吴航和陈劲，2016）。究其原因是，逆向国际化企业创新搜索对组织双元能力的作用可能受到管理者决策逻辑的影响（Crick et al.，2020），在复杂环境下企业如何权衡代工业务的目的导向和自主创牌过程的手段导向直接影响组织双元能力。为此，从决策理性视角研究逆向国际化企业如何选择与之匹配的创新搜索策略来构建组织双元能力，对破解其创新能力失衡的困境具有重要意义。

创新搜索作为企业获取外部知识与提升能力的重要方式，搜索边界（Rosenkopf & Nerkar，2001）、搜索维度（Katila & Ahuja，2002）、作用机制（Snihur & Wiklund，2019）等内容受到国内外学者的持续关注，并且研究的核心内容聚焦在如何搜寻、获取和利用外部知识源。企业进行创新搜索的外部知识源可归纳为市场类、科学类、中介类和通用类四大类型（Laursen & Salter，2006），这些知识源对逆向国际化企业创新的影响存在种类和性质上的差异，探讨企业如何在全球范围内聚焦利用知识源有助于拓展创新搜索模式。并且，逆向国际化企业经常面临代工和创牌、模仿和创新等组织双元情景，从单一搜索策略研究可能难以突破企业的开发/探索能力失衡，而整合双元搜索视角更有利于解释组织培育双元能力的动态作用机制。虽然创新搜索与组织双元能力之间的权变因素（如环境、竞争、资源等）受到关注（吴航和陈劲，2016），但是逆向国际化企业在战略转型过程中涉及复杂的决策情境，在国内外不同市场环境下其创新搜索活动可能适配不同的决策逻辑。如因果推理适应稳定的国际代工决策情境，而效果推理匹配模糊动态的国内自主创牌决策情境（Reymen et al.，2015），因而有必要分析这两种决策理性及二者间的匹配在上述关系中的匹配作用。然而，由于逆向国际化过程中企业面临的环境和目标是动态变化的，决策理性和创新搜索在企业不同发展阶段中的演化规律，及其对组织双元能力的影响作用等问题在实证研究中无法解答（Villani et al.，2018）。为此，本研究借助案例探索逆向国际化企业的创新搜索与决策理性的匹配关系对组织双元能力的影响，一方面能够深化创新搜索与双元能力之间的关系研究，另一方面有助于挖掘决策理性与创新搜索匹配的演化及其对组织双元能力的影响。

综上所述，本研究通过纵向多案例研究方法对四家逆向国际化企业进行比较分析，具体回答以下研究问题：逆向国际化企业采取不同的创新搜索策略如何影响组织双元能力？创新搜索与决策理性的匹配关系又会如何影响组织双元能力？这些匹配关系如何随企业发展而动态演进？本研究对逆向国际化企业创新搜索的"外在表象"与决策理性的"内在逻辑"匹配关系进行研究，对进一步推进创新搜索、组织双元能力以及决策理性的理论研究具有一定意义，有利于指导逆向国际化企业基于创新搜索和决策理性之间的匹配适应关系提升组织双元能力。

第二节 研 究 方 法

一、方法选择

本研究采用纵向多案例方法，主要出于以下几点考量：其一，本研究涉及的领域尚未形成确切的理论假设，参考艾森哈特（Eisenhardt，1989）等学者的建议，借助纵向多案例设计以时间顺序构建因果证据链，以呈现新的理论框架，并提炼出各变量间动态影响关系的理论假设，提高研究的内部效度；其二，殷（Yin，2014）认为案例研究方法能回答"怎么样"和"为什么"，借助该方法可为厘清创新搜索及其与决策理性的交互作用对组织双元能力的影响过程提供新视角；其三，多案例研究较之单案例研究具有信息多样性、重复验证性和跨案例对比性等优势，有利于更好地识别因果关系和匹配关系，因此能够有效提高探索性案例研究的信度和效度（吴晓波等，2019）。

二、样本选择

本研究选取了四家案例企业，主要选取标准有：（1）案例企业的典型性。研究选取的案例属于正在转型升级的逆向国际化企业，对知识和能力具有强烈需求，同时企业转型能否成功也与其管理者采取哪种决策逻辑密切相关；（2）行业特征的差异性。四家案例企业具有不同的行业特征，便于对比分析不同类型企业的创新搜索行为和双元能力实现机制；（3）外部环境的可比性。案例企业分布在外向型业务发展较多的沿海省份（浙江、广东等），以降低其他外部因素的差异化影响，实现不同案例之间的横向和纵向对比；（4）企业表现的差异性。选取的案例企业在创新搜索、决策理性和组织双元能力等方面的表现具有一定差异，以获取不同的组合类型和实现多重验证效果。综上所述，为保护企业的相关商业信息，本研究对案例企业均采用匿名编号方式进行描述，基本情况如表6-1所示。

表6-1　　　　　　　　　　案例企业的基本情况

项目	A家居企业	B叉车企业	C音响企业	D厨卫企业
创立时间	2007年	2000年	1997年	1992年
所在地	浙江嘉兴	浙江台州	广东广州	广东中山
逆向国际化开始时间	2010年	2007年	2009年	2001年
员工总数	约650人	约1 000人	约1 500人	约3 000人
年销售额	约8亿元	超10亿元	约24亿元	约30亿元
主营业务	主要产品有慢/高/防火海绵以及各款式床垫、枕头、坐垫、靠垫等海绵制品	主要产品为电动叉车，汽油/液化气叉车及柴油叉车等，以及零配件、整套的相关设备等	主要产品为扬声器（13类）、功率放大器（7类）及周边设备（8类）	主要产品为灶具、热水器、油烟机、消毒柜、蒸箱、烤箱等10余个品类
企业逆向国际化发展概况	起初为发达国家代工，进行贴牌生产，逐渐创建并推广自主品牌，国外市场重点销售区域在美洲、欧洲和日本等地区，国内市场主要分布在上海、哈尔滨、大连、昆明等城市，现仍呈现不断扩张趋势	从外贸经销到国内做自主品牌，产品远销美国、俄罗斯、巴西、越南、土耳其、阿根廷等30多个国家，在国内也已经建立遍及主要区域的地级市场营销网络和生产基地	初期，以海外出口产品为主，2009年后积极开拓国内市场，迄今国内市场基本做到全部覆盖，国外市场包括美国、加拿大、德国、法国、比利时、澳大利亚、俄罗斯等全球5大洲近60个国家	参与国际分工，而后逐渐进行国内经营和品牌构建，品牌知名度不断提升，目前产品领域在国内覆盖华东、华中、华南、西南以及华北地区，而且拥有欧洲、美国、日本等40多个国外市场

三、数据收集

本研究遵循殷（Yin，1989）等数据搜集建议，利用多种渠道（如二手数据、企业资料和半结构化访谈等）获取企业资料和信息进行交叉验证，确保研究数据的有效性。其中，二手数据资料主要包括公司财务报告（A 和 D 是已上市企业，B 和 C 是正在筹划上市的企业）、高新技术企业申报资料、卓越绩效评价报告（四家企业报告均由笔者所在团队现场调研完成）、企业所在行业分析报告等资料；企业资料主要利用企业授权的内部资料、会议记录、展会或网站宣传资料等，以此获得企业对外部知识搜索的情况以及自身在探索和开发方面的成果等信息。为获得更全面和准确的一手数据，研究团队在对企业资料和二手数据充分了解的基础上，对企业的高层管理者和职能中层干部等进行两轮半结构化访谈，共计 20 人次（见表 6 - 2）。

表 6 - 2　　　　　　　　　访谈对象的描述性统计分析

访谈企业	访谈对象	性别	访谈地点	访谈方式	访谈时间	访谈时长（分钟）
A 家居企业	董事长邓总	男	浙江嘉兴	现场访谈	2018.08	121
	研发总监田总	男	浙江嘉兴	现场访谈、电话访谈	2018.06 2018.12	208
	销售副总监李总	女	浙江嘉兴	现场访谈	2018.06	149
	电商部经理吴经理	男	浙江嘉兴	电话访谈	2018.12	68
	事业部副总李总	女	浙江嘉兴	现场访谈	2018.06	84
B 叉车企业	副董事长陈总	男	浙江台州	现场访谈	2018.06	105
	营销副总戴总	男	浙江台州	现场访谈	2018.06	215
	研发经理张经理	男	浙江台州	现场/电话访谈	2018.06 2018.12	186
	市场经理刘经理	男	浙江台州	现场/电话访谈	2018.06 2018.12	145
	采购经理李经理	女	浙江台州	电话访谈	2018.12	46
C 音响企业	总经理王总	男	广东广州	现场访谈	2018.07	75
	技术总监赵总	男	广东广州	现场访谈	2018.07	126
	销售部经理孙经理	男	广东广州	现场/电话访谈	2018.07 2018.12	182
	外贸部副经理吴经理	女	广东广州	现场访谈	2018.07	86
	产品部经理	男	广东广州	现场访谈	2018.07	118

续表

访谈企业	访谈对象	性别	访谈地点	访谈方式	访谈时间	访谈时长（分钟）
D 厨卫企业	董事黄总	男	广东中山	现场访谈	2018.07	92
	技术部经理谢经理	男	广东中山	现场/电话访谈	2018.08 2018.12	180
	营销部经理刘经理	男	广东中山	现场访谈	2018.08	173
	市场部副经理蔡经理	女	广东中山	现场/电话访谈	2018.08 2018.12	243
	品牌中心经理曹经理	女	广东中山	现场访谈	2018.08	96

第一次访谈的时间开始于 2018 年 6 月，问题包括企业逆向国际化的基本情况、发展历程，企业对外部知识信息的获取渠道、知识开发或探索效果，高层管理者在制定发展战略或决策时的想法以及企业产品、市场和技术等情况。访谈完每个企业后对录音、视频、访谈记录等进行文本整理和分析，并发给被访谈对象确认文档信息。在不断整合以上企业资料和比对相关理论的基础上，研究团队于 2018 年 12 月以电话、微信等访问形式对案例企业进行第二次访谈。本次访谈的主要目的是核实和补充以往资料，并重点关注企业在逆向国际化的不同阶段如何处理对外部知识的搜索策略和企业决策之间的关系，以及这种关系是否进一步影响企业的产品和服务创新。第二轮访谈结束后，将案例编码结果和研究初稿交付给被访谈者进行审阅。

四、逆向国际化阶段划分

乌普萨拉（Uppsala）模型认为企业国际化是一种渐进式的海外市场卷入过程，一般按照"国内→国外→多国→全球"的地理顺序发展，并伴随"国内经营→中间商代理出口→直接出口→海外设厂"等经营演变方式（Johanson & Vahlne，1977）。本研究借助国际化渐进过程理论，从市场范围和经营方式两个方面探究逆向国际化的发展过程路径。一方面，日益严峻的全球化竞争局势，使得原有国际市场不再作为唯一发展阵地，逆向国际化企业亟需进军国内市场（Chin et al.，2015）。另一方面，逆向国际化企业通过多种形式从国际市场撤退，如压缩或退出特定国际市场、减少对国际市场的承诺、出售或关闭外国分支机构等，而在国内市场表现出积极发展态势，如重视与政府、研发机构等的多方联结、增加国内生产基地和销售渠道等（Gnizy & Shoham，2018）。因此，逆向国际化是一种遵循由浅入深原则的国内市场开拓过程，其经营特征主要表现为国外市场的谨慎性撤退行为和国内市场的全面性扩张行为。根据以上分析并结合案例企业发展实际，按照从国外市场转向国内市场的发展历程，对四个案例企业的逆向国际化活动进行阶段划分（见表6-3），其中起步期是指企业转型初期逐渐将重心从国外市场转向国内的阶段，成长期是指企业进入国内市场且快速发展的阶段，而成熟期则是国内业务发展处于稳定和深入的阶段。

表6-3　　2007~2018年四家案例企业的逆向国际化阶段划分及其关键事件

案例企业	起步期	成长期	成熟期
A 家居企业	A（2010~2013年）2010年开始缩减国外代工规模，关闭海外利润较低的近20个生产基地，并在国内开始尝试创建百思佳、可芮欣等自主品牌，借助天猫、京东等国内线上销售平台不断扩大销售渠道	A（2014~2018年）2014年制订利润倍增计划，将工厂从上海全部转移到浙江嘉兴，并围绕记忆枕等产品开展市场竞品对标，成立了品牌事业部，不断加大国内市场的品牌建设活动，4年内在全国各大城市建立100多家百货专卖店	—
B 叉车企业	B（2007~2009年）2007年开始压缩对印度、北非等地区外贸订单，减少经销产量，并建立首条内销内燃叉车生产线和检测室，不断布局国内生产、铺设国内销售渠道，确定非标产品定位	B（2010~2014年）2010年国内订单量同比增长近50%，内销业绩实现大的突破，成立研发中心，加大对大吨位叉车、电动叉车等产品的研发，被评为"高新技术企业"和"最具投资价值100强"	B（2015~2018年）产品80%销往国内，且已经建立遍及全国地级市的营销网络和生产基地，新增直销店和代理点200多个，涉足空箱堆高车、飞机牵引车、10T电动叉车等领域
C 音响企业	C（2009~2010年）2009年开始放弃关税较高或利润较低的海外市场，减少外销产品的研发投入，而选择将研发方向转向数字化播放软硬件解决方案，以适应国内发展趋势，开拓国内业务	C（2011~2013年）2011年在国内划分九个区域市场深度开发内销业务，确定了"订单定制，项目为本"的业务模式，积极拓展工程合作商，在国内同行中积极推广D类声频功放规范，提高专业音响效能指数	C（2014~2018年）随着国内业务的不断成熟，凭借自身实力并注册LAX自主品牌，成为中国驰名商标、国内最大的专业音响企业，市场份额稳居国内前五

续表

案例企业	起步期	成长期	成熟期
D 厨卫企业	D（2001～2007 年） 2001 年开始逐步减少代工和贴牌生产的产品品类，直至将 OEM 业务剥离，尝试在国内建设更多的生产基地和产品线，发展自主品牌的厨电产品	D（2008～2012 年） 2008 年在国内成立自主品牌，扩大和综合现有产品种类，进入整体厨卫领域，创建新工业园和积极拓展产学研合作，产品市场覆盖范围不断扩大，最后成功实现企业上市	D（2013～2018 年） 坚持实施技术发展战略，被评为国家高新技术企业、国家工业设计中心，企业影响力持续扩大，荣获广东省质量奖，先后进军消毒柜、集成灶等新产品，规模持续扩大

五、数据分析思路

多案例研究强调跨案例的数据分析，先通过类别内分析使研究结论得到复制，强化结论的稳定性和一致性，再通过类别间分析对比不同情境，得出研究结论及初始命题（Yin，2014）。为了更好地探究创新搜索对组织双元能力的影响及其与决策理性的匹配，首先，对每个案例进行数据缩减和数据陈列，通过扎根编码中的开放式编码、主轴式编码对案例数据加以处理（夏清华和何丹，2019），从而呈现从原始数据中提炼理论构念的过程。其次，对比四家案例企业的各个变量，发现变量间的相互关系。本研究通过归纳和对比案例企业的创新搜索、决策理性和组织双元能力，将四个案例按照创新搜索和决策理性的匹配类型进行分类，结合逆向国际化企业在三个阶段的搜索策略与决策理性的匹配规律，发现类别内的相似性和类别间的差异性。最后，基于以上案例内分析和案例间分析提出相关命题，并对命题背后的理论框架加以归纳。

第三节　扎根编码

一、开放式编码

开放式编码用来对原始案例数据进行一级编码，从案例资料中筛选出与研究问题相关的信息，并将这些资料总结提炼成初始范畴（夏清华和何丹，2019）。为了对调研获取的案例资料进行处理，本研究团队分成两组（分别由 1 位教师带领 1 名研究生）进行独立编码，按照内容分析法对原始资料进行分析和校对，在编码完毕之后两组集中讨论最终形成一致意见。在扎根编码之前，对每个案例资料信息按照发展阶段贴标签，具体格式为"案例企业 + 发展阶段 + 信息顺序号"，如"B - s1"代表 B 企业起步期第 1 条信息，"B - g2"代表 B 企业成长期第 2 条信息，"B - m3"代表 B 企业成熟期第 3 条信息，其他三家企业的数据编码方法类似。通过初步分析，四家企业共得到 2008 条编码条目，其中 A 企业 198 条、B 企业 502 条、C 企业 692 条、D 企业 616 条。表 6 - 4 以逆向国际化企业成长阶段为例展示开放式编码过程，将四家案例企业成长阶段的 716 条原始条目进行概念化得到 62 个概念，并将所形成的概念进行归纳分析形成 24 个副范畴，将副范畴进行主轴式编码最终形成主范畴。

表 6 - 4　　　开放式编码部分示例（以逆向国际化成长阶段为例）

案例数据资料（截取部分资料作为依据）	概念化	范畴化
与供应商共同开发防火棉、竹炭海绵等新产品，节省开发时间和成本（A - g1）	加强供应商关系	M1. 知识范围窄
通过调研本地经销商、供应商和走访大型制造企业了解顾客对物料搬运的需求（B - s15）	顾客需求获取	M2. 利用程度深
2011 年在国内建立九个区域市场重点开拓项目甲方、工程商和系统集成商渠道，获取产品质量、服务等需求和工程项目招投标信息（C - g17） 公司总供应商数量为 299 家，包含 136 家核心零部件供应商，零部件均选用一流生产商建立长期战略合作关系（D - g25）	市场渠道较多	M7. 合作对象多
公司设立专业情报团队，负责收集行业及竞争对手的各类信息；2013 年与中科院声学所等合作，通过新产品开发产学研合作为企业产品和技术拓展奠定基础（C - g18）	获取信息和技术	M8. 互补性知识
公司高层通过行业竞争分析，在全面了解对手的基础上制订了《三年战略及行动计划》，对未来三年的发展目标、市场定位等进行策划（C - g51）	竞争对手形势分析	M11. 竞争分析

续表

案例数据资料（截取部分资料作为依据）	概念化	范畴化
为了扭转公司业务扩大但自主品牌却带来利润负增长的悖论，高层领导制订"利润倍增"计划（A－g34）	稳定企业目标利润	M12. 追求利润
盲目扩大生产并不能够适应新的市场发展，企业更加关注如何整合已有的音响技术与网络技术实现发展（B－g93）	立足现有资源创造	M13. 手段导向
市场竞争不断加剧，为了避免市场淘汰和维持持续发展，黄总强调研发团队必须动态地跟随市场进行创新研发，借助新产品和新技术才能形成新的竞争力（D－g83）	快速响应市场变化	M14. 市场灵活性
公司近年来通过产学研合作对燃气具智能控制进行技术攻关，聚能燃烧和磁控旋钮两项技术掀起了行业里程碑式燃烧技术革命（D－g136）	发现市场新机会	M19. 发现新市场
企业在电动平衡重乘驾式叉车、电动步行式仓储车等技术已经成熟的前提下，将新产品定位于内燃平衡重式叉车，研发新兴产品（B－g115）	挖掘新产品定位	M20. 研发新产品
产品对标体检小组每月针对对手产品提出质量或外观改进的建议达到数十条（A－g98）	持续改进产品质量	M21. 改进产品质量
企业不断进行技术创新和持续改进，工艺部门提出的音箱漆面硬度强化处理、功率管压制安装法等工艺技术均达到行业领先水平（C－g196）	优化生产流程	M22. 改善工艺流程
……	……	……
共计716条原始条目（企业A：104；企业B：168；企业C：236；企业D：208）	共计62个概念	共计24个范畴

注：由于篇幅问题，逆向国际化成长阶段的开放式编码仅展现24个副范畴中12个。

二、主轴式编码

主轴式编码主要指对开放式编码获取的范畴进一步归纳、合并和提炼，并探讨各个初级范畴之间的关联性，从而形成若干主范畴的过程（夏清华和何丹，2019）。在这一过程中，通过将四家案例企业逆向国际化每个阶段的初级范畴进行聚类组合，以及参考劳尔森和索尔特（Laursen & Salter，2006）、钱德勒等（Chandler et al.，2011）、何和翁（He & Wong，

2004）等研究对创新搜索、决策理性、双元能力等测量题项，最终抽象出6个主轴式编码，如表6-5所示。

表6-5　　主轴式编码部分示例（以逆向国际化成长阶段为例）

序号	主轴式编码	初始范畴
1	聚焦搜索	知识范围窄、利用程度深、合作对象少、辅助性知识
2	多源搜索	知识范围广、利用程度浅、合作对象多、互补性知识
3	因果推理	制定目标、规避风险、竞争分析、追求利润
4	效果推理	手段导向、市场灵活性、战略合作、谨慎投资
5	探索能力	扩大产品范围、引进新技术、发现新市场、研发新产品
6	开发能力	改进产品质量、改善工艺流程、降低生产成本、提高产量

三、编码结果

通过编码统计，四家案例企业在逆向国际化不同阶段的编码条目数如表6-6所示。

表6-6　　四家企业各个变量维度在逆向国际化不同阶段的编码条目统计结果

企业	A家居企业		B叉车企业			C音响企业			D厨电企业		
维度	起步期	成长期	起步期	成长期	稳定期	起步期	成长期	稳定期	起步期	成长期	稳定期
聚焦搜索	23	25	35	12	13	11	14	23	27	19	31
多源搜索	8	7	11	34	36	21	20	21	13	32	35
因果推理	9	23	38	41	16	19	39	39	42	27	15
效果推理	28	10	17	13	39	45	16	40	21	49	48
探索能力	14	11	15	35	50	78	72	66	42	48	49
开发能力	12	28	30	33	34	24	75	69	39	33	46
编码条目总条数	94	104	146	168	188	198	236	258	184	208	224

第四节　研究结果与分析

一、创新搜索与组织双元能力

（一）聚焦搜索与组织双元能力

通过对四个案例的编码结果对比分析，发现聚焦搜索对组织双元能力有负向影响。由于逆向国际化企业在转型初期，其战略重心在服务国外市场和代工品牌客户（Gnizy & Shoham，2018），在资源限制和业务惯性作用下，案例企业为进一步了解市场需求和改进产品质量，均较一致地聚焦搜索市场类知识。B叉车企业（2007～2009年）充分利用市场类知识源来搜索知识，典型证据如"通过调研本地经销商、供应商和走访大型制造企业了解顾客对物料搬运的需求"（B-s15）。虽然聚焦特定合作对象搜索知识能促进企业"稳固现有内燃叉车市场"（B-s113）、"优化内部管理流程"（B-s115）等开发能力，但由于B企业在行业内进入相对较晚，通过编码发现其总体双元能力侧重改进现有产品流程、降低成本等开发能力。相反，D厨卫企业（2001～2007年）主要通过"聘请第三方调查公司、市场走访、购买消费者行为报告等方式，了解厨电终端客户的需求"（D-s9），与"厨具面板、点火器等关键供应商保持沟通"（D-s27）等措施，较好巩固企业在电热水器等产品领域的优势地位。D企业虽然聚焦深度利用市场类知识源，但其聚焦利用程度相对较低，双元能力并没有出现失衡，典型的做法有"通过生产效率提升和新技术新产品两条路径并举来实现发展"（D-s131、D-s151）。

类似地，A家居企业（2014～2018年）通过对市场类知识源的较高程度聚焦利用，获取顾客需求信息促进床垫、枕头等产品质量提升，"与供应商合作开发防火棉、竹炭海绵等新产品"（A-g1），但产品线和市场品牌的快速扩张带来的资金压力驱使组织更加关心利用能力提升。相比之下，A 企业（2010～2013 年）虽然也采取高聚焦搜索策略，但是其在"新材料开发、聚复脂配方"等新技术、记忆棉新产品等方面表现较好的探索能力，在"自动化效率"提升上呈现出一定的开发能力，综合来看探索和开发能力均衡性较好。A 企业在 2008 年国际金融危机后，面临"国际贸易壁垒和国内营销渠道拓展"（A - s50）的复杂决策情境，其探索与开发能力的均衡发展得益于"董事长邓总及时作出的新产品开发和生产线自动化改造"（A - s67、A - s88）等决策有关，结合相关理论推测可能存在效果决策因素共同发挥作用（吴晓波等，2019）。结合上述分析，研究提出以下命题：

命题 1：聚焦搜索负向影响探索与开发能力的均衡。

（二）多源搜索与组织双元能力

通过对四个案例的编码结果对比分析，本研究发现多源搜索对企业探索与开发能力的均衡存在负向作用。案例中，C 音响企业（2009～2010 年）通过"高层走访""新产品试用""产学研合作""参与标准制定"等方式，搜集音响行业的客户信息和对标企业信息。通过两年的努力，C 企业不断拓展"大功率放大器、DSP 数字系统等全新产品"（C - s103）的探索，将新业务扩展到体育场馆、政府设施等市场，从高新技术企业申报报告中发现 2010 年该企业新增业务市场占比达到 30%。然而，C 音响企业（2009～2010 年）持续延伸对新技术和新市场探索的同时，其探索与开发能力的均衡却并不乐观，典型证据如"大功率放大器制造的成本相比主要对手平均高出 15%～20%"（C - s176）。类似地，D 厨卫企业（2008～2012 年）通过市场类、科学类和通用类的知识源广泛搜索和提取利用，如"健全产学研创新体系""建立院士工作站""与行业协会战略合作"等举措成功对燃气具智能控制新技术以及吸油烟机、蒸烤箱等新产品实施探索。在此阶段，D 厨卫企业在引进新技术方面虽然表现较为突出，但在产品工艺和质量方面相比同行也有差距，其中典型描述有"聚能燃烧和磁控旋钮两项技术掀起了行业里程碑式燃烧技术革命"（D - g136）、"厨电产品质量、工艺流程方面与对手方太、老板还存在不少差距"（D－g192），因此探索与开发两种能力发展并不均衡。

对比 C 企业（2009～2010 年）和 D 企业（2008～2012 年），尽管 B 叉车企业（2010～2014 年）关注市场类和科学类知识源合作，但是并未引起国内 OBM 创建、新市场领域和线下专卖店渠道开拓等探索能力的突出发展，而是较好实现了原有代工市场和国内新市场的均衡发展。其原因可能在于，由于 B 企业所在行业市场集中度较高、技术研发与市场较为同步化，稳定的行业环境使得高层领导采取一系列措施来维持新产品与老产品、销售扩张与利润回报的平衡，典型描述包括"张董重视精益生产和稳步提升的经营理念"（B－g69）、"制订销售与回款计划，加快资金回流与确保目标利润"等（B－g73）。结合相关理论推测，因果决策可能与创新搜索存在交互影响（王玲玲等，2019），将在下一步研究中进行阐述。结合上述分析，研究提出以下命题：

命题2：多源搜索负向影响探索与开发能力的均衡。

二、创新搜索和决策理性匹配与组织双元能力

（一）创新搜索与因果推理的匹配

案例结果显示，当企业选择因果推理为主导的决策理性时，多源搜索和聚焦搜索对逆向国际化企业探索与开发能力的均衡产生不同的作用。逆向国际化企业在传统业务模式中按照计划生产、通过 OEM 代工实现规模化收益，大部分企业通常基于目标导向、规避风险、预期回报等原则来维护相对稳定的国际市场业务（Chandler et al.，2011）。案例企业中，A 家居企业（2014～2018 年）、B 叉车企业（2007～2009 年）、D 厨卫企业（2001～2007 年）均选择以因果推理为主的决策理性，而且均侧重实施聚焦搜索策略，但是其组织双元能力却并不理想。A 企业在 2014～2018 年为了提升短期利润回报，典型描述如"为了扭转公司业务扩大但自主品牌却带来利润负增长的悖论，高层领导制订'利润倍增'计划"（A－g34），对市场类知识源采取较高程度的利用策略，但高管团队的注意力此时还放在对现有产品的成本和质量改进上，一定程度上影响了公司新产品的

开发。

对比 B 叉车企业的起步期和成长期两个发展阶段发现，在该企业坚持因果决策过程中，由于 2010～2014 年阶段重视对多种知识源的搜索，其探索和开发双元能力呈现较好的态势。具体来说，在 2007～2009 年秉持"战略计划""竞争分析"等因果推理的决策理性，聚焦市场知识的获取和利用为 B 叉车制造企业积累了产品改进方向相关的信息，典型描述如"2008 年，公司销售部联合研发中心经过为期两个半月的调研和邀请工程机械行业专家参加 2 次论证，最终将产品开发定位在非标产品"（B - s131），但对大吨位平衡叉车、电动叉车等新兴技术的探索上存在明显不足。2010～2014 年期间，遵循目标导向、利润导向等原则，B 企业扩大对外部知识的搜索范围，增加对咨询机构、科研院所等科学类知识的开放式获取。作为逆向国际化企业，此时 B 企业的战略重心已逐步从国外向国内市场转移，企业通过扩大知识源的搜索范围，不仅加强对现有市场中自有叉车品牌的构建，还借助引进"充电控制系统"等先进技术实现大吨位电动叉车和新型牵引车的突破。因而，此阶段 B 企业实现创新和创牌的双丰收，其探索与开发双元能力的均衡性均有了更进一步的提升。与此类似，D 厨卫企业的受访者如是说："2001～2007 年为了迎合国内顾客和推广我们的主流产品，公司的主要目标是对灶具、电热水器等产品不断更新和改进，就是希望通过稳定投入获得预期收益"（D - s54）。正因为受到公司决策层规避风险和追求稳定回报的影响，D 厨卫企业在稳定灶具、热水器、抽油烟机等传统产品质量和市场的同时，致力于电热水器、消毒柜等新产品的技术突破。综合上述分析，研究提出以下命题：

命题 3a：因果推理与多源搜索匹配性良好，对探索与开发能力的均衡具有增强作用。

命题 3b：因果推理与聚焦搜索匹配性较差，对探索与开发能力的均衡具有削弱作用。

（二）创新搜索与效果推理的匹配

案例结果显示，当企业选择效果推理为主导的决策理性时，多源搜索和聚焦搜索对逆向国际化企业构建探索与开发能力的均衡有相反的作用。

在国内市场和销售渠道拓展、顾客定制化需求满足、多品种小批量交付、自主品牌创建等决策情境中，逆向国际化企业管理者倾向利用权变、战略联盟、可承受损失等原则来应对不确定性（Sarasvathy，2001）。A 家居企业（2010～2013 年）遵循市场灵活性、战略联盟等效果推理为主的决策理性，典型表述如"董事长率领高管团队赴东南亚考察生产基地，协同家居建材协会、政府贸易部门积极应对贸易壁垒"（A－s48）、"在国内借助战略联盟方式尝试'百思佳'自主品牌和电商渠道推广"（A－s51）。通过编码分析发现 A 企业实施聚焦搜索的探索与开发能力的均衡性比其他关注外部多种知识源的企业好，2011～2013 年在创新改进方面，公司既通过引进聚复脂配方等改进产品质量和强化记忆棉等新产品开发，又通过自动化生产技术改造提升生产效率。

相反，当企业实施多源搜索策略时，如 B 叉车企业（2015～2018 年）、C 音响企业（2009～2010 年）、D 厨卫企业（2008～2012 年），如表 6－6 所示效果推理的匹配效果不佳。B 叉车企业（2015～2018 年）注重对市场等三大类知识源的搜索和利用，并与经销商和特定部件供应商、大客户建立产品开发和市场推广的战略合作，每年投入至少 4% 的销售收入作为研发费用。这些举措虽然有利于公司在导航平衡重式等智能驾驶全新产品的开拓，但新产品上市并没有拉动公司业绩提升，典型表述如"从工程车辆行业的统计报告来看，我们公司的传统内燃叉车、电动叉车的市场占有率最近几年都在持续下降"（B－m168）。类似问题在 C 音响企业发展过程中也存在，公司在 2009～2010 年注重市场信息、技术研发、科研合作和相关标准制定，扬声器、功率放大器等产品市场从商业娱乐市场不断扩展到体育场馆、政府设施等领域。但是，总经理王总在采访中提及："公司自主研发大功率放大器的线路设计及成套制造技术，前后耗时两年多才完成，累计总投入 6 000 多万却未得到市场好评"（C－s118）。D 厨卫企业在 2008～2012 年不断开展战略合作（如经销商恳谈、顾客体验馆等），公司积极倡导以创新态度开新局面，该阶段公司虽然在燃气具智能控制、新产品开发数量等方面有所升级，但传统灶具、抽油烟机等核心产品质量与方太、老板等国内重量级对手的差距继续拉大。综合上述分析，研究提出以下命题：

命题 4a：效果推理与聚焦搜索匹配性良好，对探索与开发能力的均衡具有增强作用。

命题 4b：效果推理与多源搜索匹配性较差，对探索与开发能力的均衡具有削弱作用。

三、创新搜索对组织双元能力的动态影响

案例结果显示，创新搜索对逆向国际化企业的影响在企业发展的不同阶段具有差异性。以 C 音响企业为例，其在 2009 年进军国内市场之前已积累较为成熟的产品开发、渠道建设、品牌建设等知识，通过多种知识源广泛搜集市场和技术知识，并选择大功率放大器、DSP 数字系统等新产品作为突破口来探索。但是，2011 年公司董事会发现前两年的技术研发和市场营销工作对国内细分市场的深耕不够，针对研发周期长、研发投入产出效果差等问题调整了搜索策略，典型表述包括"2011 年在国内建立九个区域市场重点开拓项目甲方、工程商和系统集成商渠道，获取产品质量、服务等需求和工程项目招投标信息"（C – g17）、"2013 年与中科院声学所等合作，通过新产品开发产学研合作为企业产品和技术拓展奠定基础"（C – g18）。逆向国际化战略实施五年（2009 ~ 2013 年）来，公司先后与华南地区 5 所高校开展产学研合作或共建实验室，通过关键技术突破，不仅在源头上解决了音响产品的音质问题，而且将前沿新产品的技术预研工作委托给高校，在满足客户个性需求方面采用"产品＋技术"的定制模式，这些举措极大提升了产品的创新突破能力。与此类似，D 厨卫企业在逆向国际化起步期聚焦市场类知识源的搜索、缩小知识搜索范围，随着公司国内业务的迅速发展，公司在 2008 年拓展了对大学和科研院所、公共研发机构和技术标准等知识来源的搜索。但是，该阶段（2008 ~ 2012年）企业对灶具、热水器等产品的质量缺乏关注，产品投诉率等指标始终排在行业大品牌的前列。为了扭转市场被动局面，公司在 2013 年对市场信息沟通管理等方面进行改革，典型表述如"公司建立独立于销售部门的市场部，将客户服务部划归品质中心管辖，提升顾客投诉处理工作的公正性和独立性"（D – m57）。这些举措在 2014 年产生了显著效果，产品投诉

率直线下降，尤其产品设计质量提升较为显著，典型证据如"公司灶具类产品的一次开机合格率从93%上升到97%左右、顾客投诉率从2.8%下降到0.9%、设计质量引起的质量成本占比小于5%"（D-m203）。

案例结果显示，因果和效果决策理性整合对逆向国际化企业来说相对难度较大，四个案例中仅有C音响企业在稳定期较好地整合两种决策方式来提升双元能力。2008年金融危机后王董事长决定转型做国内市场，利用代工生产掌握的音响技术和网络音频技术，并借助外部工程项目合作商拓展市场，但2009~2010年期间公司产品的稳定性和市场竞争力仍然不佳。2011年开始，公司调整创新战略，将探索性产品交由广州本地高校合作开发、改进型产品由内部研发中心完成，到2013年时公司形成较为成熟的产品质量管理模式和新产品开发体系，这一定程度上反映公司及时调整聚焦搜索策略与效果推理的匹配性。尤其2014年之后，管理层同时面临稳定或创新两种不同的经营业务，典型表述包括"公司内外销比例由2009年的1∶9经过五年调整到6∶4，管理层越来越觉得国内创牌和国外贴牌两类业务的矛盾性，为了确保公司稳定转型发展不得不确立了'立足国内、优化国际'的营销战略"（C-m62）。在决策理性方面，国内公司的管理层为了控制成本和规避损失，公司"与核心供应商（丰达电机、汇音影响等）、华南地区高校（如华南理工大学）等合作来打造品牌相关的产品链竞争力"（C-m68）；在国外为了获得产品业务的最大化利润，"公司近几年借助展会、代理商等方式来深耕亚洲、美洲、欧洲等区域60多个国家，我们的OEM+ODM业务模式为公司获取稳定的利润回报用来补偿国内市场拓展和品牌拓展"（C-m69）。截至2018年，C音响企业已成为国内最大的专业音响企业，其在探索和开发均衡性方面表现较为出色。例如，"企业不仅重视从产品设计源头上解决音响产品的音质问题，而且重视技术研究和产品检测，试图将产品设计和改进活动融入音响核心技术和前沿技术的探索"（C-m188）、"公司成功参与完成奥运等上千例工程项目，有源音响、线性阵列音响等技术达到国内先进，产品返修率等质量指标稳居行业前列"（C-m217）。综合上述分析，研究提出以下命题：

命题5a：逆向国际化企业在起步期和成长期，采用单一搜索策略并不利于探索与开发能力的均衡，但在稳定期倾向整合双元搜索策略来促进探索与开发能力的均衡。

命题5b：逆向国际化企业从起步期、成长期到稳定期，整合因果/效果双元决策理性来匹配聚焦/多源双元搜索策略更有利于促进探索与开发能力的均衡。

四、创新搜索与决策理性匹配对组织双元能力的作用机理

第一，创新搜索对组织双元能力的直接作用。逆向国际化企业能够不断提取、挖掘和利用特定知识源，为深入理解当前知识以及积累隐性知识奠定了基础，由此可以不断强化技术壁垒和提升利用能力（Simsek，2009）。然而，这种搜索模式容易伴生"核心刚性"和"能力陷阱"困境而使企业丧失对动态环境的适应能力（焦豪，2011），并可能制约企业对国内新市场、新渠道或新技术的探索（Mukherjee et al.，2019）。相反，虽然逆向国际化企业可以充分利用国内外网络多种知识源的渠道关系，不断开展新兴技术、市场前沿等知识搜索活动以持续增强探索能力和抢占先发优势（Mcgrath，2001），但多源搜索带来大量新颖、复杂和先进的知识，超负荷知识搜索增加了企业对知识处理的负担，使得企业难以深入挖掘和利用搜索到知识的内在联系及创新效用，容易诱发双元能力失衡（吴航和陈劲，2016）。

第二，创新搜索与决策理性匹配对组织双元能力的作用。因果推理导向企业更偏向选择、整合和配置最优资源实现目标，这意味着企业需要集中精力和时间来执行逆向国际化战略（Sarasvathy，2001）。而逆向国际化企业资源相对稀缺，可能无法分散更多的注意力进行多样化探索（Henttonen & Ritala，2013），因果推理能够有效抑制多源搜索中探索活动过多或范围过宽等情况。由于因果推理无法预测国内市场拓展的动态变化（Futterer et al.，2018），管理者遵循有限理性倾向避免意外，试图保证代工业务回报的稳定性，但制约了逆向国际化企业的转型突破（Brettel et al.，2012）。目标导向作用下企业习惯在熟知的合作渠道中搜索知识，并将全球价值链中的利益相关者视为对手（包括现有代工客户）（Dew et al.，2009），限制企业利用多渠道合作搜索知识，但客观上降低了企业在转型探索中陷入"失败陷阱"的风险。与因果推理的作用相反，效果推理为逆向国际化企业突破当前搜索惯例和代工流程提供了新的想法，改善聚焦搜索导致的开发与探索双元能力的失衡。效果推理强调手段导向和战略柔性，允许逆向国际化企业借助现有资源不断摸索和试错（Dew et al.，2009），通过结果反馈和信息引导帮助企业更新知识，并能够激发其主动应对不确定性（王玲玲等，2019）。海外市场为逆向国际化企业实现国内市场拓展提供了支撑，企业聚焦全球价值链上的知识利用所产生的结果相对明确，过度畏惧损失与规避风险反而会阻碍企业对逆向国际化战略投入（Sarasvathy，2001）。效果推理导向通过在国内外网络互动来获取不同利益相关者的先前承诺，以此降低国内新市场拓展中的不确定性以及实现对未来结果的可预测性（Chandler et al.，2011）。此外，遵循效果推理的企业也愿意不断拓展外部合作关系，以此增加获取知识学习的外部渠道，不断提升探索学习能力和机会识别能力（Cai et al.，2017）。

第三，创新搜索与决策理性演进匹配对双元能力的作用。逆向国际化企业创新搜索普遍面临两难选择，单一搜索策略无法适应外部环境的动态变化，而不同搜索策略之间存在内部资源竞争。根据组织双元能力理论可知，创新搜索平衡容易发挥不同搜索策略的协同与互补作用，并兼顾实现组织当前和未来的发展（奉小斌和周兰，2020a，2020b）。也有研究指出，创新搜索是一个动态平衡演变过程，因此有必要从企业成长演化过程调整双元搜索策略（芮正云和罗瑾琏，2016）。具体而言，在逆向国际化起步期和成长期，企业受到较大的资源约束，聚焦搜索与多源搜索共同争夺有限的创新资源，双元搜索表现出较强的二元替代效应（March，1991）；进入成熟期之后，逆向国际化企业市场地位已经稳固并积累了丰富的资源，对管理双元创新搜索具备了一定的经验和组织机制（Simsek，2009）。此外，从决策理性来分析，因果推理与效果推理的适用范围存在差异，前者强调预测未来但容易受意外事件影响，后者侧重手段导向和充分利用权变，却易使逆向国际化企业在目标和计划不明确的情况下低效率工作（Brettel et al.，2012；Yu et al.，2018）。实证研究虽表明两种决策理性可以兼得，但在组织发展的不同阶段多元目标组合存在差异，这决定逆向国际化企业在使用因果与效果推理时存在不同的平衡模式。

结合上述案例分析和理论分析，可以提炼出本研究的理论模型，见图 6 - 1。

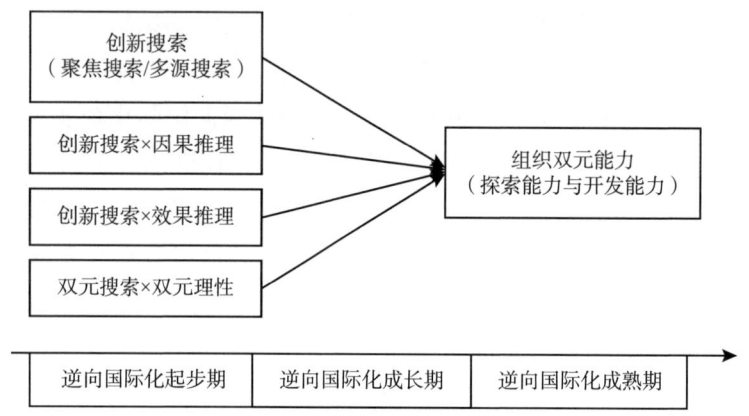

图 6 - 1　逆向国际化企业创新搜索、决策理性与组织双元能力的概念模型

第五节　研 究 小 结

一、主要结论

本研究利用案例研究方法探究逆向国际化企业创新搜索及其与决策理性的匹配关系对组织双元能力的影响，并根据案例企业不同发展阶段中搜索策略与决策理性的匹配情况，分别绘制了四家案例企业组织双元能力变化示意图（如图 6 - 2 所示），最终得出以下三个结论。

第一，在逆向国际化企业的知识获取中聚焦搜索和多源搜索发挥重要作用，且企业会根据外部环境变化和自身发展阶段特征调整搜索策略。鉴于企业在其逆向国际化初期往往受到资源约束难以兼顾双元搜索策略，通常重视对市场类知识源的聚焦搜索以维持市场稳定；而随着逆向国际化战略转型获得一定的成效，企业会将更多的资源投入到多种知识源的广泛搜索中，尤其是面对全球范围内不同类型知识源时，需同时兼顾多源和聚焦两类搜索。

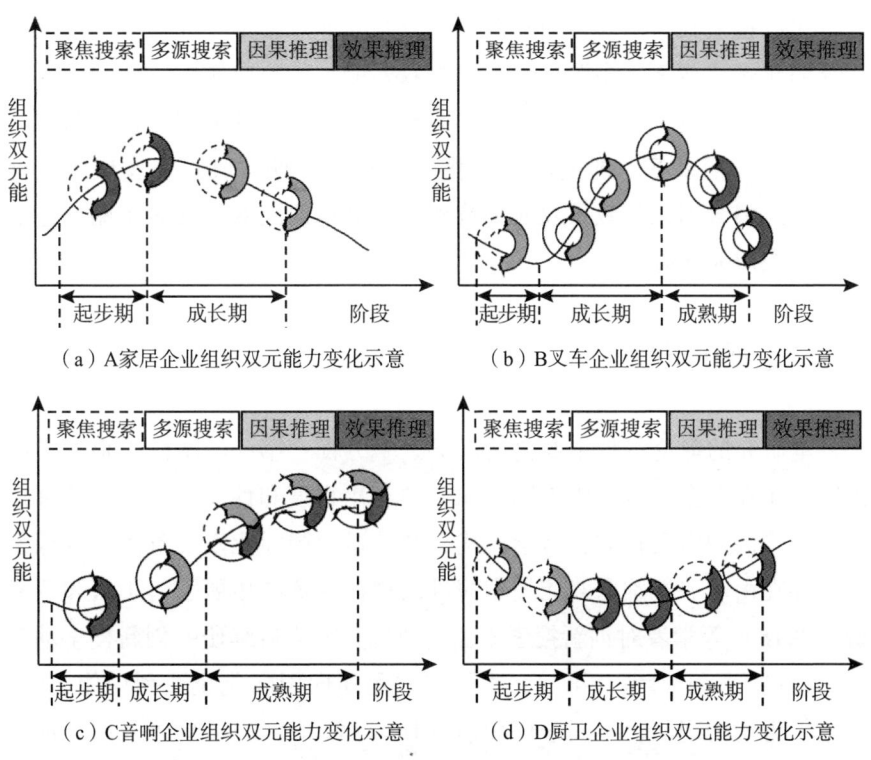

图6-2　创新搜索与决策理性的动态匹配与演化路径

第二，创新搜索能够很好解释逆向国际化企业在战略发展过程中如何实现资源扩充和能力提升。其中，聚焦搜索能够帮助企业深化利用特定知识，促进产品和服务的不断改进，更有利于开发能力的提升；而多源搜索则有助于识别和吸收外部新颖知识，带来新的创新机会和产品技术，更能促进探索能力发展。因此，单一的聚焦搜索或多源搜索将会导致组织能力失衡，企业在逆向国际化成熟期整合双元搜索策略能更好地培育组织双元能力。

第三，创新搜索与决策理性的匹配能够影响逆向国际化企业双元能力的发展，不同的匹配关系对双元能力的作用机制也存在差异。研究根据创新搜索和决策理性类型的不同划分总结出五种匹配方式：聚焦搜索×因果推理、聚焦搜索×效果推理、多源搜索×因果推理、多源搜索×效果推理和双元搜索×双元理性。其中，聚焦搜索与效果推理的匹配性相对较好，多源搜索则与因果推理的匹配性较好，即效果推理和因果推理分别能够弱化聚焦搜索、多源搜索对组织双元能力的负向影响，这两种匹配方式能够促进组织双元能力提升；而整合聚焦与多源的双元搜索与双元决策理性匹配最好，即逆向国际化企业从起步期、成长期发展到成熟期，通过整合因果与效果双元决策理性更好地匹配双元搜索策略，进而提升组织双元能力。

二、理论贡献

本研究的理论贡献主要包括以下三个方面：第一，本研究根据逆向国际化企业对全球范围内不同知识源的利用程度和性质差异，区分聚焦搜索和多源搜索两种创新搜索模式，并从逆向国际化发展阶段角度探索企业存在由单一搜索向双元搜索演进的规律，这既拓展了芮正云和罗瑾琏（2018）等学者对创新搜索平衡的研究，又为后续研究创新搜索动态作用提供了一定参考。第二，本研究立足逆向国际化企业利用能力强、探索能力弱的现状，不同于何和翁（He & Wong，2004）等采用实证方法验证双元能力的静态构建机制，通过四个纵向案例既发现创新搜索策略对组织双元能力的静态影响，又从组织演进角度探索出创新搜索策略逐渐从单一搜索发展成双元搜索对组织双元能力的动态作用，这在斯密克等（Simsek et al.，2009）研究基础上拓展了组织双元能力的构成前因研究。第三，本研究不仅探索了因果推理和效果推理与创新搜索策略之间的最佳匹配方式，而且突破了传统的将因果和效果作为前因变量的研究（王玲玲等，2019；Cai et al.，2017）。此外，响应维拉尼等（Villani et al.，2018）等学者整合因果与效果决策理性的建议，本研究从逆向国际化动态演进角度探索了决策理性与创新搜索策略匹配关系的演进规律，为研究企业理性决策提供新的研究视角。

三、实践启示

本研究具有重要的实践启示：第一，逆向国际化企业在实现自身双元能力的过程中需要重视搜索策略的选择。具体来说，企业可以通过多渠道搜索获得创新资源和机会，不断提升对新产品和新技术的探索能力；而当企业出现资源负荷过重和创新效率低下时，可以适当缩减对知识源渠道的搜索，通过聚焦某类知识抓住核心市场业务提升利用能力并获得稳定收益。第二，为了更好地培育组织双元能力，企业在因自身资源限制进行聚焦搜索时，高层决策者应该选择与之匹配的效果推理突破利用能力锁定；相反，当企业投入过多资源获取外部多样化知识时，需要匹配因果推理避免企业探索能力过度风险，更好地实现组织双元能力的提升。第三，企业需要根据逆向国际化所处的阶段特征及其外部环境选择搜索策略及决策理性，既要合理分配资源实现双元搜索策略突破创新困境，又需根据内外部环境权衡利用双元决策理性避免单一决策理性的局限性，最终形成"双元理性 × 双元搜索→双元能力"的良性循环。

四、研究局限与未来展望

本案例研究存在一定的局限性。第一，本研究通过探索性案例研究对四家企业进行访谈和追踪，案例本身存在特殊性，而且相关命题也只是在一定范围内具有解释力，未来可以结合大样本数据进行实证研究，以验证本研究所提的相关命题。第二，本研究从聚焦搜索和多源搜索两个维度来考察案例企业的知识源利用情况，但逆向国际化企业自身横跨国内外双重网络之中，其对知识的接触和利用可能存在网络差异性，因此，后续研究可以深化针对双重网络中企业采取不同搜索策略的考察。第三，本研究将逆向国际化企业的决策理性划分为因果推理主导和效果推理主导两种，但学术界针对双元决策理性究竟是替代关系还是互补关系仍然存在分歧（Futterer et al.，2018；Villani et al.，2018），未来可以就二者关系进行深入探究，丰富本研究的研究对象和增加研究意义。

第七章 逆向国际化企业创新搜索对双元能力的影响

——基于决策理性调节的仿真研究

第一节 研究目的与问题提出

长期以来我国外向型企业在全球价值链的分工体系中处于被俘获的位置，部分企业尝试在稳定出口的同时努力开拓国内市场，通过逆向国际化战略实现转型发展（刘志彪和张杰，2007）。然而，全球制造网络中的旗舰企业占据着核心位置并掌控关键资源，利用"技术隔离""市场隔断"等手段压制后发企业转型升级，逆向国际化企业亟需从本地和全球网络搜索异质性知识以突破"模仿能力强、创新能力弱"的发展瓶颈（Prange & Bruyaka，2016）。为了平衡企业的探索活动和开发活动，培育双元能力对于逆向国际化企业适应国内外多变环境、实现后发追赶具有重要意义。同时，鉴于动态竞争情境下嵌入双重网络的企业创新搜索作用系统存在多回路、多阶段、非线性等特征（吴航和陈劲，2018），为此探索逆向国际化企业创新搜索行为与双元能力的动态关系极为必要。

罗森科夫和尼克尔（Rosenkopf & Nerkar，2001）最早将创新搜索定义为"企业在复杂动态的环境下跨越组织边界和技术边界获取外部异质性知识的过程"，其后学者们在创新搜索的维度结构（Laursen & Salter，

2006）、搜索模式（奉小斌和周兰，2020a）等方面取得了丰硕的成果。然而，对于逆向国际化企业而言，决策理性也是一个不容忽视的关键要素（Crick et al.，2020）。这是由于该类企业所面临的外部环境较传统企业具有更大的不确定性，其创新搜索难以持续遵循因果决策理性，还需利用权变、承担风险等效果决策理性以突破能力锁定（Sharma & Salvato，2011；Cai et al.，2017）。维拉尼等（Villani et al.，2018）进一步指出，现有单一决策理性研究忽视了因果决策导向与效果决策导向的双元整合，两种决策理性对企业创新搜索转化为双元能力的影响效果仍需探究。针对创新搜索这一议题，梳理以往文献发现以下三个值得研究的问题：首先，逆向国际化企业由于同时嵌入在本地和全球网络中（Gnizy & Shoham，2018），双重网络创新搜索及其互动策略对双元能力影响的差异机制和动态路径尚未揭示。其次，在探讨创新搜索与双元能力动态演化关系时，鲜有研究整合因果和效果两种决策理性考察其对上述关系的调节作用（Cai et al.，2017）。最后，目前仅有的少数实证研究多采取问卷数据或专利数据探讨企业创新搜索与双元能力的静态关系（张军和许庆瑞，2015），这可能不利于全面揭示上述关系的非线性反馈机制和动态演化规律。

系统动力学（system dynamics，SD）通过分析社会经济系统内部各个变量的反馈结构关系来探索系统整体行为（陈可嘉，闫晓梅和杨淑琴，2018），该方法已被广泛应用于经济学、管理学等领域。本研究运用该方法研究逆向国际化企业创新搜索对双元能力的影响基于以下考虑：其一，SD方法可研究双重网络嵌入下逆向国际化企业各个子系统的互动耦合过程，揭示系统主体行为与各个要素之间的因果关系。其二，利用横截面数据难以揭示创新搜索与双元能力的关系随着时间的变化，而SD方法基于纵向数据可以探究二者的动态发展情况。其三，SD方法通过数学建模的方式系统阐述理论，尤其是当有大量变量、子系统相互影响时，采用SD仿真能够挖掘整合决策理性、双元能力等相关理论情形下创新搜索的最新理论洞察点（Gnizy & Shoham，2018）。鉴于此，本研究通过整合创新搜索、决策理性等理论，采用SD方法探究逆向国际化企业创新搜索对双元能力的动态影响，试图识别最有效的搜索策略组合，以期丰富创新搜索相关理论，为逆向国际化企业提升双元能力提供理论指导。

第二节　理论基础和概念模型

本研究概念模型构建的理论基础主要来源于两个方面：一是，亨托宁和里塔拉（Henttonen & Ritala，2013）基于知识源搜索程度将创新搜索策略细分为多源搜索和聚焦搜索，前者强调对多种类型的知识进行搜寻，而后者侧重对特定类型知识的搜索。逆向国际化企业由于同时嵌入国内和国外知识网络，两种网络的异质性必然导致知识、资源等在国内外分布存在差异（吴航和陈劲，2018），故结合其在不同网络对知识源的搜索程度，本研究将创新搜索策略整合为四种类型：国内聚焦搜索、国外聚焦搜索、国内多源搜索和国外多源搜索。拉维等（Lavie et al.，2011）强调组织在不同领域交叉搜索可以克服资源配置张力与组织管理的冲突，为了充分利用国内外两种网络，同时避免国内外网络搜索知识类型的同质化（李飞等，2019），本研究重点探讨国内聚焦—国外多源、国内多源—国外聚焦、国内外聚焦多源兼顾这三类互补性的创新搜索组合策略。二是，决策理性理论强调决策贯穿管理的全过程，并影响企业经营成败（Sarasvathy，2001）。根据决策理性逻辑的差异，现有研究主要将决策理性分为两种：因果决策导向和效果决策导向（Villani et al.，2018）。因果/效果决策理性理论认为，管理者对市场信息或创造新市场信息的开发、处理和使用，对未来是可预测还是可控制的看法，是其采取不同决策理性的基础（Welter & Kim，2001）。莎拉瓦蒂（Sarasvathy，2001）提出两种决策理性对应了四个截然不同的原则：即计算稳定回报或考虑损失承受；实施竞争分析或战略联盟；注重利用现存知识或开发偶然性；强调对不确定未来的预测或对未来的控制。逆向国际化企业由于面临复杂与模糊的外部环境，其创新搜索结果难以持续遵循因果决策导向，还需利用权变、承担风险等效果决策导向以突破能力锁定，因此有必要将因果/效果双元决策导向纳入系统动力学的整体模型中。

系统动力学（system dynamics，SD）理论强调任何系统均有结构和反馈机制，系统行为和功能由系统结构与反馈机制决定（陈可嘉等，2018）。如图 7-1 所示，本研究将整体系统区分为创新搜索子系统、决策理性子系统和双元能力子系统，三个子系统间的关系如下：逆向国际化企业根据双元能力子系统的现状及外部市场需求，认识到自身的知识差距和能力差距，通过创新搜索子系统形成知识储备，进而借助决策理性子系统来影响企业的创新搜索行为与双元能力提升之间的关系。

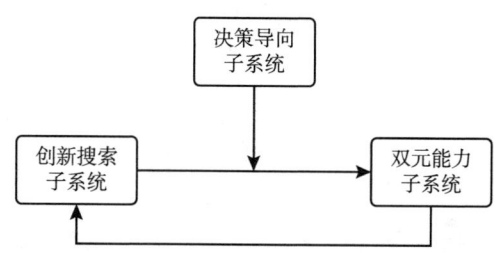

图 7-1　逆向国际化企业关键子系统的关系模型

第三节　系统动力学模型的构建

一、系统模型

（一）创新搜索子系统

基于知识转移过程模型"激励—匹配—应用—积累"（Kwan & Cheung，2006），本研究设计逆向国际化企业创新搜索子系统的各个要素，如图 7-2 所示。随着市场竞争的不断加剧和技术的日益革新，逆向国际化企业需要不断寻求新知识和培育新能力以维持生存和发展。鉴于企业现有的知识能力与其期望水平存在一定缺口，缩小知识和能力差距成为企业进行创新搜索的主要动力来源（Zhou et al.，2016）。逆向国际化企业跨越组织和地理边界，从外部知识源中寻求潜在的可利用知识，进而内化和扩充自身的知识基础；企业知识基础的扩充会反过来缩小与期望知识之间的差距，因而减小知识缺口，由此形成一个负向反馈回路（张军和许庆瑞，2015）。此外，根据动态能力理论，逆向国际化企业可能会通过"变异—保留—复制—选择"机制和"知识—运用—能力"路径，使新知识、创意与组织惯例反复碰撞，形成能力的更新和迭代，进而反过来减小能力缺口（胡畔和于渤，2017）。

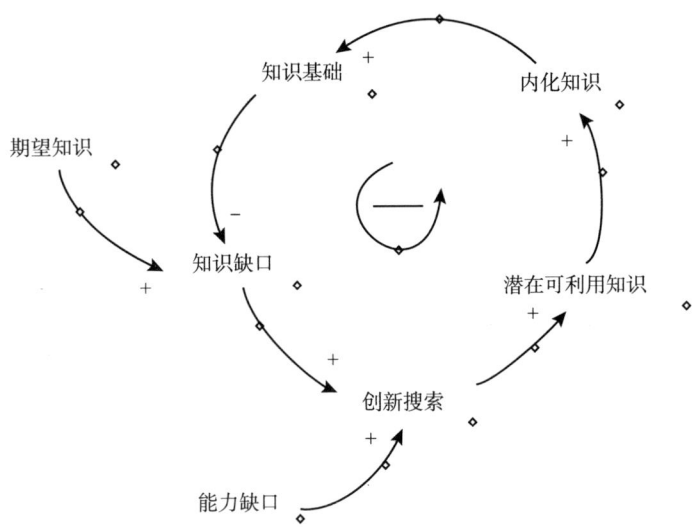

图 7-2 创新搜索子系统的因果关系

（二）决策理性子系统

逆向国际化企业创新搜索活动具有较强的不确定性，通过创新搜索提升双元能力的过程可能受到因果和效果双元决策理性的影响。具体而言，因果决策导向强调目标、可预测的回报和规避不确定性，此决策理性鼓励企业通过低风险的聚焦搜索利用现存知识而对多源搜索具有抑制作用（Yu et al.，2018），如获取代工知识实现规模化收益、维护相对稳定的国际市场业务，进而提升对知识的利用能力（Bauer et al.，2018）。与之相反，效果决策导向强调手段、可接受的损失和容忍不确定性，此决策理性激发企业尽可能尝试反复迭代试错的多源搜索（Reymen et al.，2015），包括开拓国内市场和销售渠道、满足顾客定制化需求，由此提升企业对新知识的探索能力。在因果与效果双元决策理性的共同作用下，利用能力与探索能力共同演化，实现企业双元能力的历时性积累。根据上述分析，逆向国际化企业由于同时运营国外和国内市场、兼顾 OEM 与 OBM 业务等特殊情境，需要综合探究两种决策理性在创新搜索过程中的交互作用（Futterer et al.，2018）。基于此，构建如图 7 - 3 所示的决策理性子系统因果关系图。

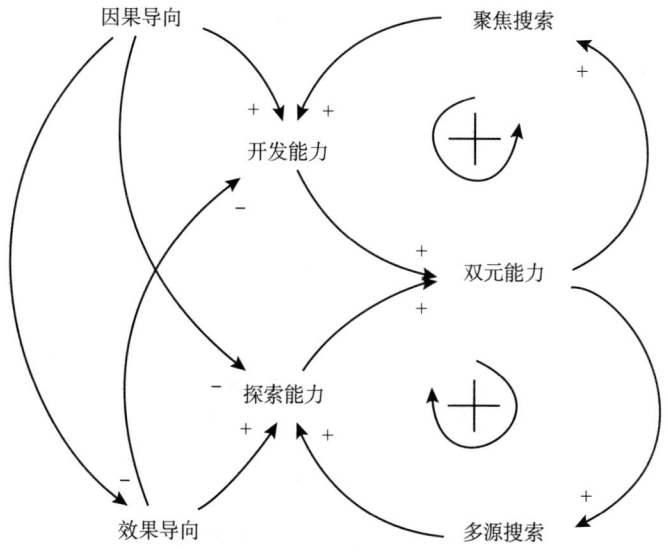

图 7 - 3　决策理性子系统的因果关系

（三）双元能力子系统

组织学习能够促进组织知识的更新与新能力的发展，而新的知识和能力则有利于企业对积极认识和接受新事物，转变既有思维、认知和组织惯性（Dittrich，Guérard & Seidl，2016）。逆向国际化企业由于面临能力锁定风险，迫切需要改变探索与开发双元能力失衡的现实困境（汪涛，陆雨心和金珞欣，2018）。基于此，本研究构建双元能力提升子系统（见图 7 - 4）。一方面，企业能力缺口所带来的压力会激发组织变异

（Hao & Feng，2018），并通过探索能力和开发能力的共同演进形成组织双元能力。随着企业对于新知识和新业务的不断熟悉，与之相关的双元能力会在企业中以组织惯例的形式得到加强（Dittrich，Guérard & Seidl，2016），并减少与企业期望能力的差距。而能力缺口的减小反过来会缓解企业组织变异的压力，因而形成负反馈回路。另一方面，随着双元能力的不断提升，企业在追求更大价值的同时会对其能力提出更高的要求（胡畔和于渤，2017），由此带来更大的动力以促进组织变异，形成"组织变异→双元能力→组织惯例→双元能力→组织变异"的正反馈回路。此外，外部环境的动荡如果超出一定的阈值，也会为组织变异、双元能力提升带来压力和动力。

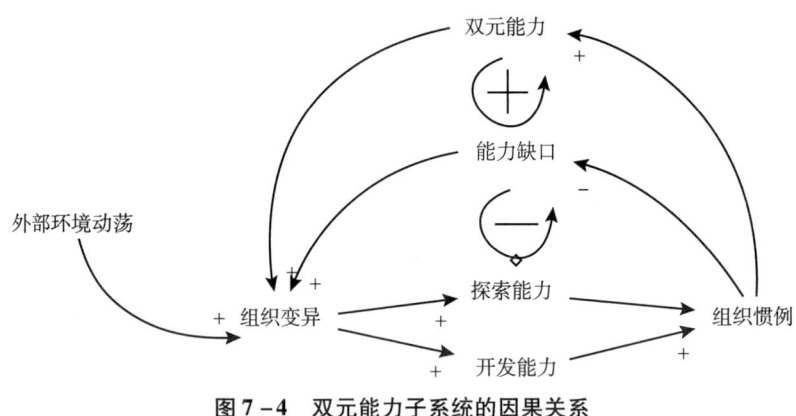

图 7 – 4　双元能力子系统的因果关系

二、因果关系回路

　　综上所述，本研究通过整合上述三个子系统之间的接口绘制了总系统因果回路图（见图 7 – 5），其主要逻辑关系为：知识和能力缺口诱发企业通过创新搜索子系统获取外部知识，而创新搜索策略对双元能力的影响则会受到企业决策理性的调节，进而影响企业双元能力。由于逆向国际化企业嵌入双重网络，网络的异质性必然导致资源等在国内外网络分布存在差异（吴航和陈劲，2018），为此需要将国内外两种网络视为既相互独立又有机结合的情境加以分析。

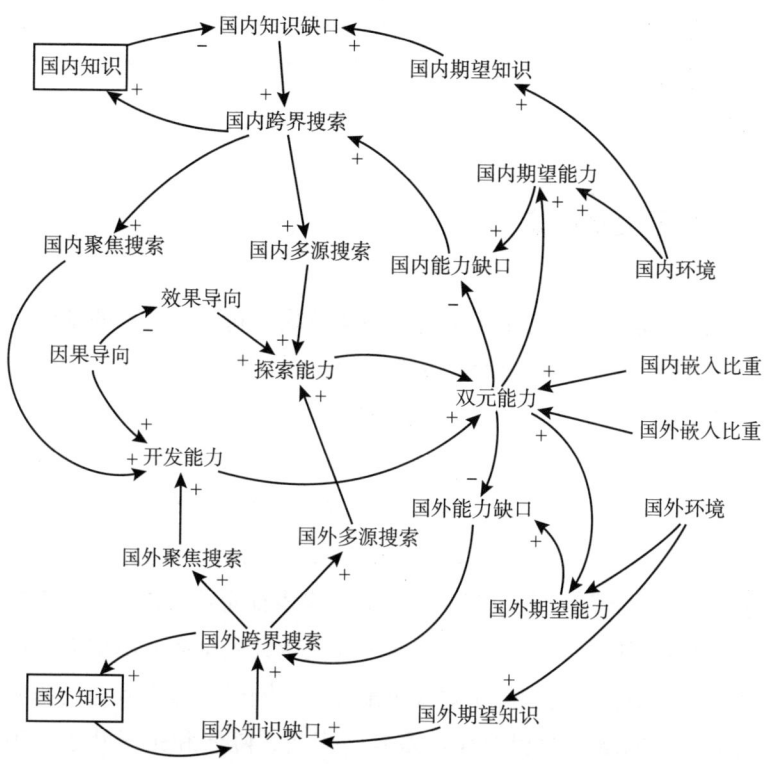

图7-5　逆向国际化企业创新搜索与双元能力关系的因果回路

本研究在模型中作如下基本假定：第一，逆向国际化企业嵌入在国外网络中的部分所面临的是国际环境，它与嵌入在国内网络的部分所面临的国内环境是相互独立的；第二，为了简化模型，在模型中不考虑时间延迟带来的影响。

第四节　参数设定和模型检验

流量存量图通过直观的符号描述系统要素间的逻辑关系，清晰地描述影响反馈系统的动态性能的累积效应，揭示系统各要素间的数量关系（陈可嘉，闫晓梅和杨淑琴，2018）。流量存量图中包含四种变量，分别是状态变量（系统的积累效应）、速率变量（积累效应变化的快慢）、辅助变量（维系前两种变量之间信息传递和转换过程）以及常量（Welter & Kim, 2018）。

一、主要变量设定

本研究在综合分析各个子系统与整体系统之间因果关系的基础上，使用 SD 方法定义各个模型变量以及变量之间的关系。以要素"双元能力"为例，该要素的数值大小可以表征逆向国际化企业的双元能力状态和水平，因而设置"双元能力"为状态变量。而"双元能力"的积累快慢取决于要素"双元能力增加率"和要素"双元能力衰减率"，即这两个变量可反映状态变量"双元能力"的积累速度，因而设置为速率变量。另外，以要素"因果导向"为例设置常量，该要素表征企业国内外网络在决策理性整合上偏向于因果决策的程度，该常量值越大表示企业越偏向于因果决策导向，越小则表示越偏向于效果决策导向。同时，考虑到逆向国际化企业嵌入国内外网络上的程度存在差异（李飞，陈岩和张李叶子，2019），因而设置常量"国内嵌入程度"来表征企业在国内网络的嵌入程度，并将其取值范围设定在 0 到 1 之间。例如，若将"国内嵌入程度"值设为 0.6，则表明企业在国内网络中的嵌入程度为 0.6，在国外网络嵌入程度为 0.4。

此外，在模型中设置以要素"国内能力缺口"为例的辅助变量，该要素是连接两个状态变量"双元能力"和"国内期望能力"，并开启要素"国内跨界搜索"的关键变量，是多个变量之间进行逻辑转换和信息传递必不可少的中间变量，因此将其设置为辅助变量。考虑到环境的不确定性，模型中将辅助变量"国内环境"和"国外环境"用随机变量的形式给出，以刻画并模拟外部环境的随机性特征（张军和许庆瑞，2015）。根据以上分析得到全部模型变量及性质，如表 7 - 1 所示。

表7-1 模型变量及性质

变量名	性质	编号	变量名	性质	编号	变量名	性质	编号
国内知识	状态变量	L1	国内期望能力增加率	速率变量	R7	国外聚焦搜索	辅助变量	A10
国外知识	状态变量	L2	国外期望能力增加率	速率变量	R8	国内多源搜索	辅助变量	A11
国内期望知识	状态变量	L3	双元能力增加率	速率变量	R9	国外多源搜索	辅助变量	A12
国外期望知识	状态变量	L4	双元能力衰减率	速率变量	R10	效果导向	辅助变量	A13
国内期望能力	状态变量	L5	国内能力缺口	辅助变量	A1	开发能力增加率	辅助变量	A14
国外期望能力	状态变量	L6	国外能力缺口	辅助变量	A2	探索能力增加率	辅助变量	A15
双元能力	状态变量	L7	国内知识缺口	辅助变量	A3	国外嵌入程度	辅助变量	A16
国内知识增加率	速率变量	R1	国外知识缺口	辅助变量	A4	因果导向	常量	C1
国外知识增加率	速率变量	R2	国内搜索知识	辅助变量	A5	国内嵌入程度	常量	C2
国内知识流失率	速率变量	R3	国外搜索知识	辅助变量	A6	国内环境	随机变量	S1
国外知识流失率	速率变量	R4	国内跨界搜索	辅助变量	A7	国外环境	随机变量	S2
国内期望知识增加率	速率变量	R5	国外跨界搜索	辅助变量	A8			
国外期望知识增加率	速率变量	R6	国内聚焦搜索	辅助变量	A9			

在此基础上,建立逆向国际化企业创新搜索与双元能力间关系的流量存量图,如图7-6所示。

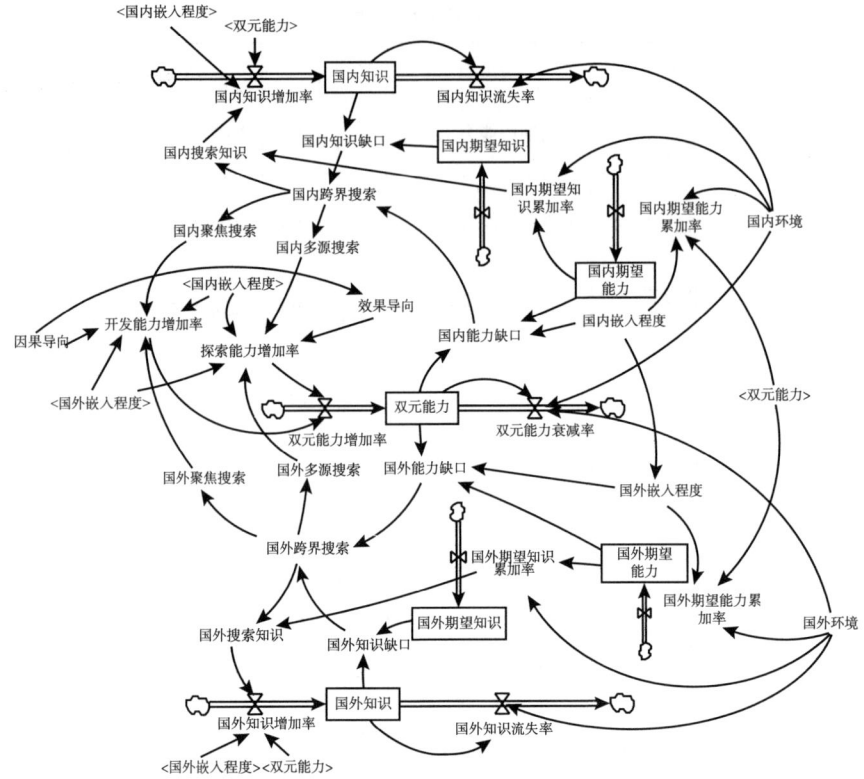

图 7 – 6 逆向国际化企业创新搜索与双元能力关系的 SD 流

二、主要函数设定

本研究模型所涉及变量的仿真方程及说明总结如表 7 – 2 所示。

表 7 – 2 方程设计和说明

方程设计	序号	说明
L7 = INTEG(R9 – R10，1000)	(1)	本研究将双元能力 L7 设定为存量，其流量分别为双元能力增加率 R9 和双元能力衰减率 R10
R9 = A14 × A15	(2)	借鉴 Cao，Gedajlovic & Zhang (2009) 等对双元能力的测算方式，将双元能力增加率 R9 计算为开发能力增加率 A14 与探索能力增加率 A15 的乘积

方程设计	序号	说明
R10 = IF THEN ELSE（ABS（S1）≥ 0.75；OR；ABS（S2）≥0.75, L7 × 0.03, L7×0.01）	(3)	不同程度的环境动荡对企业能力的淘汰衰减率不同，当外部环境动荡时会加剧企业能力的衰退，本模型采用选择函数表示不同程度的环境动荡下双元能力的衰减程度
L1 = INTEG（R1 − R3, 1×10^6） L2 = INTEG（R2 − R4, 1×10^6）	(4)	国内（外）知识为存量，国内（外）知识增加率和流失率是与之对应的流量
R1 = A5 + L7 × C2 R2 = A6 + L7 × A16	(5)	知识基础的增加与企业提升的能力会以显性和隐性知识的形式流入企业知识基础中
R3/R4 = IF THEN ELSE（ABS（S1/S2）≥ 0.75, L1/L2 ×0.03, L1/L2 ×0.01）	(6)	环境动荡加剧将导致原有知识的过时和淘汰，采用选择函数表示不同程度环境动荡下企业知识淘汰流失的速率
L3/L4 = INTEG（R5/R6, 0）	(7)	国内（外）期望知识是国内（外）期望知识增加率的积分
R5/R6 = L5/L6 × 10 + IF THEN ELSE（ABS（S1/S2）≥0.75, ABS（S1/S2）× 100, ABS（S1/S2）×10）×100	(8)	此处选择函数的使用表示不同程度环境动荡对期望知识的影响
L5/L6 = INTEG（R7/R8, 0）	(9)	国内（外）期望能力也是其对应的期望能力增加率的积分
R7/R8 = IF THEN ELSE（ABS（S1/S2）≥ 0.75, ABS（S1/S2）× 100, ABS（S1/S2）×10）+ L7 × C2/A16	(10)	此处选择函数的使用表示不同程度环境动荡对期望能力的影响
A3/A4 = L3/L4 − L1/L2	(11)	国内（外）知识缺口是由国内（外）期望知识与企业目前拥有的现实知识基础之间的差距造成的
A5/A6 = IF THEN ELSE（A7/A8 ≥1, R5/R6 ×0.7, 0）	(12)	当企业国内（外）部分进行跨界搜索时，才会产生相应的搜索知识，否则搜索到的知识为0
A7/A8 = IF THEN ELSE（A3/A4 ≥ 2000, 1, 0）+ IF THEN ELSE（A1/A2 ≥ 100, 1, 0）	(13)	当知识缺口或者能力缺口到达一定的阈值才会开启创新搜索行为
A9/A10 = IF THEN ELSE（A7/A8 ≥1, 0.5 × A7/A8, 0）	(14)	只有当企业开启创新搜索行为，才会进行聚焦搜索
A11/A12 = IF THEN ELSE（A7/A8 ≥1, 0.5 × A7/A8, 0）	(15)	企业创新搜索的开启是企业进行多源搜索的前提
A13 = 1 − C1	(16)	将效果导向与因果导向设定为 [0, 1] 之间的变量，并且二者之和为1。该值越接近于1，表明决策逻辑越接近于效果导向，反之趋向因果导向

续表

方程设计	序号	说明
$A14 = (A7 \times C2 + A10 \times A16) \times C1 \times 100$	(17)	开发能力作为企业的一种整体能力要素，由于企业国内外网络嵌入程度的不同而有所差异，并且在模型中考虑到了企业决策理性对能力的影响
$A15 = (A11 \times C2 + A12 \times A16) \times A13 \times 100$	(18)	探索能力与开发能力（17）模型设定类似
$A1/A2 = L3/L4 - L7 \times C2/A16$	(19)	企业国内（外）部分所感知到的能力缺口来自企业期望能力与现实所具备能力之间的差距
$S1 = RANDOM\ UNIFORM(-1, 1, 0)$	(20)	国内（外）环境变化随机发生，故将国内（外）环境设定为随机函数
$A16 = 1 - C2$	(21)	国外嵌入程度指企业在国外网络上的嵌入程度，该值越大表征企业在国外网络中的嵌入深度和广度大于国内网络，国内嵌入程度与之相反

三、情景设计与参数设定

模型中常数值和存量初始值表示被模拟企业的现实情境，本研究通过不同数值设定下的情境设计，将复杂的企业现实转化为可分析的多种状态（周钟和陈智高，2018）。根据企业决策理性的整合方式不同，可以将企业设定为因果导向型、效果导向型和导向整合型三种（Smolka et al.，2018）。因果导向型企业强调目标导向和规避不确定性，并通过促进聚焦搜索、抑制多源搜索调节逆向国际化企业创新搜索与双元能力之间的关系（Fisher，2012；Cai et al.，2017）。由于环境的不确定性容易导致企业计划与预测失效，效果导向型企业倾向于借助手段导向以匹配国内外多源搜索，从而应对国内外环境变化（Sharma & Salvato，2011）。而双元决策理性整合型企业则重视因果导向与效果导向两者的协调和整合，在国内外双重网络中兼顾多源搜索与聚焦搜索实现双元能力均衡。

由于逆向国际化企业在国外与国内网络中相对独立运作，结合前面提出的国内外异质性创新搜索组合方式，以及因果和效果两种决策导向在搜索过程中的作用，本研究重点针对三种互补性的创新搜索组合方式进行仿真分析，分别是："国内聚焦国外多源"搜索策略，即企业在国内网络上采取聚焦搜索而国外网络采取多源搜索；"国内多源国外聚焦"搜索策略，即企业在国内网络上采取多源搜索而国外网络采取聚焦搜索；"国内外平衡"搜索策略，即企业在国内外网络上均同时采取聚焦搜索与多源搜索两种策略。

鉴于企业创新搜索行为的复杂性和概念抽象性，并且考虑到企业知识和能力难以量化，模型中对部分变量采用了虚拟的计量单位（周钟和陈智高，2018）。针对以上三种情境，对模型中关键状态变量初值和常量进行设定。除此之外，状态变量"国内知识"和"国外知识"初值设定为 1×10^6，状态变量"双元能力"初值设为 1×10^3，常量"国内嵌入程度"设定为 0.5，其余初值均设为 0。

四、模型检验

系统动力学所构建的模型是对真实世界系统的简化，只要在既定条件下尽可能接近真实系统并能够完成预期目标，那么可以判定模型构建是有效的。系统边界检验主要是考察 SD 系统中关键概念与变量是否属于内生变量，并检测系统行为是否对系统边界假设的变动有敏感性（Gnizy & Shoham，2018），本研究模型中所纳入的均是与研究问题密切相关的重要变量，在因果关系和模型的构建过程中同时参考现有研究和咨询相关专家意见，反复修改完善模型，最终不包括不必要的外生变量。此外，本研究着重进行了极端条件检验以观测理论模型自身的有效性和稳定性，极端条件检验旨在判断极端条件下模型的表现是否仍然符合现实，结果显示：

（1）如图 7 - 7a 所示，当因果导向取值为 0 时，双元能力呈不断下降趋势。这是由于因果导向为 0 表示企业完全忽略因果导向，导致开发能力极度受挫，这种极度不均衡决策理性最终间接造成双元能力的下降。

（2）如图 7 - 7b 所示，当因果导向取值为 1 时，双元能力也呈不断下降的趋势，该情形意味企业完全忽略效果导向，导致探索能力为 0，并诱发双元能力的畸形发展。

两种极端情形的仿真结果与实际情况相符，说明本研究所构建的模型通过极端条件检验。

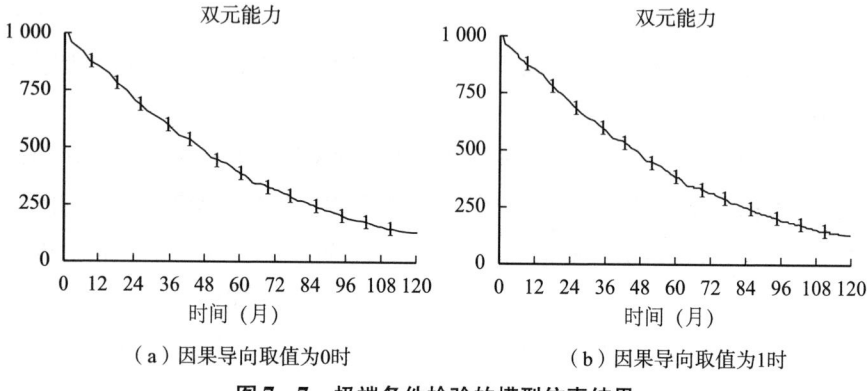

（a）因果导向取值为0时　　　　　　　（b）因果导向取值为1时

图7-7　极端条件检验的模型仿真结果

第五节　仿真结果与分析

　　通过在规定值域内改变国内双元能力等状态变量的初始值、国内因果导向等常量取值以及变量间的函数关系，灵敏度测试结果发现双元能力等关键变量的行为趋势较为一致，这表明本研究所构建的模型具有稳健性和可靠性。以企业双元能力为被模拟对象，时间步长设定为月，仿真周期10年，采用 Vensim PLE 软件对上文所构建的模型进行仿真。

一、国内外网络均衡嵌入情形下的仿真结果

（一）"国内外平衡"搜索组合策略

　　第一，企业采取"国内外平衡"创新搜索组合且整合因果与效果两种决策理性时，企业双元能力增长在第84个月之前呈现增速下降趋势，之后呈现"震荡前行"的规律。一方面，可能是由于受到了知识搜索活动的资源约束以及环境波动的影响。在逆向国际化的初期，企业通过加大创新搜索的资源投入，既能借助多样性网络联系增加解决创新问题的方法，又

能整合双重网络中互补性知识避免相似性陷阱，从而快速提升双元能力（Prange & Bruyaka，2016）。然而，如果过度追求国内外搜索平衡将加剧对企业内部稀缺资源和管理注意力的争夺（March，1991），还会导致企业管理多元知识源的沟通成本急剧上升，并且整合非熟悉知识的风险加大（Hao & Feng，2018），这将减弱企业在国内外开发和探索活动的组合效应。另一方面，随着逆向国际化企业在国内开展的业务范围扩大，企业受环境波动影响更大（见图7－8b），企业在短期内往往由于国内市场探索、核心人员的流失、竞争加剧等原因导致更大能力波动（吴航和陈劲，2018），进而形成了震荡前行的局面。

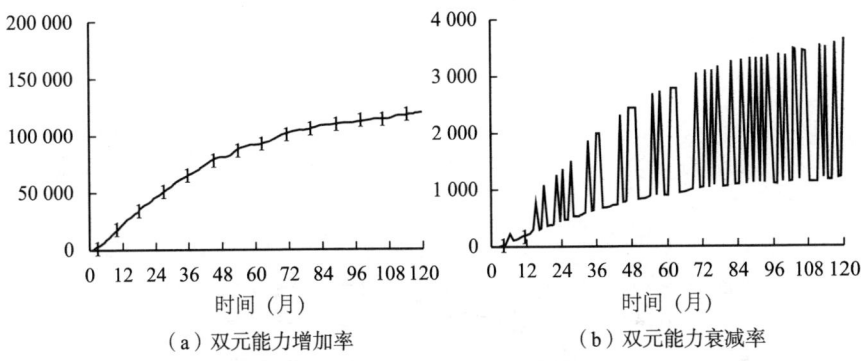

（a）双元能力增加率　　　　　（b）双元能力衰减率

图7－8　双元决策理性下"国内外平衡"搜索组合对企业双元能力的影响

第二，企业采取"国内外平衡"搜索组合策略且偏向因果或效果决策理性时，双元能力的增长趋势如图7－9所示。本研究通过调整常量"因果导向"的赋值进行模拟，得到图7－9a中的曲线1～6。其中，曲线1表示因果与效果两种决策理性整合，曲线2到曲线6表示企业的决策理性对因果导向的倾向程度逐渐增大。从图7－9中可以看出，除曲线6以外，双元能力均呈现增速减小的增强趋势。但与曲线1所代表的"因果和效果双元整合型"决策理性相比，企业因果导向程度越高，其双元能力及其增长率就越小。与因果导向类似，"效果导向型"企业采取"国内外平衡"创新搜索方式时，其双元能力的增长趋势如图7－9b所示。

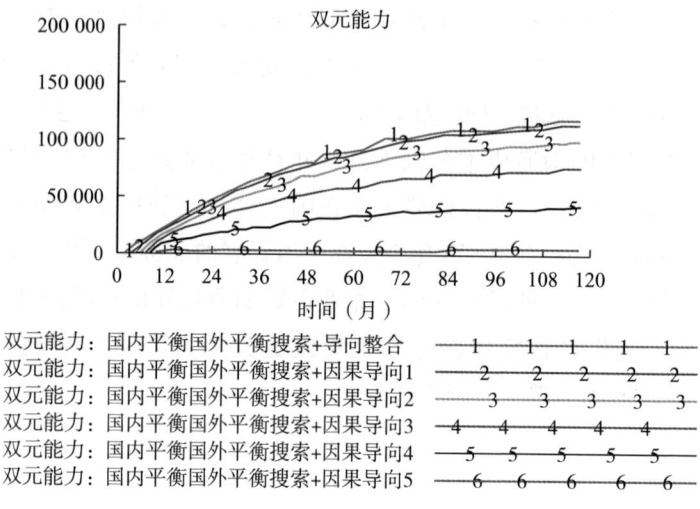

（a）因果导向型企业

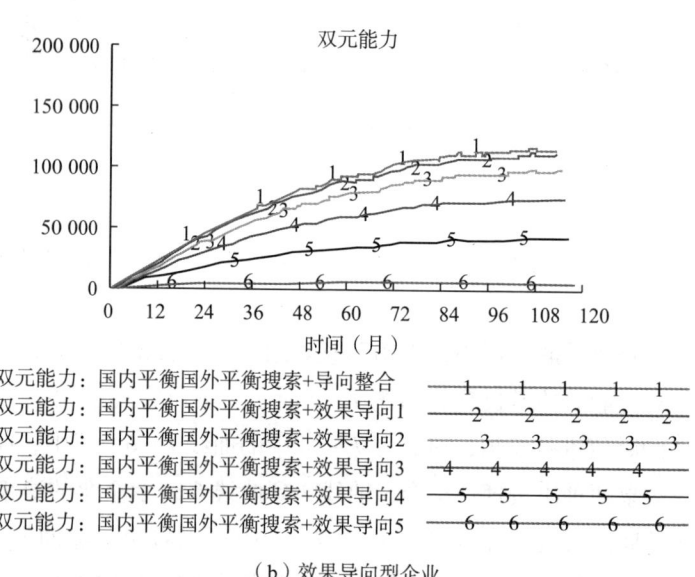

（b）效果导向型企业

图7-9 单一决策理性下"国内外平衡"搜索组合对企业双元能力的影响

综合图7-8与图7-9两种搜索组合情形可知，当逆向国际化企业国内外网络嵌入均衡且兼顾搜索策略互补时，采取"整合型"决策理性将带来更大的双元能力及其增长速率；相反，当企业偏离双元决策理性整合而偏向因果或效果导向时，其双元能力及增长速率均下降，且偏离程度越大，双元能力提升越缓慢。这与克瑞格等（Crick et al.，2020）的"企业兼顾国内外市场时会同时运用因果和效果这两种决策理性"的结论一致。其原因可能在于：聚焦搜索强调对特定类型知识的深入挖掘，属于渐变式知识积累，这与因果决策导向所强调的"规避不确定性""强调目标"等逻辑是一致的（Sharma & Salvato，2011）；多源搜索由于强调对不同类型知识的搜寻，属于探索性知识积累，与效果导向所强调的"容忍不确定性"等逻辑一致（Cai et al.，2017）。因此，当企业同时采取聚焦搜索与多源搜索时，既需要匹配因果导向将聚焦搜索获取的经验转化为开发能力，又依赖效果导向将多源搜索所获得的知识服务于企业新产品和市场探索（Reymen et al.，2015；Fisher，2012），反之企业依赖单一决策理性均有可能存在逻辑匹配问题。

（二）"国内聚焦国外多源"或"国内多源国外聚焦"搜索组合策略

为探究"国内聚焦国外多源"搜索组合策略对双元能力的影响，将原模型中"国内多源搜索"与"国外聚焦搜索"两个变量及与之相关的因果链去除，并通过更改函数关系模拟该情形。图 7-10a 和图 7-10b 分别表示决策理性为"因果导向型"和"效果导向型"时逆向国际化企业双元能力的变化趋势，两个图中的曲线 1 均表示"导向整合"时的情形（"国内多源国外聚焦"搜索组合策略的结果与之相似，不再赘述）。基于此，可以得出结论：当企业国内网络均衡嵌入且采取"国内聚焦国外多源"或"国内多源国外聚焦"搜索组合策略时，"双元整合型"决策理性较单一决策理性能产生更大的双元能力及其增长速率；相反，当企业偏向于单一决策理性时，企业双元能力及增长速率均下降，且偏离程度越大，双元能力提升越缓慢。从理论上分析可知，一方面，在不确定性环境下，企业创新搜索可能面临国内搜索与国外搜索、聚焦搜索与多源搜索等两难选择，创新搜索平衡虽然能发挥不同搜索策略的协同与互补作用，但资源竞争和环境动态性也会影响创新搜索效果（Koryak et al.，2018）；另一方面，因果和效果两种决策理性的适用范围存在差异（Yu et al.，2018），前者强调预测未来，但容易受意外事件影响，后者侧重手段导向和充分利用权变，可能导致企业在目标和计划不明确的情形下低效率工作。因此，鉴于因果和效果两种决策理性特征与两种交叉搜索组合策略具有较好的匹配性，整合两种决策理性既能帮助企业利用多渠道搜索获得多样化信息或视角，又能避免在特定领域内搜索陷入决策的极端情境（Reyment et al.，2015）。

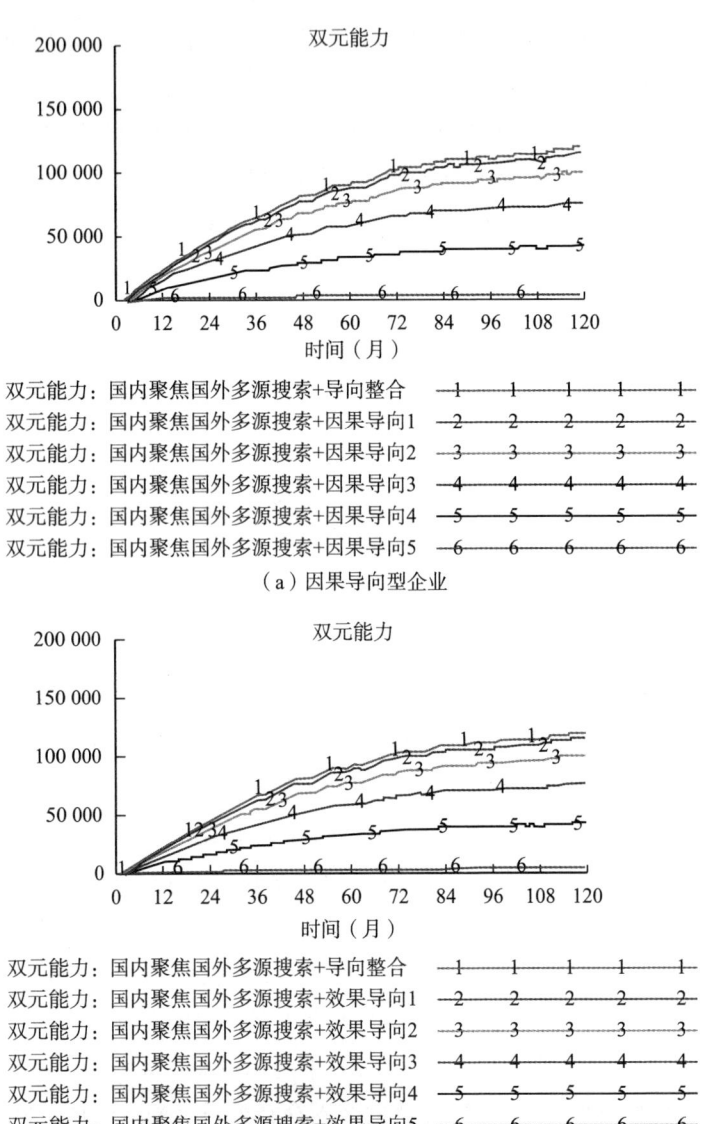

（a）因果导向型企业

（b）效果导向型企业

图 7 – 10　单一决策下"国内聚焦国外多源"搜索组合对企业双元能力的影响

二、国内外网络嵌入不均衡情形下的仿真结果

由于企业受到资源等条件约束难以完全均衡国内外网络，为了进一步讨论逆向国际化企业创新搜索与双元能力之间的关系，接下来改变"国内外网络嵌入程度"的设定，以分析国内外网络嵌入失衡时的情形。由于篇幅限制，本节只展示其中一种情形的结果——假定国内网络嵌入比重 = 0.8、国外网络嵌入比重 = 0.2，其余情形模拟结果虽在具体数值上与该情形有所差异，但是总体趋势和研究结论方面与该情形基本一致。

（一）"国内外平衡"搜索组合策略

企业在国内外网络嵌入不均衡时，采取"国内外平衡"搜索策略的因果导向型企业仿真结果如图7-11所示，效果导向型企业的仿真结果与此类似。其结论与国内外嵌入均衡时无太大差异：当企业国内外网络嵌入不均衡且采取"国内外平衡"搜索策略时，"整合型"因果和效果两种决策理性较单一决策理性给企业带来更大的双元能力及其增长速率。

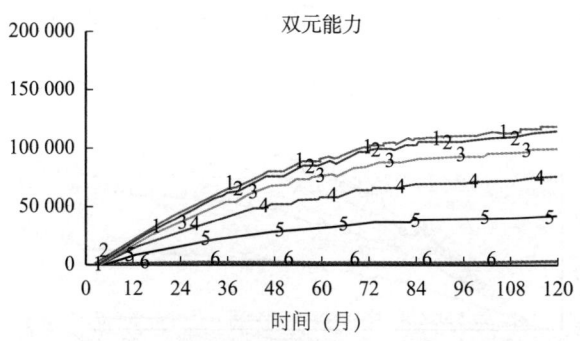

双元能力：国内平衡国外平衡搜索+导向整合 ————1—1—1—1—1—
双元能力：国内平衡国外平衡搜索+因果导向1 ——2—2—2—2—2—
双元能力：国内平衡国外平衡搜索+因果导向2 ——3—3—3—3—3—
双元能力：国内平衡国外平衡搜索+因果导向3 —4—4—4—4—4—
双元能力：国内平衡国外平衡搜索+因果导向4 —5—5—5—5—5—
双元能力：国内平衡国外平衡搜索+因果导向5 —6—6—6—6—6—

图7-11　"因果导向型"决策下"国内平衡国外平衡"
搜索组合对企业双元能力的影响

（二）"国内聚焦国外多源"或"国内多源国外聚焦"搜索组合策略

图7－12刻画了"国内聚焦国外多源"搜索组合策略下企业双元能力的动态变化，其中图7－12a表示企业为"因果导向型"时其双元能力的变化，图7－12b为"效果导向型"时企业双元能力的变化，"国内多源国外聚焦"搜索组合策略的结果类似。从图7－12中可知：当企业国内外网络嵌入不均衡时，企业不论采取"国内多源国外聚焦"搜索还是"国内聚焦国外多源"搜索，双元能力增加率仍然均表现出"双元整合型"决策明显优于单一决策理性。但与图7－11"国内外平衡"搜索方式相比较，采取"国内聚焦国外多源"或"国内多源国外聚焦"搜索组合策略对双元能力增加的影响明显较低。其原因可能在于：当国内外网络嵌入程度相对均衡时，"国内聚焦国外多源"和"国内多源国外聚焦"两种搜索方式均可以在不同领域交叉实现创新搜索双元，以克服资源配置张力与组织管理冲突，同时在国内外网络均衡的基础上实现异质知识的互补性（Lavie，Kang & Rosenkopf，2011；李飞，陈岩和张李叶子，2019）。然而，当国内外网络嵌入不均衡时，"国内聚焦国外多源"和"国内多源国外聚焦"策略虽然可以保证不同网络上知识的异质性，但是由于国内外网络嵌入失衡，整体网络中的知识更偏向于同质化，这不利于双元能力的提升。

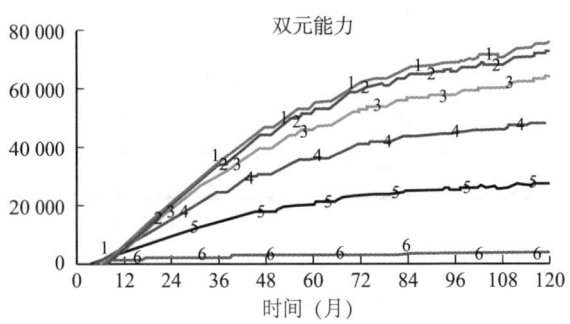

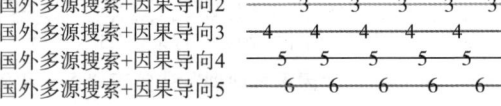

（a）"因果导向型"决策下的影响

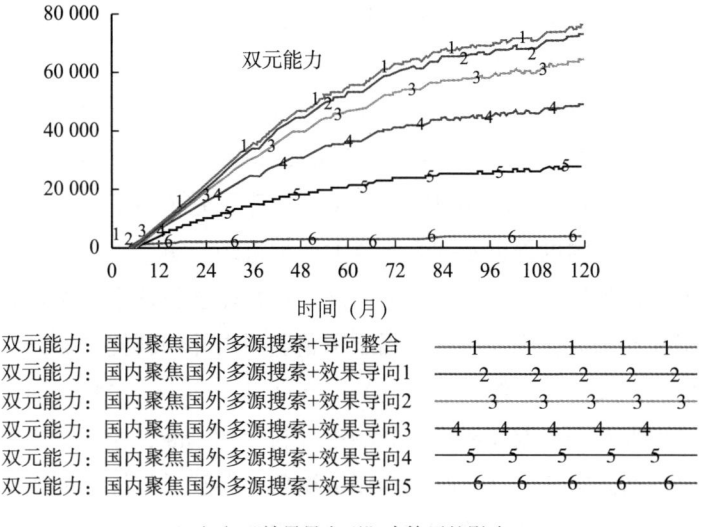

双元能力：国内聚焦国外多源搜索+导向整合　　—1—1—1—1—1—1—

双元能力：国内聚焦国外多源搜索+效果导向1　　—2—2—2—2—2—

双元能力：国内聚焦国外多源搜索+效果导向2　　—3—3—3—3—3—

双元能力：国内聚焦国外多源搜索+效果导向3　　—4—4—4—4—4—

双元能力：国内聚焦国外多源搜索+效果导向4　　—5—5—5—5—5—

双元能力：国内聚焦国外多源搜索+效果导向5　　—6—6—6—6—6—

（b）"效果导向型"决策下的影响

图 7－12　"国内聚焦国外多源"搜索组合对企业双元能力的影响

第六节　研究小结

本研究以系统动力学方法，探究决策理性的调节作用下逆向国际化企业创新搜索与双元能力之间的动态影响，得到以下结论：首先，创新搜索在决策理性的调节下其双元能力增长呈现增速下降的特征，且在后期呈现"缓慢提升并震荡前行"的态势。其次，无论企业国内外网络嵌入程度如何，整合因果和效果这两种决策理性对企业采取任何一种搜索组合策略提升双元能力结果均优于采用单一决策理性结果。具体而言，当企业偏离决策理性整合倾向于"因果导向"或"效果导向"时，企业双元能力及增长速率均出现下降，且偏离程度越大，其双元能力提升越缓慢。最后，当国内外网络嵌入均衡时，逆向国际化企业采取"国内平衡国外平衡""国内聚焦国外多源"或"国内多源国外聚焦"任何一种搜索组合策略均有利于双元能力提升，反之企业采取"国内外平衡"搜索明显优于"国内聚焦国外多源"与"国内多源国外聚焦"搜索组合策略。

本研究的理论贡献主要体现在以下三点：第一，将逆向国际化企业的国内、国外网络嵌入纳入同一个分析框架中，通过构建仿真模型考察双重网络嵌入均衡或不均衡时不同搜索策略组合的动态影响规律。仿真结论既丰富了劳尔森和索尔特（Laursen & Salter, 2006）等研究结果，又整合亨托宁和里塔拉（Henttonen & Ritala, 2013）等研究拓展了双重网络创新搜索构念，揭示了国内外创新搜索策略的匹配机理。第二，系统整合创新搜索、决策理性等理论，深入揭示逆向国际化企业创新搜索影响双元能力的路径机制和动态演化规律。这既揭示了企业国内外创新搜索提升双元能力的动态机理，又验证了维拉尼等（Villani et al., 2018）"整合因果和效果双元决策理性对企业双元能力的影响更有利"的判断，拓展了决策理性理论的适用范畴。第三，基于时间的序贯视角，突破了传统实证方法无法同时对创新搜索与双元能力之间多重过程加以分析的局限。本研究运用 SD 方法研究逆向国际化企业嵌入双重网络情形下各个子系统的互动耦合过程，探索了系统主体行为与各个要素之间的因果关系，揭示了创新搜索与双元能力关系的非线性反馈机制，识别出提升逆向国际化企业双元能力的搜索策略。

结合本研究结论，得到如下三个方面的管理启示：第一，企业应利用国内外网络的双重嵌入优势，主动通过创新搜索行为吸收异质性知识以提升双元能力。受仿真结果启发，逆向国际化企业需要平衡国内外网络中的聚焦搜索与多源搜索活动，适度利用双重网络中异质性搜索组合带来的互补性优势，持续提升双元能力。第二，企业在积累创新搜索经验的同时，也应注重通过探索与开发培育双元能力。逆向国际化企业应主动实施国内外聚焦或多源创新搜索活动，有针对性地补齐双元能力短板，通过双元能力水平提升反过来促进企业更高效率地获取和转化外部知识。第三，由于两种决策理性适应情境存在差异，权衡利用双元决策理性将有利于企业获取多样化知识和实现双元能力提升。具体而言，逆向国际化企业在稳定环境下或熟悉的业务领域内，采取因果决策导向，挖掘聚焦搜索带来稳定性收益回报；在面对模糊性和复杂性环境时，借助效果决策导向，拓展合作关系和加强对外部知识源的探索程度。

本研究主要局限有两个方面：一是，本研究所构建的 SD 仿真模型是基于已有理论的整合而获得的二阶模型，而非针对某一具体特定企业进行建模。未来研究可针对某一典型逆向国际化企业，采用案例研究和系统动力学研究结合的方式探讨其创新搜索、决策理性和双元能力三者之间的演化关系。二是，系统建模过程中没有考虑"知识—能力—双元能力"转化的各个环节活动之间的时间延迟问题。时间延迟可能会影响系统运行结果，未来研究将加强对知识搜索转化为能力或双元能力的时滞问题思考。

第八章 研究总结与展望

第一节 研 究 结 论

本书基于逆向国际化、创新搜索、双元能力、决策理性等理论，探讨了逆向国际化企业创新搜索对组织双元能力的作用机制。首先，由于逆向国际化企业搜索的知识源"组态"、搜索策略及其互动等组织双元能力的影响机制并不清晰，四类知识源组合、创新搜索及其互动对逆向国际化企业双元能力的影响有待深入探究。其次，逆向国际化企业在创新搜索过程中受到组织惯例和决策理性的影响，需要借助实证方法考察组织惯例对创新搜索与组织双元能力关系的中介影响，以及因果推理和效果推理的整合调节作用。最后，从动态演化视角，借助案例方法探究决策理性和创新搜索在逆向国际化企业不同阶段中的演化规律，并借助系统动力学（SD）方法构建逆向国际化企业创新搜索对双元能力影响的动态规律与演化路径。主要得到如下结论：

第一，逆向国际化企业有多种实现双元能力的创新搜索路径，不同特征因素影响下创新搜索对双元能力的影响路径会存在较大差异。

以外部知识来源作为创新搜索的切入点，并考虑逆向国际化企业的特征因素，构建了以市场型、科学型、中介型和通用型四大类知识源为条件变量的创新搜索与双元能力的耦合机制模型。定性比较分析（QCA）结果发现：（1）与探索能力相关的条件变量和特征变量的组合有 6 种组态，1HA、1HB 和 1HC 三个组态均以企业特性为核心条件主导企业探索能力的提升，2HA 和 2HB 两个组态下的企业具有大规模、高研发强度的特点，且均采用以科学型知识搜索为主的多元搜索策略，3HA 组态显示国际化经验丰富的高新企业，采取以市场型、通用型知识搜索为主的多元搜索策略能够提升企业探索能力。（2）与开发能力相关的条件变量和特征变量的组合有 5 种组态，1HA 和 1HB 两个组态下的企业具有大规模、高研发强度的特点，且均采用以市场型知识搜索为主的多元搜索策略，2HA、2HB 和 2HC 三个组态下的企业均属于高研发强度、国际化经验丰富的高新企业，该类组态下的企业倾向于进行内部创新，开发现有技术蕴含的潜在价值，改善和优化现有产品和服务。

第二，逆向国际化企业创新搜索互动模式（国内外单一搜索互动和国内外交叉搜索互动）对双元能力的平衡和组合有差异化影响。

国内外单一搜索互动对双元能力的均衡有负向影响，即逆向国际化企业在国内外两种网络中无论偏向聚焦搜索还是多源搜索，均不利于企业平衡探索和开发两种能力，也难以发挥两种能力的联合作用；国内聚焦和国外多源的搜索互动、国内多源和国外聚焦的搜索互动都对平衡双元能力有正向影响，但对组合双元能力的影响呈现倒"U"形。一方面，这意味着国内和国外交叉搜索互动中的多源和聚焦搜索策略可产生互补效果，企业能够同时兼顾探索和开发能力；另一方面，虽然不同网络层次的知识源搜索策略是产生互补增值的条件，但过度追求两种网络的交叉搜索互动也会阻碍企业双元能力组合效应的发挥。

本书整合地理网络均衡和创新搜索策略研究（Patel et al.，2014；Henttonen & Ritala，2013），深入探索了双重网络搜索的互动机理，并找出逆向国际化企业的知识源聚焦/多源搜索与双重网络嵌入的匹配规律，拓展了张晓棠和安立仁（2015）关于多维搜索策略交互方面的研究，深化了对逆向国际化企业成长和知识迁移机制的认知。同时，结合逆向国际化企业独特的双重网络特征，探讨了双重网络嵌入下聚焦与多源搜索互动对双元能力平衡和组合的差异化影响，突破本地或全球单一网络知识搜索对双元能力的制约，如本地网络聚焦搜索过度引发的能力陷阱、全球价值链深度搜索过度的锁定效应以及两种网络多源搜索过度产生的失败陷阱（奉小斌和周兰，2020a）。本书不仅突破了原有多维创新搜索与探索/开发能力的单一关系，而且从多维创新搜索视角拓展了解决组织双元张力的协调机制，厘清了知识搜索互动模式对构建和提升双元能力的影响机理，为双元能力均衡影响机制的研究提供了新视角。

第三，逆向国际化企业创新搜索对组织惯例、组织惯例对双元能力均有直接影响，创新搜索通过组织惯例对双元能力有间接影响。

本书研究发现，逆向国际化针对外部不同知识源的聚焦搜索和多源搜索，都能对组织惯例、组织双元能力产生正向影响，这说明从知识源和知识搜索深度的角度来说，企业不论采用什么搜索策略均有利于双元能力的构建。结果还发现，组织惯例对双元能力产生正向影响，常规惯例指组织固有的运作能力，柔性惯例指组织特有的动态能力，这两者虽然侧重点不同，但是对于双元能力都具有促进作用。此外，常规惯例和柔性惯例在创新搜索对双元能力产生影响的路径中都起中介作用。这佐证了王永伟等（2011）提出的，组织惯例对于搜寻机制的中介作用，组织惯例是对企业知识不断总结修正和优化的过程，常规惯例通过跨越组织边界的知识搜索来对企业现有知识进行改进，强化对知识的复制移动；柔性惯例通过跨越组织边界的知识搜索来发现新知识，强化对知识的共享和发现。创新搜索对组织双元能力的影响，有部分需要通过组织惯例来发挥作用。

第四，逆向国际化企业创新搜索平衡对组织双元能力有正向影响，决策理性对上述关系起到调节作用。

逆向国际化企业可以通过多渠道搜索获得创新资源和机会，不断提升对新产品和新技术的探索能力；通过聚焦某类知识，抓住核心市场业务提升利用能力，并获得稳定收益，在国内外市场中采取不同的搜索方式（即国内聚焦搜索和国外多源搜索平衡、国内多源搜索和国外聚焦搜索平衡），能够为探索和开发能力提供均衡发展的基础，帮助企业更好地培育组织双元能力。本书将组织双元能力的前置因素从组织结构、情景、领导等延伸到网络层面的创新搜索范畴，探讨双重网络嵌入下不同搜索匹配模式对构建整体/组合双元能力的影响，这不仅突破了单一网络搜索研究中的开发/探索能力失衡局限，还链接了多维创新搜索与组织双元能力理论，为构建组织双元能力提供了新的研究视角（奉小斌和周兰，2020b）。

因果和效果推理对创新搜索平衡与组织双元能力的关系均起到负向调

节作用，而双元决策理性对两者关系呈现较好的调节作用。由于因果和效果适用的搜索方式有所差异，对探索和开发能力提升的促进作用也有一定针对性和片面性，当逆向国际化企业越倾向于因果或效果推理，越容易造成开发能力或探索能力的失衡。因果和效果整合的双元决策理性对创新搜索平衡与整体/组合双元能力的关系具有正向联合调节效应，但仅对国内聚焦和国外多源搜索平衡与整体双元能力关系的正向调节作用得到验证。本研究从双元决策理性整合视角，探索逆向国际化企业的国内外搜索平衡模式对组织双元能力的权变影响，不仅验证了"效果推理适用于动态环境，因果推理适用于稳定环境"这一观点，而且拓展了莱恩利和加尔金娜（Laine & Galkina，2017）等研究的双元决策理性共存观点，并推动了双元决策理性研究向更深层次发展。

第五，在企业逆向国际化发展进程中，创新搜索及其与决策理性的匹配对组织双元能力有重要影响。

创新搜索能够很好地解释逆向国际化企业在战略发展过程中如何实现资源扩充和能力提升。其中，聚焦搜索能够帮助企业深化利用特定知识，促进产品和服务的不断改进，更有利于开发能力的提升；而多源搜索则有助于识别和吸收外部新颖知识，带来新的创新机会和产品技术，更能促进探索能力发展。因此，单一的聚焦搜索或多源搜索将会导致组织能力失衡，故企业在逆向国际化成熟阶段整合双元搜索策略能更好地培育组织双元能力。立足逆向国际化企业利用能力强、探索能力弱的现状，不同于何和翁（He & Wong，2004）等采用实证方法验证双元能力的静态构建机制，本书通过四个纵向案例研究，既发现创新搜索策略对组织双元能力的静态影响，又从组织演进角度探索出创新搜索策略逐渐从单一搜索发展成双元搜索对组织双元能力的动态作用，这在斯密克（Simsek，2009）等研究的基础上拓展了组织双元能力的构成的前因研究。

创新搜索与决策理性的匹配能够影响逆向国际化企业双元能力的发展，不同的匹配关系对双元能力的作用机制也存在差异。根据创新搜索和决策理性类型的不同，本研究划分总结出五种匹配方式：聚焦搜索×因果推理、聚焦搜索×效果推理、多源搜索×因果推理、多源搜索×效果推理和双元搜索×双元理性。其中，聚焦搜索与效果推理的匹配性相对较好，而多源搜索则与因果推理的匹配性相对较好，即效果推理和因果推理分别能够弱化聚焦搜索、多源搜索对组织双元能力的负向影响，这两种匹配方式能够促进组织双元能力提升；而整合聚焦与多源的双元搜索与双元决策理性匹配最好，即逆向国际化企业从起步阶段、成长阶段发展到成熟阶段，通过整合因果与效果双元决策理性能更好地匹配双元搜索策略，进而提升组织双元能力。本研究不仅探索了因果推理和效果推理与创新搜索策略之间的最佳匹配方式，而且突破了传统的将因果和效果作为前因变量的研究（Cai et al.，2017）。此外，响应维拉尼等（Villani et al.，2018）学者整合因果与效果决策理性的建议，本书从逆向国际化动态演进角度探索了决策理性与创新搜索策略匹配关系的演进规律，为研究企业理性决策提供新的研究视角。

第六，逆向国际化企业面临双重网络嵌入特征和复杂决策情境，决策理性的调节下逆向国际化企业创新搜索对双元能力存在动态影响。

在决策理性的调节作用下，企业创新搜索对双元能力的影响呈现先增速下降、后缓慢提升并震荡前行的规律。无论企业采取何种搜索方式，整合因果和效果这两种决策理性比采用单一决策理性对双元能力的提升效果更佳。具体而言，当企业偏离因果和效果两种决策理性整合、倾向于选择"因果导向"或"效果导向"时，其双元能力及增长速率均出现下降，且偏离程度越大，双元能力提升越缓慢。当国内外网络嵌入相对均衡时，逆向国际化企业采取"国内平衡—国外平衡""国内聚焦—国外多源"或"国内多源—国外聚焦"任何一种搜索组合均有利于双元能力提升，反之企业采取"国内外平衡"搜索明显优于其他两类搜索组合。

本子研究的理论贡献主要体现在以下三点：第一，将逆向国际化企业的国内、国外网络嵌入纳入同一个分析框架中，通过构建仿真模型考察双重网络嵌入情境下不同搜索组合的动态影响规律。仿真结论既从网络嵌入视角丰富了劳尔森和索尔特（Laursen & Salter，2006）等实证研究结果，又整合亨托宁和里捞拉（Henttonen & Ritala，2013）等研究拓展了多维创新搜索构念，揭示了不同网络创新搜索策略及其互动规律。第二，基于时间的序贯视角，突破了传统实证方法无法同时对创新搜索与双元能力之间的多重影响过程加以分析的局限。本研究运用 SD 方法探究逆向国际化企业嵌入双重网络情形下各个子系统的复杂互动关系，揭示了创新搜索与双元能力关系的非线性反馈机制，识别出提升逆向国际化企业双元能力的各种搜索组合策略。第三，整合创新搜索、决策理性等理论，深入揭示逆向国际化企业创新搜索影响双元能力的路径和演化规律。这既揭示了决策理性调节作用下企业国内外创新搜索组合提升双元能力的动态机理，又验证了维拉尼等（Villani et al.，2018）"整合因果和效果决策理性对企业双元能力的影响更有利"的判断，拓展了决策理性理论的适用范畴。

第二节　本书的理论意义

与已有研究相比，本书的理论意义主要体现在五个方面：

第一，本书在延续以往地理跨界搜索的基础上，进一步拓展了不同网络嵌入情境下企业创新搜索的知识源选择及搜索匹配模式问题。以四大类外部知识源（市场型、科学型、中介型和通用型）为基础，不仅整合了知识网络空间（国内搜索和国外搜索）和知识源利用程度（聚焦搜索和多源搜索），从两个维度解构和拓展了多维创新搜索的概念内涵，而且结合了逆向国际化企业的特征对其在国内外网络中不同的搜索行为做了匹配分析，提出了两种创新搜索平衡模式。本书将创新搜索从搜索空间、搜索内容等拓展到多维和双元创新搜索领域，为探究创新搜索策略及其平衡机理奠定了基础。

第二，本书在逆向国际化企业特殊的情境嵌入基础上，进一步探讨了双重网络嵌入情境下不同类型知识源组态、不同搜索匹配模式对双元能力的影响。这不仅突破了单一网络层次搜索研究中的开发/探索能力失衡研究（如本地聚焦搜索过度引发能力陷阱、国外单一知识源搜索加深低端锁定和技术依赖等），而且揭示了企业在国内外市场实施不同搜索策略促进能力均衡发展的结论。本书较好地链接多维搜索与组织双元理论，为双元能力张力的协调机制研究提供了新视角。

第三，本书厘清了组织惯例在创新搜索与双元能力之间的中介作用机制，衔接创新搜索与组织惯例、组织惯例与双元能力之间的内在作用机理，有利于从管理认知视角构建"创新搜索—管理认知—双元能力"的理论逻辑，揭示逆向国际化企业如何利用创新搜索来培育双元能力的内在机理。

第四，本书注意到环境不确定性和资源约束性等因素对企业能力发展的影响，将创业领域的决策理性概念纳入研究框架，而且针对逆向国际化特定的国内外搜索平衡模式，进一步突破单一决策理性的局限，从效果与因果两种决策逻辑整合角度探讨逆向国际化企业构建组织双元能力的影响机制。本书发现不同的决策理性可能对企业的搜索行为和能力提升有很大差异，不仅拓展了哈姆斯和席勒（Harms & Schiele，2012）等关于"效果推理适用于动态环境，因果推理适用于稳定环境"的研究，而且验证了斯莫卡等（Smolka et al.，2018）的双元决策理性观点。

第五，本书不仅从组织演进角度探讨了创新搜索及其与决策理性的匹配对双元能力的动态影响，还揭示了创新搜索与双元能力关系的非线性反馈机制，识别出动态提升逆向国际化企业双元能力的各种搜索组合策略。本书通过四个纵向案例探索了决策理性与创新搜索策略匹配关系的演进规律，还运用 SD 方法探究逆向国际化企业嵌入双重网络情形下各个子系统的复杂互动关系，揭示了决策理性调节作用下企业国内外创新搜索组合提升双元能力的动态机理。

第三节　本书的现实意义

本书为我国逆向国际化企业的创新活动提供了以下实践启示：

第一，管理者应重视对外部不同类型知识源的搜索利用来提升双元能力，根据不同知识源的组态效应及不同情境因素的匹配路径来提升探索与开发能力。具体包括：（1）企业应该重视市场型和科学型的知识源搜索，适当提高研发和市场拓展的成本预算，利用市场型和科学性知识源来提升双元能力；（2）企业应对企业规模、国际化经验、企业类型、研发强度以及其他情境条件进行评估，了解自身的创新优劣势，从而选择适宜的知识源搜索战略，培养可持续的双元能力。

第二，本书对逆向国际化企业如何选择搜索策略组合、提升双元能力有一定的指导意义。具体包括：（1）双重网络嵌入为逆向国际化企业界定了创新搜索策略集合，单一式和交叉式两种搜索互动也给这类企业提供了更全面的利弊分析框架。逆向国际化企业可以根据自身资源条件在双重网络中做好战略调配。由于市场空间以及搜索策略差异对企业资源获取、能力发展和转型升级存在不同程度的影响，逆向国际化企业可以根据自身资源条件在双重网络中做好战略调配，权衡从国内和国外网络中的不同来源获取知识，科学地选择创新搜索策略，在国内外市场业务并行的前提下协同发展互补性创新搜索策略，同步实现资源利用和知识探索的双重收益。（2）在动态竞争环境下，企业培育双轮驱动的创新能力，既要充分利用现有资源维持当前发展，也要不断探索更新能力以应对未来变革。逆向国际化企业在双重网络中采取差异化的知识源搜索策略，可避免探索能力或开发能力失衡的后果，正确培育和平衡双元能力，提高国内外动态环境的适应性和反应灵活性，为我国外向型企业在国内外市场中稳步发展提供借鉴。（3）从宏观网络层面和微观策略层面指导逆向国际化企业发挥结构分离机制或网络资源错位匹配，实现探索和开发这两种创新能力的协同发展，为企业不断发挥双元能力的组合效应以突破国外技术锁定和开发国内新兴市场提供参考意见。

第三，面对复杂多变的国内外环境，因果/效果两种决策理性存在自身的局限性，企业应避免利用单一的决策理性来整合双重网络中的知识源。具体包括：（1）企业既要利用因果推理促进聚焦搜索带来稳定性的知识开发，增加对未来发展方向清晰的认知以及获得最大化收益，又要借助效果推理拓展合作渠道和整合创新资源，不断提升对外部知识的探索能力。（2）逆向国际化企业在追求稳定发展的同时也要保持对环境的动态适应性，合理整合利用双元决策理性促进组织双元能力。由于两种决策理性的作用原理和适应情境迥异，权衡利用双元决策理性能够帮助企业获得多样化知识和避免陷入决策极端，促进企业运用差异化搜索策略提升组织双元能力。（3）逆向国际化企业应重视在不同发展阶段中的创新搜索策略、决策理性及两者之间匹配关系的动态演化，并根据所处的阶段特征及其外部环境选择搜索策略及决策理性。在认识到聚焦/多源搜索策略、因果/效果决策推理的优势及缺陷后，企业在发展过程中应尽量避免利用单一的决策理性来整合双重网络中的知识源，既要合理分配资源实现双元搜索策略突破创新困境，又需根据内外部环境权衡利用双元决策理性避免单一决策理性的局限性，最终形成"双元理性×双元搜索→双元能力"的良性循环。(4) 由于因果和效果两种决策理性的适应情境存在差异，因此，整合两种决策逻辑有利于企业获取多样化知识和提升双元能力。具体而言，企业在成熟的业务领域，基于目标驱动实施聚焦搜索，应该萃取熟悉的可靠知识组合来增强稳定性收益回报；在动态复杂环境中，企业应基于手段进行搜索活动决策，利用柔性原则整合手头可用资源，并拓展国内外网络关系来应对不确定性。

第四节　研究局限与未来展望

第一，本书虽对逆向国际化企业采取不同维度的搜索匹配策略展开实证研究，但却未能精确分析出其国内外差异化搜索平衡的最佳平衡点，未来研究可以通过构建数理模型模拟出最佳的平衡点。此外，本书根据案例企业重点利用的知识源种类，将创新搜索划分聚焦搜索和多源搜索两个维度，但逆向国际化企业自身横跨国内外双重网络之中，其对知识的接触和利用可能存在网络差异性，因此，后续研究可以深入考察双重网络中的不同搜索策略。

第二，本书将逆向国际化企业的决策理性划分为因果推理主导和效果推理主导两种，但学术界针对双元决策理性究竟是替代关系还是互补关系仍然存在分歧，未来可以就二者关系进行深入探究，丰富本书的研究对象和增加研究意义。逆向国际化过程中企业面临国际产品线增减等变化，以往研究较少考虑不确定环境中知识搜索活动面临的资源拼凑、创造性整合等情境，决策理性等情境特征是否影响创新搜索对双元能力的作用过程需要进一步探索。

第三，系统动力学仿真数据来源并非真实企业数据，仿真结果依赖于仿真模型和参数设定，仿真规律仅在理论上揭示模型子系统或变量间可能存在的各种复杂关系，仿真结果还需利用现实企业的真实数据加以验证。本研究所构建的 SD 仿真模型是基于已有理论的整合而获得的二阶模型，而非针对某一具体特定企业进行建模。未来研究可针对某一典型逆向国际化企业，采用案例研究和系统动力学研究结合的方式探讨其创新搜索、决策理性和双元能力三者之间的演化关系。

附录1　中国外向型企业创新搜索对绩效影响的调查问卷

尊敬的女士/先生:

您好! 非常感谢您在百忙之中抽出时间填写这份问卷。

近几年来,我国部分外向型企业在稳定出口的同时努力加大了对国内市场的开拓与发展,试图通过重构国家价值链(NVC)以实现在NVC两端附加值较高环节升级的目的。本问卷是国家自然科学基金面上项目的一项调查,旨在了解中国外向型企业在转型升级过程中创新搜索的基本情况。本问卷纯属学术研究目的,内容不涉及企业的商业机密,所获信息绝不外泄,亦不用于任何商业目的,请您放心并尽可能如实客观回答。

您的回答对于我们的研究非常重要,感谢您的合作和付出的宝贵时间!

——浙江理工大学"逆向国际化企业创新搜索"项目研究小组

第一部分　基本信息

在本部分中,请您根据您和企业的真实情况进行选择,在正确选项前进行"☑"。

1. 近五年来,企业有没有从国际市场转向国内市场发展的经历或趋势?

□有过这样的经历

□没有这样的经历,但目前存在这样的趋势

□没有这样的经历,也没有这样的趋势

2. 企业名称：＿＿＿＿＿＿＿＿＿＿＿＿＿

3. 所在省市：＿＿＿＿＿省＿＿＿＿＿市

4. 企业成立时间：＿＿＿＿＿年

5. 企业员工人数大约为＿＿＿＿＿＿＿＿人

6. 您在本企业工作年限为：＿＿＿＿＿＿年

7. 您在本企业的职务等级属于：

□高层管理者 □中层管理者 □基层管理者 □普通员工

8. 企业产权性质：

□国有及控股 □外资及控股 □民营 □其他＿＿＿＿

9. 企业所属行业：

□通信设备、计算机及其他电子设备制造 □电气机械及器材制造

□通用、专用设备制造 □纺织服装/鞋/帽制造

□家电/厨电制造 □文教体育用品

□家具制造 □其他：＿＿＿＿＿＿

10. 本企业大约从＿＿＿＿年开始实施国际化战略/拓展国际化业务（外贸出口或对外投资）

11. 本企业内部研发投入占销售收入的比重约为：＿＿＿＿％

12. 近五年来，企业出口额占销售总额比重的发展趋势：

□总体减少 □基本稳定 □总体增加

第二部分 双重网络创新搜索

近三年来，本企业在开展创新活动过程中对下列知识渠道的利用程度												
知识源种类		（1）没有利用──→高度利用（6）										
		国内市场						国外市场				
K1	供应商	1	2	3	4	5	6	1	2	3	4	5	6
K2	客户	1	2	3	4	5	6	1	2	3	4	5	6
K3	竞争对手	1	2	3	4	5	6	1	2	3	4	5	6
K4	咨询顾问	1	2	3	4	5	6	1	2	3	4	5	6
K5	商业实验室/研发企业	1	2	3	4	5	6	1	2	3	4	5	6

续表

近三年来，本企业在开展创新活动过程中对下列知识渠道的利用程度												
知识源种类		（1）没有利用——→高度利用（6）										
		国内市场						国外市场				
K6	大学和科研院所	1	2	3	4	5	6	1	2	3	4	5	6
K7	政府研发机构	1	2	3	4	5	6	1	2	3	4	5	6
K8	公共研发部门	1	2	3	4	5	6	1	2	3	4	5	6
K9	私有研发部门	1	2	3	4	5	6	1	2	3	4	5	6
K10	技术标准	1	2	3	4	5	6	1	2	3	4	5	6
K11	健康和安全法则	1	2	3	4	5	6	1	2	3	4	5	6
K12	环保标准	1	2	3	4	5	6	1	2	3	4	5	6
K13	专业会议	1	2	3	4	5	6	1	2	3	4	5	6
K14	商会	1	2	3	4	5	6	1	2	3	4	5	6
K15	行业期刊和数据库	1	2	3	4	5	6	1	2	3	4	5	6
K16	展销会	1	2	3	4	5	6	1	2	3	4	5	6

第三部分　因果推理和效果推理

请您根据最近三年，本企业真实的决策行为进行打分							
	题项	1 完全不符合——→完全符合6					
C1	企业分析并选择能够带来最大收益的未来发展机会	1	2	3	4	5	6
C2	企业为最大限度地利用资源和能力而制定发展战略	1	2	3	4	5	6
C3	企业设计并计划业务发展战略	1	2	3	4	5	6
C4	企业为确保目标实现，对过程实施控制	1	2	3	4	5	6
C5	企业对目标市场进行的研究和选择，并做了竞争分析	1	2	3	4	5	6
C6	企业对于要达到的目标有清晰且一致的愿景	1	2	3	4	5	6
C7	企业设计并计划生产和销售工作	1	2	3	4	5	6
E1	企业试验了不同的产品和商业模式	1	2	3	4	5	6
E2	企业现有产品和服务与最初想法相差较大	1	2	3	4	5	6
E3	在找到行之有效的商业模式之前，尝试了很多方法	1	2	3	4	5	6

续表

	请您根据最近三年，本企业真实的决策行为进行打分						
	题项	1 完全不符合——→完全符合6					
E4	企业谨慎投资确保不超过企业所能承受的资源损失	1	2	3	4	5	6
E5	企业不会冒险投资而超过最初设想的损失	1	2	3	4	5	6
E6	企业避免冒险投入过多资金，防止陷入财务危机	1	2	3	4	5	6
E7	企业利用新出现的机会去调整自身业务	1	2	3	4	5	6
E8	企业根据现有资源决定业务发展	1	2	3	4	5	6
E9	企业灵活应对和利用新出现的机会	1	2	3	4	5	6
E10	企业不采取可能限制灵活性和适应性的行为	1	2	3	4	5	6
E11	企业为了降低不确定性，与顾客、供应商以及其他机构和个人建立大量的合作关系	1	2	3	4	5	6
E12	企业经常利用顾客和供应商预先给予的支持	1	2	3	4	5	6

第四部分　组织双元能力

	请您根据最近三年，本企业能力发展情况进行打分						
	题项	（1）能力弱——→能力强（6）					
A1	企业引进新产品/服务的能力	1	2	3	4	5	6
A2	企业扩大新产品范围的能力	1	2	3	4	5	6
A3	企业打开新市场的能力	1	2	3	4	5	6
A4	企业进入新的技术领域的能力	1	2	3	4	5	6
A5	企业引进新产品/服务的能力	1	2	3	4	5	6
A6	企业扩大新产品范围的能力	1	2	3	4	5	6
A7	企业打开新市场的能力	1	2	3	4	5	6
A8	企业进入新的技术领域的能力	1	2	3	4	5	6

——再次感谢您的用心填写，祝您工作愉快！

附录2　逆向国际化企业创新搜索研究调查问卷

尊敬的先生/女士：您好！

　　非常感谢您在百忙之中抽出时间参与我们的调查！本问卷旨在研究创新搜索对双元能力的影响，选择没有对错之分，请选择与您的想法最接近的答案。本问卷纯属学术研究之用，绝不向任何第三方个人或组织以任何形式进行披露，请您放心并尽可能根据实际情况客观回答。对于您的支持，我们再次深表感谢！

第一部分　基本信息

1. 您目前从事的行业？

□ 食品、饮料　□ 纺织、服装　□ 木材、家具　□ 造纸、印刷

□ 石油、化学、塑胶、塑料　　　□ 电子、金属

□ 机器、设备、仪表　　　　　　□ 医药、生物制药

□ 其他

2. 您所在的企业成立的年限？

□ 3 年以下　　□ 3～5 年　　□ 5～8 年　　□ 8 年以上

3. 您所在的企业的规模（员工数量）？

□ 少于 50 人　　　□ 51～100 人　　　□ 101～500 人

□ 501～1 000 人　　□ 1 000 人以上

4. 您所在的企业的性质是？

□ 国有企业　□ 私营企业　□ 外资企业或中外合资企业　□ 其他

5. 您所在的企业参与国际市场的年限？

□不足1年　□1~3年　□3~5年　□5~10年　□10年以上

6. 您在企业中的职务是？

□普通职员　□基层管理者　□中层管理者　□高层管理者

7. 近三年来，您所在的企业有无从国际商场回归到国内市场发展的经历？

□有　　□无　　□未来计划实施

8. 您所在的企业业务是否涉及国内和国外两个市场？

□是　　□否

9. 您所在的企业位于哪个省份？（填空）＿＿＿＿＿＿＿＿＿＿＿

第二部分　创新搜索部分问卷调查（对不同知识源种类的利用程度）

10. 以下是关于创新搜索的描述，请您根据自己所在企业的实际情况进行选择

ID	指标	高度利用——→没有利用					
市场型知识源种类							
EL1	对来源于供应商知识的利用程度	6	5	4	3	2	1
EL2	对来源于客户知识的利用程度	6	5	4	3	2	1
EL3	对来源于竞争对手知识的利用程度	6	5	4	3	2	1
EL4	对来源于咨询顾问知识的利用程度	6	5	4	3	2	1
科学型知识源种类							
EL5	对来源于大学和科研院所知识的利用程度	6	5	4	3	2	1
EL6	对来源于政府研发机构知识的利用程度	6	5	4	3	2	1
EL7	对来源于公共研发部门的利用程度	6	5	4	3	2	1
EL8	对来源于私有研发机构的利用程度	6	5	4	3	2	1

续表

ID	指标	高度利用——→没有利用					
EL9	对来源于商业实验室知识的利用程度	6	5	4	3	2	1
中介型知识源种类							
EL10	对来源于专业会议知识的利用程度	6	5	4	3	2	1
EL11	对来源于商会知识的利用程度	6	5	4	3	2	1
EL12	对来源于行业期刊和数据库知识的利用程度	6	5	4	3	2	1
EL13	对来源于展销会知识的利用程度	6	5	4	3	2	1
通用型知识源种类							
EL14	对来源于技术标准知识的利用程度	6	5	4	3	2	1
EL15	对来源于健康安全法规知识的利用程度	6	5	4	3	2	1
EL16	对来源于环保标准知识的利用程度	6	5	4	3	2	1

第三部分　双元能力的测量

11. 以下是关于双元能力的描述，请您根据自己所在企业的实际情况进行选择

ID	问项	完全不符合——→完全符合					
A1	企业引进新产品/服务的能力	1	2	3	4	5	6
A2	企业扩大新产品范围的能力	1	2	3	4	5	6
A3	企业打开新市场的能力	1	2	3	4	5	6
A4	企业进入新的技术领域的能力	1	2	3	4	5	6
A5	企业引进新产品/服务的能力	1	2	3	4	5	6
A6	企业扩大新产品范围的能力	1	2	3	4	5	6
A7	企业打开新市场的能力	1	2	3	4	5	6
A8	企业进入新的技术领域的能力	1	2	3	4	5	6

第四部分 组织惯例的测量

12. 以下是关于组织惯例的描述，请您根据自己所在企业的实际情况进行选择

ID	测量内容	完全不符合——→完全符合					
B1	企业具有任务相匹配的技术操作手册易于被模仿或表述	1	2	3	4	5	6
B2	企业执行任务会借鉴资深合作企业的工作方式和方法	1	2	3	4	5	6
B3	企业通过定期考察评估参与到规范的修订过程中	1	2	3	4	5	6
B4	企业通过明确的战略规划进行组织变革迎接内外部挑战	1	2	3	4	5	6
B5	企业任务相关的规则难以表达无法整理成明确的书面形式	1	2	3	4	5	6
B6	企业执行任务的方式和方法需要亲自实践才能掌握	1	2	3	4	5	6
B7	企业通过不定期的项目反馈参与到规范的修订过程中	1	2	3	4	5	6
B8	企业能够快速接收推广并应用新的组织规范迎接内外部挑战	1	2	3	4	5	6

——再次感谢您的用心填写，祝您工作愉快！

附录3　访谈提纲

尊敬的先生/女士，感谢您百忙之中抽出时间参与此次访谈，为了便于后期资料的汇总处理，此次访谈全程录音，我们保证此次访谈内容仅限于学术研究，并不涉及商业机密，请您放心且客观回答以下相关问题：

1. 请您简单介绍下贵公司的情况，包括成立时间、目前员工总数、经营业务范围以及在同行业中所处地位等？

2. 贵公司是从哪一年开始实施国际化发展战略？通俗来说，贵公司从哪一年开始涉及国际化业务，比如外贸出口、外贸投资、中外合作等？

3. 贵公司回国发展过程中，国内外的资源布局和发展情况是怎么样的，有哪些具体的关键事件？

4. 贵公司在国内外发展的过程中是否重视对市场信息和资源的获取，比如客户、竞争对手等，主要包括哪些内容？利用这些资源之后又对企业的产品和服务产生了哪些影响？

5. 贵公司与外部机构签订合作协议一般是以什么形式？有哪些具体的重大事项？这些外部机构的合作对企业产品和服务产生了哪些影响？

6. 贵公司对产学研这种合作发展模式是怎么看的，是否有过相关举措来实现产学研合作？可举例说明。又对企业的产品和服务产生了哪些影响？

7. 贵公司是如何维持自身在市场的竞争优势，掌握行业信息动态的？是否对企业的产品和服务产生影响？举例说明。

8. 能否介绍一下您个人/贵公司高层管理者的个人性格以及做事风格？可举例说明。

9. 您/贵公司高层在制定发展战略时候一般是基于什么背景和条件做出的，有哪些具体的想法或事件可以罗列？

10. 您/贵公司高层一直以来的做事风格是保持不变还是有所变动，这些决策想法的变更对企业发展产生了哪些影响？

11. 贵公司转回国内一直以来，取得了哪些瞩目的研发成果？企业核心市场业务的发展情况怎么样？您觉得这些情况都是有哪些因素在其中发挥作用？

参 考 文 献

[1] 蔡猷花, 池香君. 网络嵌入、知识搜索与企业研发投入——一项基于模糊集的定性比较分析 [J]. 科技管理研究, 2019, 2 (1): 121-128.

[2] 曹勇, 刘弈, 谷佳, 等. 知识惯性对双元创新能力的影响研究——关系嵌入的调节效应与结构嵌入的中介作用 [J]. 情报杂志, 2022, 41 (6): 182-188.

[3] 岑杰, 叶二子, 肖瑶. 跨领域搜索对共性技术溢出的双刃剑效应: 产业联盟的放大作用 [J]. 科研管理, 2021, 42 (7): 76-90.

[4] 陈可嘉, 闫晓梅, 杨淑琴. 会计师事务所全面质量管理与双元能力关系 SD 研究 [J]. 科研管理, 2018, 39 (11): 146-157.

[5] 陈力田, 许庆瑞, 吴志岩. 战略构想、创新搜寻与技术创新能力演化——基于系统动力学的理论建模与仿真研究 [J]. 系统工程理论与实践, 2014, 34 (7): 1705-1719.

[6] 陈岩, 翟瑞瑞, 韩文征. 国际化战略、逆向技术溢出与企业成长——整合资源与制度视角的中国企业经验分析 [J]. 科研管理, 2014, 35 (6): 24-32.

[7] 陈彦亮, 高闯. 基于组织双元能力的惯例复制机制研究 [J]. 中国工业经济, 2014 (10): 147-159.

[8] 陈彦亮, 高闯. 组织惯例复制的情境嵌入——基于组织双元性的视角 [J]. 经济管理, 2020 (3): 89-101.

[9] 陈钰芬, 陈劲. 开放度对企业技术创新绩效的影响 [J]. 科学学研究, 2008, 3 (2): 419-426.

[10] 崔连广, 闫旭, 张玉利. 心理因素联动对创业者决策逻辑的影响——一个基于 QCA 方法的研究 [J]. 科学学与科学技术管理, 2020, 41

（9）：123 - 135.

[11] 崔连广，张玉利，何一清．效果推理理论视角下企业创新与绩效提升机制研究 [J].科学学与科学技术管理，2017，38（9）：68 - 79.

[12] 邓昕才，潘枭骁，叶一娇．跨界搜索、组织惯例更新、管理创新及组织绩效关系 [J].贵州社会科学，2017（8）：96 - 102.

[13] 董媛媛，魏泽鹏．跨界双元搜索对双元创新绩效的影响——知识合作链与战略柔性整合视角 [J].科技进步与对策，2021，38（22）：124 - 131.

[14] 杜运周，贾良定．组态视角与定性比较分析（QCA）：管理学研究的一条新道路 [J].管理世界，2017，33（6）：155 - 167.

[15] 杜运周，李佳馨，刘秋辰，等．复杂动态视角下的组态理论与QCA方法：研究进展与未来方向 [J].管理世界，2021，37（3）：180 - 197，12 - 13.

[16] 冯文娜，陈晗．二元式创新对高技术企业组织韧性的影响——知识范围与知识平衡的调节作用 [J].科学学与科学技术管理，2022，43（4）：117 - 135.

[17] 奉小斌，陈丽琼．探索与开发之间的张力及其解决机制探析 [J].外国经济与管理，2010，32（12）：19 - 26.

[18] 奉小斌，陈丽琼．外部知识搜索能提升中小微企业协同创新能力吗？——互补性与辅助性知识整合的中介作用 [J].科学学与科学技术管理，2015，36（8）：105 - 117.

[19] 奉小斌，陈丽琼．组织跨界搜索与创新绩效间关系的元分析 [J].技术经济，2014，33（10）：41 - 50.

[20] 奉小斌．集群新创企业平行搜索对产品创新绩效的影响：管理者联系的调节作用 [J].科研管理，2017，38（10）：22 - 30.

[21] 奉小斌，刘皓．集群企业跨界搜索对绿色创新的影响研究——管理解释的调节作用 [J].研究与发展管理，2021，33（4）：28 - 40.

[22] 奉小斌，马晓书．逆向国际化企业知识搜索如何影响其创新速度和创新质量 [J].软科学，2021，35（10）：74 - 78.

[23] 奉小斌，马晓书，彭学兵．效果推理研究现状、知识结构及热

点前沿——基于 SSCI（2001—2018）的文献计量分析 [J]. 技术经济, 2019, 38 (3)：122 – 131.

[24] 奉小斌, 马晓书. 企业逆向国际化研究的知识基础与热点趋势——基于 Web of Science 的文献计量分析 [J]. 浙江理工大学学报（社会科学版）, 2018, 40 (5)：449 – 458.

[25] 奉小斌, 马晓书. 企业逆向国际化研究述评及未来展望 [J]. 华南理工大学学报（社会科学版）, 2020, 22 (5)：71 – 83.

[26] 奉小斌, 苏佳涵, 马晓书. 逆向国际化企业跨界搜索如何影响商业模式创新？——制度嵌入的非线性调节作用 [J]. 研究与发展管理, 2021, 33 (2)：67 – 82.

[27] 奉小斌, 王惠利. 新创企业搜索时机、即兴能力与创新绩效：管理注意力的调节作用 [J]. 研究与发展管理, 2017, 29 (4)：127 – 137.

[28] 奉小斌, 周佳微. 逆向国际化企业多维跨界搜索与创新绩效的关系研究：效果推理的调节作用 [J]. 科研管理, 2021, 42 (8)：59 – 66.

[29] 奉小斌, 周兰, 马晓书, 等. 创新搜索与决策理性的匹配对组织双元性的影响——基于逆向国际化企业的多案例研究 [J]. 管理案例研究与评论. 2020, 13 (4)：414 – 430.

[30] 奉小斌, 周兰. 逆向国际化企业创新搜索平衡对双元性的影响 [J]. 科学学研究, 2020a, 38 (3)：545 – 554.

[31] 奉小斌, 周兰. 逆向国际化企业跨界搜索互动对双元能力均衡的影响研究 [J]. 研究与发展管理, 2020b, 32 (1)：76 – 88.

[32] 高良谋, 马文甲. 开放式创新：内涵、框架与中国情境 [J]. 管理世界, 2014, 1 (6)：157 – 169.

[33] 高玉荣, 尹柳营. 组织结构对企业技术创新的影响 [J]. 科学学研究, 2004 (S1)：157 – 161.

[34] 高展军, 林润辉, 谢宗晓. 组织惯例及其演进研究 [J]. 科研管理, 2007, 28 (3)：142 – 147.

[35] 贯君, 徐建中, 林艳. 跨界搜寻、网络惯例、双元能力与创新绩效的关系研究 [J]. 管理评论, 2019, 31 (12)：61 – 72.

[36] 郭国庆, 吴剑峰. 企业知识库、技术探索与创新绩效关系研究：

基于美国电子医疗设备行业的实证分析 [J]. 南开管理评论，2007，10（3）：87 - 93.

[37] 郭京京，周丹，李强. 知识属性、技术学习惯例与企业创新绩效：规模的调节效应. 科研管理，2017，38（12）：29 - 40.

[38] 郭润萍. 手段导向、知识获取与新企业创业能力的实证研究 [J]. 管理科学，2016，29（3）：13 - 23.

[39] 韩晨，高山行. 双元市场学习、原始性创新能力与企业竞争力的关系研究 [J]. 研究与发展管理，2018，30（1）：1 - 11.

[40] 胡保亮，方刚. 网络位置、知识搜索与创新绩效的关系研究——基于全球制造网络与本地集群网络集成的观点 [J]. 科研管理，2013，34（11）：18 - 26.

[41] 胡谍，佘茂艳，杨雪. 企业外部知识搜寻多维结构与创新质量关系研究 [J]. 科技进步与对策，2022，39（4）：121 - 130.

[42] 胡海青，王兆群，张颖颖，等. 创业网络、效果推理与新创企业融资绩效关系的实证研究——基于环境动态性调节分析 [J]. 管理评论，2017，29（6）：61 - 72.

[43] 胡畔，于渤. 跨界搜索、能力重构与企业创新绩效——战略柔性的调节作用 [J]. 研究与发展管理，2017，29（4）：138 - 147.

[44] 胡文安，罗瑾琏，钟竞. 双元创新搜索视角下组织创新绩效的提升路径研究：领导行为的触发作用 [J]. 科学学与科学技术管理，2017，38（4）：60 - 72.

[45] 黄昊，王国红，邢蕊. 创业导向与商业模式创新的匹配对能力追赶绩效的影响——基于增材制造企业的多案例研究 [J]. 中国软科学，2019（5）：116 - 130.

[46] 焦豪. 双元型组织竞争优势的构建路径：基于动态能力理论的实证研究 [J]. 管理世界，2011，2（11）：76 - 91.

[47] 金昕，陈松. 知识源战略、动态能力对探索式创新绩效的影响——基于知识密集型服务企业的实证 [J]. 科研管理，2015，36（2）：32 - 40.

[48] 李柏洲，曾经纬. 知识搜寻与吸收能力契合对企业创新绩效的影

响——知识整合的中介作用 [J].科研管理, 2021, 42 (6): 120 – 127.

[49] 李飞, 陈岩, 张李叶子.海外并购整合、网络嵌入均衡与企业创新质量 [J].科研管理, 2019, 40 (2): 22 – 34.

[50] 李杰义, 闫静波.双重网络嵌入性对双元学习的均衡影响机制研究 [J].软科学, 2019, 33 (1): 72 – 75.

[51] 李竞.基于时间维度的国际化模式对跨国企业母公司创新绩效的影响机制研究 [D].杭州: 浙江大学, 2018.

[52] 李晓钰, 肖丁丁.跨界搜寻策略、资源拼凑与双元创新能力平衡的关系研究 [J].科技管理研究.2022, 42 (11): 1 – 7.

[53] 李忆, 司有和.探索式创新、利用式创新与绩效: 战略和环境的影响 [J].南开管理评论, 2008, 11 (5): 4 – 12.

[54] 李宇, 刘乐乐.创新生态系统的知识治理机制与知识共创研究 [J/OL].科学学研究.https://doi.org/10.16192/j.cnki.1003 – 2053.20220524.007

[55] 梁娟, 陈国宏.多重网络嵌入与集群企业知识创造绩效研究 [J].科学学研究, 2015, 33 (1): 90 – 97.

[56] 林周周, 李丹, 李盛楠.主效应和交互效应双重考量下知识源化对区域专利产出的非线性影响研究 [J/OL].管理学报, https://kns.cnki.net/kcms/detail/42.1725.c.20220713.1519.014.html.

[57] 刘立娜, 于渤.知识和组织惯例互动演化视角下后发企业动态能力的微观基础 [J].管理学报, 2019, 16 (7): 1044 – 1053.

[58] 刘志彪, 张杰.全球代工体系下发展中国家俘获型网络的形成、突破与对策——基于 GVC 与 NVC 的比较视角 [J].中国工业经济, 2007, 3 (5): 39 – 47.

[59] 卢艳秋, 赵彬, 宋昶.决策逻辑、失败学习与企业数字化转型绩效 [J].外国经济与管理, 2021, 43 (9): 68 – 82.

[60] 逯宇铎, 戴美虹, 刘海洋."双向国际化"是企业对外贸易的更优选择吗? ——来自中国制造业企业的经验分析 [J].世界经济研究, 2014, 3 (8): 35 – 41.

[61] 吕越, 尉亚宁.破解全球价值链下"低端锁定"困局 [J/OL].

环球视野，2019 - 09 - 20 http：//www. globalview. cn/html/societies/info_33983. html.

[62] 马鸿佳，宋春华，郭海. 战略选择、双元创新与天生国际化企业绩效关系研究 [J]. 科学学研究，2016，34（10）：1550 - 1560.

[63] 马鸿佳，张弼弘，唐思思. 新创企业惯例形成过程与能力关系的机制研究 [J]. 外国经济与管理，2020，42（6）：55 - 68.

[64] 马荣康，陶雪蕾，李少敏，等. 知识元素网络搜索与突破性技术发明形成 [J]. 科学学研究，2021，39（5）：794 - 804.

[65] 马如飞. 跨界搜索对企业绩效的影响机制研究 [D]. 杭州：浙江大学，2009.

[66] 孟繁怡，傅慧芬. 企业抑制国际化和重启国际化行为研究的综述与展望 [J]. 国际商务（对外经济贸易大学学报），2013，3（6）：63 - 72.

[67] 米捷，林润辉，谢宗晓. 考虑组织学习的组织惯例变化研究 [J]. 管理科学，2016，29（2）：2 - 17.

[68] 欧阳桃花，崔争艳，张迪，等. 多层级双元能力的组合促进高科技企业战略转型研究——以联想移动为案例 [J]. 管理评论，2016，28（1）：219 - 228.

[69] 欧忠辉，蔡猷花，胡慧芳. 知识网络嵌入情境如何激活企业双元创新？——基于QCA的研究 [J]. 科研管理，2021，42（6）：94 - 101.

[70] 庞娟，靳书默. 外部网络关系对企业双元创新的影响——基于知识视角的分析 [J]. 科技管理研究，2019，39（11）：19 - 28.

[71] 彭伟，朱晴雯，符正平. 双重网络嵌入均衡对海归创业企业绩效的影响 [J]. 科学学研究，2017，35（9）：1359 - 1369.

[72] 彭学兵，王乐，刘玥伶，等. 创业网络、效果推理型创业资源整合与新创企业绩效关系研究 [J]. 科学学与科学技术管理，2017，38（6）：157 - 170.

[73] 秦鹏飞，申光龙，胡望斌，等. 知识吸收与集成能力双重调节下知识搜索对创新能力的影响效应研究 [J]. 管理学报，2019，16（2）：219 - 228.

[74] 阮爱君，陈劲. 正式/非正式知识搜索宽度对创新绩效的影响

[J]. 科学学研究，2015，33（10）：1573 – 1583.

[75] 芮正云，罗瑾琏，甘静娴. 新创企业创新困境突破：外部搜寻双元性及其与企业知识基础的匹配 [J]. 南开管理评论，2017，20（5）：155 – 164.

[76] 芮正云，罗瑾琏. 企业创新搜寻策略的作用机理及其平衡——一个中国情境下的分析框架与经验证据 [J]. 科学学研究，2016，34（5）：771 – 780.

[77] 芮正云，罗瑾琏. 企业平衡式创新搜寻及其阶段效应——间断性平衡还是同时性平衡？ [J]. 科研管理，2018，39（1）：9 – 17.

[78] 邵朝对，苏丹妮. 产业集聚与企业出口国内附加值：GVC 升级的本地化路径 [J]. 管理世界，2019，35（8）：9 – 29.

[79] [美] 斯特曼著，朱岩等译. 商务动态分析方法对复杂世界的系统思考与建模 [M]. 北京：清华大学出版社，2008

[80] 宋耘，王婕，陈浩泽. 逆全球化情境下企业的组织韧性形成机制——基于华为公司的案例研究 [J]. 外国经济与管理，2021，43（5）：3 – 19.

[81] 苏道明，吴宗法，刘臣. 外部知识搜索及其二元效应对创新绩效的影响 [J]. 科学学与科学技术管理，2017，38（8）：109 – 121.

[82] 苏涛永，陶丰烨. 效果推理与因果推理：哪种决策逻辑更有效？——一项基于 Meta 分析的研究 [J]. 科学学与科学技术管理，2019，40（8）：87 – 97.

[83] 孙骞，欧光军. 双重网络嵌入与企业创新绩效：基于吸收能力的机制研究 [J]. 科研管理，2018，39（5）：67 – 76.

[84] 孙耀吾，秦毓，贺石中. 高技术中小企业知识搜索对创新能力的影响 [J]. 科学学研究，2018，36（3）：550 – 557，576.

[85] 孙永磊，党兴华，宋晶. 基于网络惯例的双元能力对合作创新绩效的影响 [J]. 管理科学，2014（2）：40 – 49.

[86] 覃大嘉，刘人怀，杨东进，等. 动态核心能力在反向国际化品牌战略中的作用 [J]. 管理科学，2017，30（2）：27 – 38.

[87] 谭云清，李元旭，翟森竞. 锁定效应、跨界搜索对国际代工企

业创新的影响 [J]. 研究与发展管理，2017，29（2）：52 - 60.

[88] 佟家栋，刘程. "逆全球化"浪潮的源起及其走向：基于历史比较的视角 [J]. 中国工业经济，2017，5（6）：5 - 13.

[89] 汪建成，毛蕴诗，邱楠. 由 OEM 到 ODM 再到 OBM 的自主创新与国际化路径——格兰仕技术能力构建与企业升级案例研究 [J]. 管理世界，2008，3（6）：148 - 160.

[90] 汪涛，陆雨心，金珞欣. 动态能力视角下组织结构有机性对逆向国际化双元能力的影响研究 [J]. 管理学报，2018，15（2）：174 - 182.

[91] 王建军，叶明海，曹宁. 知识权力、跨界搜索与企业创新绩效的关系研究 [J]. 软科学，2020，34（2）：1 - 7.

[92] 王琳，张锐，陈潇洋，等. 制造企业服务创新困境突破：技术——市场均衡搜索及其与战略柔性的匹配 [J]. 科技与管理，2022，24（2）：40 - 49.

[93] 王玲玲，赵文红，魏泽龙. 因果逻辑和效果逻辑对新企业新颖型商业模式设计的影响：环境不确定性的调节作用 [J]. 管理评论，2019，31（1）：90 - 100.

[94] 王庆金，李翔龙，王强. 双重网络嵌入、跨界搜索与双元创新的关系研究 [J]. 财经问题研究，2019（12）：96 - 103.

[95] 王鑫. 不同类型的组织双元性如何影响企业生态创新？——基于650家企业数据的实证研究 [J]. 科技管理研究，2021，41（22）：126 - 134.

[96] 王永伟，马洁. 基于组织惯例、行业惯例视角的企业技术创新选择研究 [J]. 南开管理评论，2011，14（3）：85 - 90.

[97] 魏江，徐蕾. 知识网络双重嵌入、知识整合与集群企业创新能力 [J]. 管理科学学报，2014，17（2）：34 - 47.

[98] 魏江，应瑛，刘洋. 研发网络分散化，组织学习顺序与创新绩效：比较案例研究 [J]. 管理世界，2014，21（2）：137 - 151.

[99] 魏龙，党兴华，成泷. 不确定性双元对技术创新网络脆弱性的影响：网络惯例的中介作用 [J]. 管理评论，2018，30（7）：64 - 76.

[100] 魏龙，党兴华. 惯例复制对越轨创新的影响：网络闭合与知识基础的调节 [J]. 科研管理，2020，41（10）：144 - 153.

[101] 魏龙，党兴华．惯例复制、资源拼凑与创新催化 [J/OL]．科学学研究：1 - 14 [2022 - 03 - 26]．DOI：10.16192/j.cnki.1003 - 2053. 20220222.002.

[102] 邬爱其，李生校．从"到哪里学习"转向"向谁学习"——专业知识搜寻战略对新创集群企业创新绩效的影响 [J]．科学学研究，2011，29 (12)：1906 -1913.

[103] 邬爱其，李生校．外部创新搜寻战略与新创集群企业产品创新 [J]．科研管理，2012，33 (7)：1 -7.

[104] 吴航，陈劲．国际搜索与本地搜索的抉择——企业外部知识搜索双元的创新效应研究 [J]．科学学与科学技术管理，2016，37 (9)：102 -113.

[105] 吴航，陈劲．企业实施国际化双元战略的创新效应——以竞争强度为调节 [J]．科学学研究，2018，36 (12)：334 -341.

[106] 吴隽，张建琦，刘衡，等．新颖型商业模式创新与企业绩效：效果推理与因果推理的调节作用 [J]．科学学与科学技术管理，2016，37 (4)：59 -69.

[107] 吴松强，蔡婷婷，赵顺龙．产业集群网络结构特征、知识搜索与企业竞争优势 [J]．科学学研究，2018，36 (7)：1196 -1205，1283.

[108] 吴晓波，付亚男，吴东，等．后发企业如何从追赶到超越？——基于机会窗口视角的双案例纵向对比分析 [J]．管理世界，2019，35 (2)：151 -167.

[109] 吴志岩．企业创新能力的重构：增长与迭代 [D]．杭州：浙江大学，2015.

[110] 夏清华，何丹．企业成长不同阶段动态能力的演变机理——基于腾讯的纵向案例分析 [J]．管理案例研究与评论，2019，12 (5)：464 -476.

[111] 肖丁丁，朱桂龙．跨界搜寻对组织双元能力影响的实证研究——基于创新能力结构视角 [J]．科学学研究，2016，34 (7)：1076 -1085.

[112] 肖瑶，彭新敏，李剑．知识—关系双网下的组织惯例创新机理研究 [J]．科学学研究，2021，39 (4)：758 -768.

[113] 徐国军，杨建君，孙庆刚．联结强度、组织学习与知识转移效

果 [J]. 科研管理, 2018, 39 (7): 97 – 105.

[114] 许晖, 王琳. 知识进化、惯例演化下的国际新创企业组织能力提升——以天士力国际营销控股有限公司为例 [J]. 科学学与科学技术管理, 2016, 37 (7): 104 – 117.

[115] 闫佳祺, 罗瑾琏, 贾建锋. 组织情境因素联动效应对双元领导的影响——一项基于 QCA 技术的研究 [J]. 科学学与科学技术管理, 2018, 39 (4): 150 – 160.

[116] 杨桂菊, 陈思睿, 王彤. 本土制造企业低端颠覆的理论与案例研究 [J]. 科研管理, 2020, 41 (3): 164 – 173.

[117] 杨磊, 刘海兵. 创新情境视角下的开放式创新路径演化 [J]. 科研管理, 2022, 43 (2): 9 – 17.

[118] 杨苗苗, 王娟茹. 跨界搜索、知识整合与企业可持续竞争优势 [J]. 科学学研究, 2020, 38 (4): 696 – 704.

[119] 杨书燕, 吴小节, 汪秀琼. 制度逻辑研究的文献计量分析 [J]. 管理评论, 2017, 29 (3): 90 – 109.

[120] 杨雪, 顾新, 王元地. 企业外部技术搜寻平衡研究——基于探索开发的视角 [J]. 科学学研究, 2015, 33 (6): 907 – 914.

[121] 杨卓尔, 高山行, 曾楠. 战略柔性对探索性创新与应用性创新的影响——环境不确定性的调节作用 [J]. 科研管理, 2016, 37 (1): 1 – 10.

[122] 姚艳虹, 谌逸娴, 陈欢欢. 元素—架构双元知识搜寻对企业创新绩效的影响: 创新战略的调节作用 [J]. 科技进步与对策, 2022, 39 (4): 112 – 120.

[123] 叶江峰, 陈珊, 郝斌. 知识搜寻如何影响企业创新绩效? ——研究述评与展望 [J]. 外国经济与管理, 2020, 42 (3): 17 – 34.

[124] 殷俊杰, 邵云飞. 创新搜索和惯例的调节作用下联盟组合伙伴多样性对创新绩效的影响研究 [J]. 管理学报, 2017, 14 (4): 545 – 553.

[125] 余浩, 刘文浩. 组织惯例动态研究的主流质性方法述评与未来展望 [J]. 科学学与科学技术管理, 2020, 41 (6): 128 – 142.

[126] 禹献云, 周青. 外部搜索策略、知识吸收能力与技术创新绩效 [J]. 科研管理, 2018, 39 (8): 11 – 18.

[127] 袁中华."逆全球化"趋势下中国制造业价值链的重构与攀升 [J].宏观经济研究.2021,（8）：71-80,106.

[128] 岳鹄,张宗益,朱怀念.创新主体差异性、双元组织学习与开放式创新绩效 [J].管理学报,2018,15（1）：48-56

[129] 曾萍,黄紫薇,夏秀云.外部网络对企业双元创新的影响：制度环境与企业性质的调节作用 [J].研究与发展管理,2017,29（5）：113-122.

[130] 曾萍,俞芹,任鸽,等.组织忘记、外部知识搜索与企业转型升级速度——区域创新环境建设的调节作用 [J].研究与发展管理,2022,34（1）：95-106.

[131] 张驰,郑晓杰,王凤彬.定性比较分析法在管理学构型研究中的应用：述评与展望 [J].外国经济与管理,2017（4）：68-83.

[132] 张恒俊,杨皎平.双重网络嵌入、学习空间与集群企业技术创新的实证研究 [J].研究与发展管理,2015,27（1）：51-60.

[133] 张宏,范祎丽,李旭乐.基于模糊定性比较分析的企业社会责任投资策略研究 [J].管理学报,2018,15（10）：1047-1055.

[134] 张军,许庆瑞.企业知识积累与创新能力演化间动态关系研究——基于系统动力学仿真方法 [J].科学学与科学技术管理,2015（1）：128-138.

[135] 张文红,赵亚普,陈爱玲.外部研发机构联系能否提升企业创新？跨界搜索的中介作用 [J].科学学研究,2014,32（2）：289-296.

[136] 张文红,赵亚普,施建军.创新中的组织搜寻：概念的重新架构 [J].管理学报,2011,8（9）：1387-1392.

[137] 张文红,赵亚普.组织冗余与制造企业的服务创新 [J].研究与发展管理,2015,27（5）：78-87.

[138] 张晓棠,安立仁.双元创新搜索、情境分离与创新绩效 [J].科学学研究,2015,33（8）：1240-1250.

[139] 张玉利,田新,王瑞.创业决策：Effectuation 理论及其发展 [J].研究与发展管理,2011,23（2）：48-57.

[140] 张志鑫,梁阜.知识搜索对创新绩效的影响：知识基础的曲线调节作用 [J].中央财经大学学报,2019,5（8）：108-117.

［141］赵文，王娜. 二元网络背景下中国海归企业绩效提升路径研究——基于模糊集的定性比较分析［J］. 科学学与科学技术管理，2017，38（5）：128－139.

［142］赵炎，叶舟，韩笑. 创新网络技术多元化、知识基础与企业创新绩效［J/OL］. 科学学研究：1－23［2022－03－26］. DOI：10.16192/j. cnki. 1003－2053. 20211112. 004.

［143］钟竞，陈松. 外部环境、创新平衡性与组织绩效的实证研究［J］. 科学学与科学技术管理，2007（5）：67－71.

［144］周钟，陈智高. 基于系统动力学的企业知识刚性演化与影响研究［J］. 科研管理，2018，39（10）：162－170.

［145］朱朝晖. 基于开放式创新的技术学习动态协同模式研究［J］. 科学学与科学技术管理. 2009，30（4）：99－103.

［146］朱建民，崔心怡. 国际技术并购因素组态与双元创新绩效关系研究［J/OL］. 科学学研究，2021，https：//doi. org/10. 16192/j. cnki. 1003－2053. 20211221. 001.

［147］朱益霞，周飞，沙振权. 跨界搜寻与商业模式创新的关系——吸收能力的视角［J］. 经济管理，2016（11）：92－104.

［148］朱云鹃，王倩倩，刘景东. 领域知识、架构知识与企业创新绩效——惯例复制的中介作用［J］. 科技管理研究，2020，40（14）：184－195.

［149］Acosta A. S. , Crespo A. H. , Agudo J. C. Effect of market orientation, network capability and entrepreneurial orientation on international performance of small and medium enterprises（SMEs）［J/OL］. International Business Review,https：//doi. org/10. 1016/j. ibusrev. 2018. 04. 004.

［150］Aguzzoli R. , Lengler J. , Sousa C. M. et al. Here we go again：A case study on re-entering a foreign market［J］. British Journal of Management，2021，32（2）：416－434.

［151］Ahuja G. , Katila R. Where do resources come from? The role of idiosyncratic situations［J］. Strategic Management Journal，2004，25（8/9）：887－907.

［152］Ahuja G. , Lampert C. M. Entrepreneurship in the large corporation: A longitudinal study of how established firms create breakthrough inventions [J]. Strategic Management Journal, 2001, 22 (6/7): 521 – 543.

[153] Alam C. N., Ramkumar M., Tobias S. et al. Does reshoring affect the resilience and sustainability of supply chain networks? The cases of Apple and Jaguar Land Rover [J/OL]. British Journal of Management, 2022, DOI: 10. 1111/1467 – 8551. 12614.

[154] Alessandro A., Carmela D. M., Francesco M. Backshoring strategy and the adoption of Industry 4. 0: Evidence from Europe [J]. Journal of World Business, 2019, 54 (4): 360 – 371.

[155] Alzamora – Ruiz J., Fuentes – Fuentes M. D. M., Fiestas M. M. Effectuation or causation to promote innovation in technology-based SMEs? The effects of strategic decision-making logics [J/OL]. Technology Analysis & Strategic Management, DOI: 10. 1080/09537325. 2020. 1849609.

[156] Andersson S. International entrepreneurship, born globals and the theory of effectuation [J]. Journal of Small Business & Enterprise Development, 2011, 18 (3): 627 – 643.

[157] Andrea M., Elif B. M., Alan H. Open service innovation and the firm's search for external knowledge [J]. Research Policy, 2014, 43 (6): 853 – 866.

[158] Ardito L., Messeni Petruzzelli A., Dezi L. et al. The influence of inbound open innovation on ambidexterity performance: Does it pay to source knowledge from supply chain stakeholders? [J]. Journal of Business Research, 2020, 119: 321 – 329.

[159] Arend R. J., Sarooghi H., Burkemper A. Effectuation as ineffectual? Applying the 3E theory-assessment framework to a proposed new theory of entrepreneurship [J]. Academy of Management Review, 2015, 40 (3): 630 – 651.

[160] Arlbjorn S., Mikkelsen S. Backshoring manufacturing: Notes on an important but under-researched theme [J]. Journal of Purchasing and Supply Management, 2014, 20 (1): 60 – 62.

[161] Ascani A. , Bettarelli L. , Resmini L. et al. Global networks, local specialisation and regional patterns of innovation [J]. Research Policy, 2020, 49 (8): 104031.

[162] Bacon E. , Williams M. D. , Davies G. H. Recipes for success: Conditions for knowledge transfer across open innovation ecosystems [J]. International Journal of Information Management, 2019, 49 (12): 377 – 387.

[163] Baker T. , Nelson R. E. Creating something from nothing: Resource construction through entrepreneurial bricolage [J]. Administrative Science Quarterly, 2005, 50 (3): 329 – 366.

[164] Bals L. , Kirchoff J. F. , Foerstl K. Exploring the reshoring and insourcing decision making process: Toward an agenda for future research [J]. Operation Management Research, 2016, 9 (3 – 4): 1 – 15.

[165] Barney B. Firm resources and sustained competitive advantage [J]. Journal of Management, 1991 (17): 99 – 120.

[166] Bathelt H. , Malmberg A. , Maskell P. Clusters and knowledge: Local buzz, global pipelines and the process of knowledge creation [J]. Progress in Human Geography, 2004, 28 (1): 31 – 56.

[167] Bauer F. , Strobl A. , Dao M. A. et al. Examining links between pre and post M&A value creation mechanisms — Exploitation, exploration and ambidexterity in central European SMEs [J]. Long Range Planning, 2018, 51 (2): 185 – 203.

[168] Bemhard D. , Steffen K. , Angela J. Bringing it all back home? Backshoring of manufacturing activities and the adoption of Industry 4. 0 technologies [J]. Journal of World Business, 2019, 54 (6): 1 – 1.

[169] Benito G. , Welch S. De-internationalization [J]. Management International Review, 1997, 37 (Special issue): 7 – 25.

[170] Benner M. J. , Tushman M. L. Exploitation, exploration, and process management: The productivity dilemma revisited [J]. Academy of Management Review, 2003, 28 (2): 238 – 256.

[171] Berends H. , Jelinek M. , Reymen I. et al. Product innovation

processes in small firms: Combining entrepreneurial effectuation and managerial causation [J]. Journal of Product Innovation Management, 2014, 31 (3): 616 –635.

[172] Borini F. M., Santos L., Raziq M. M. et al. The differentiated role of organizational ambidexterity and organizational innovation in the subsidiary reverse knowledge transfer process [J]. Journal of Knowledge Management, 2021, 26 (1): 146 –164.

[173] Brettel M., Mauer R., Engelen A. et al. Corporate effectuation: Entrepreneurial action and its impact on R&D project performance [J]. Journal of Business Venturing, 2012, 27 (2): 167 –184.

[174] Brinckmann J., Grichnik D., Kapsa D. Should entrepreneurs plan or just storm the castle? A meta-analysis on contextual factors impacting the business planning performance relationship in small firms [J]. Journal of Business Venturing, 2010, 25 (1): 24 –40.

[175] Brotcorne L., Laporte G., Semet F. Ambulance location and relocation models [J]. European Journal of Operational Research, 2003, 147 (3): 451 –463.

[176] Buckley J., Casson M. The future of the multinational enterprise after 30 years [M]. London: Holmes and Meier, 1976: 137.

[177] Bygballe L. E., Swrd A., Vaagaasar A. L. A routine dynamics lens on the stability-change dilemma in project-based organizations [J]. Project Management Journal, 2021, 52 (3): 278 –286.

[178] Cai L., Guo R., Fei Y. et al. Effectuation, exploratory learning and new venture performance: Evidence from China [J]. Journal of Small Business Management, 2017, 55 (3): 388 –403.

[179] Callon M., Courtial P., Laville F. Co-word analysis as a tool for describing the network of interactions between basic and technological research: The case of polymer chemistry [J]. Scientometrics, 1991, 22 (1): 155 –205.

[180] Canello J. Mimetic isomorphism, offshore outsourcing and backshoring decisions among micro and small enterprises [J]. Regional Studies,

2022, 56 (5): 719 –736.

[181] Cao Q. , Gedajlovic E. , Zhang H. Unpacking organizational ambidexterity: Dimensions, contingencies, and synergistic effects [J]. Organization Science, 2009, 20 (4): 781 –796.

[182] Cao X. , Xing Z. Y. , Zhang L. P. Effect of dual network embedding on the exploitative innovation and exploratory innovation of enterprises-based on the social capital and heterogeneous knowledge [J]. Technology Analysis & Strategic Management, 2021, 33 (6): 638 –652.

[183] Carmela C. , Fratocchi L. , Orzes G. et al. Offshoring and backshoring: A multiple case study analysis [J]. Journal of Purchasing and Supply Management, 2018, 24 (2): 108 –134.

[184] Carmen M. M. , Femando M. Extending the offshoring literature to explain backshoring: An application to the Spanish footwear industry [J]. Growth & Change, 2021, 52 (3): 1230 –1250.

[185] Chandler G. N. , Detienne D. R. , Mckelvie A. et al. Causation and effectuation processes: A validation study [J]. Journal of Business Venturing, 2011, 26 (3): 375 –390.

[186] Chang S. J. An evolutionary perspective on diversification and corporate restructuring: Entry, exit and economic performance during 1981 –1989 [J]. Strategic management journal, 1996, 17 (8): 587 –611.

[187] Cheah L. Y. , Ho Y. P. , Li S. Search strategy, innovation and financial performance of firms in process industries [J]. Technovation, 2021 (2).

[188] Cheah L. Y. , Yuen –Ping H. O. Commercialization performance of outbound open innovation projects in public research organizations: The roles of innovation potential and organizational capabilities [J]. Industrial Marketing Management, 2021, 94 (2): 229 –241.

[189] Chen J. , Chen Y. , Vanhaverbeke W. The influence of scope, depth, and orientation of external technology sources on the innovative performance of Chinese firms [J]. Technovation, 2011, 31 (8): 362 –373.

[190] Chen Q. , Liu Z. Y. How does openness to innovation drive organ-

izational ambidexterity? The mediating role of organizational learning goal orientation [J]. IEEE Transactions on Engineering Management, 2019, 66 (2): 156 – 169.

[191] Chen Y., Vanhaverbeke W., Du J. T. The interaction between internal R&D and different types of external knowledge sourcing: An empirical study of Chinese innovative firms [J]. R&D Management, 2016, 46 (S3): 1006 – 1023.

[192] Chesbrough H. W. Open innovation: The new imperative for creating and profiting from technology [M]. Boston, MA: Harvard Business School Press, 2003.

[193] Chiang Y. H., Hung K. P. Exploring open search strategies and perceived innovation performance from the perspective of inter-organizational knowledge flows [J]. R&D Management, 2010, 40 (3): 292 – 299.

[194] Chin T., Liu R., Yang X. "Reverse internationalization" in Chinese firms: A study of how global startup OEMs seek to compete domestically [J]. Asia Pacific Business Review, 2016, 22 (2): 201 – 219.

[195] Church R., Revelle C. The maximal covering location problem [J]. Papers of the Regional Science Association, 1974, 32 (1): 101 – 118.

[196] Contractor J. Global leadership in an era of growing nationalism, protectionism, and anti-globalization [J]. Rutgers Business Review, 2017, 2 (2): 163 – 185.

[197] Coudounaris D. N., Arvidsson H. G. S. How effectuation, causation and bricolage influence the international performance of firms via internationalization strategy: A literature review [J]. Review of International Business and Strategy, 2022, 32 (2): 149 – 203.

[198] Crick J. M., Crick D., Chaudhry S. Entrepreneurial marketing decision-making in rapidly internationalising and de-internationalising start-up firms [J]. Journal of Business Research, 2020, 113: 158 – 167.

[199] Cuervo – Cazurra A., Doz Y., Gaur A. Skepticism of globalization and global strategy: Increasing regulations and countervailing strategies [J].

Global Strategy Journal, 2020, 10 (1): 3 – 31.

[200] Cyert R. M. , March J. G. A Behavioral Theory of the Firm [M]. Englewood Ciffs, NJ: Prentice Hall, 1963.

[201] Deng P. , Yang M. Cross-border mergers and acquisitions by emerging market firms: A comparative investigation [J]. International Business Review, 2015, 24 (1): 157 – 172.

[202] Dew N. , Sarasathy S. D. , Read S. et al. Affordable loss: Behavioral economic aspects of the plunge decision [J]. Strategic Entrepreneurship Journal, 2009, 3 (2): 105 – 126.

[203] Diener K. , Luettgens D. , Piller F. T. et al. Intermediation for open innovation: Comparing direct versus delegated search strategies of innovation intermediaries [J]. International Journal of Innovation Management, 2019 (6): 2050037.

[204] Dittrich K. , Guérard S. , Seidl D. Talking about routines: The role of reflective talk in routine change [J]. Organization Science, 2016, 27 (3): 678 – 697.

[205] Dönmez D. , Grote G. , Brusoni S. Routine interdependencies as a source of stability and flexibility: A study of agile software development teams [J]. Information and Organization, 2016, 26 (3): 63 – 83.

[206] Doh P. Offshore outsourcing: Implications for international business and strategic management theory and practice [J]. Journal of Management Studies, 2005, 42 (3): 695 – 704.

[207] Dominguez N. , Mayrhofer U. Internationalization stages of traditional SMEs: Increasing, decreasing and re-increasing commitment to foreign markets [J]. International Business Review, 2017, 26 (6): 1051 – 1063.

[208] Dowell G. , Swaminathan A. Entry timing, exploration, and firm survival in the early us bicycle industry [J]. Strategic Management Journal, 2006, 27 (12): 1159 – 1182.

[209] Duan Y. L. , Huang L. , Luo X. et al. The moderating effect of absorptive capacity on the technology search and innovation quality relationship in

high-tech manufacturing firms [J]. Journal of Engineering & Technology Management, 2021, 62: 101656.

[210] Duncan R. B. The ambidextrous organization: Designing dual structures for innovation [J]. The Management of Organization, 1976, 1 (1): 167 – 188.

[211] Dunning H. International Production and the Multinational Enterprises [M]. Allen & Unwin, London, 1981: 175 – 176.

[212] Dutta D. K. , Gwebu K. L. , Wang, J. Personal innovativeness in technology, related knowledge and experience, and entrepreneurial intentions in emerging technology industries: A process of causation or effectuation? [J]. International Entrepreneurship and Management Journal, 2015, 11 (3): 529 – 555.

[213] Dutt N. , Mitchell W. Searching for knowledge in response to proximate and remote problem sources: Evidence from the U. S. renewable electricity industry [J]. Strategy Management Journal, 2020, 41: 1412 – 1449.

[214] Duysters G. , Lavie D. , Sabidussi A. et al. What drives exploration? Convergence and divergence of exploration tendencies among alliance partners and competitors [J]. Academy of Management Journal, 2020, 63 (5): 1425 – 1454.

[215] Ebben J. J. , Johnson A. C. Efficiency, flexibility, or both? Evidence linking strategy to performance in small firms [J]. Strategic Management Journal. 2005, 26 (13): 1249 – 1259.

[216] Ehsan M. , Mohammadbagher J. S. , Mohammadi D. Z. et al. Impact of organizational inertia on business model innovation, open innovation and corporate performance [J]. Asia Pacific Management Review, 2021, 26 (4): 171 – 179.

[217] Eisenhardt K. M. Building theories from case study research [J]. Academy of Management Review, 1989, 14 (4): 532 – 550.

[218] Ellram M. Offshoring and reshoring: An update on the manufacturing location decision [J]. Journal of Supply Chain Management, 2013, 49 (2): 14 – 22.

[219] Erkut E. , Gzara F. Solving the hazmat transport network design problem [J]. Computer And Operation Reasearch, 2008, 35 (7): 2234 – 2247.

[220] Fainshmidt S. , Wenger L. , Pezeshkan A. et al. When do dynamic capabilities lead to competitive advantage? The importance of strategic fit [J]. Journal of Management Studies, 2019, 55 (4): 758 – 787.

[221] Faroque A. R. , Torkkeli L. , Sultana H. et al. Network exploration and exploitation capabilities and foreign market knowledge: The enabling and disenabling boundary conditions for international performance [J]. Industrial Marketing Management, 2022, 101: 258 – 271.

[222] Feibo S. , Timothy A. H. Unbundling the effect of prior invention experience from firm size on future exploratory and exploitative search [J]. Innovation: Organization & Management, 2017, 19 (2): 227 – 244.

[223] Feldman M. S. Organizational routines as a source of continuous change [J]. Organization Science, 2000, 11 (6): 611 – 629.

[224] Feldman M. S. , Pentland B. T. Reconceptualizing organizational routines as a source of flexibility and change [J]. Administrative Science Quarterly, 2003, 48 (1): 94 – 118.

[225] Feng X. B. , Ma X. S. , Shi Z. et al. How knowledge search affects the performance of reverse internationalization enterprises: The co-moderating role of causation and effectuation [J]. Journal of Knowledge Management, 2021, 25 (5): 1105 – 1127.

[226] Fernández M. , Gargallo A. , Giner E. Internationalisation and performance in Spanish family SMEs: The W – curve [J]. Business Research Quarterly, 2016 (19): 122 – 136.

[227] Ferreras – Méndez J. L. , Fernandez – Mesa A. , Alegre J. Export performance in SMEs: The importance of external knowledge search strategies and absorptive capacity [J]. Management International Review, 2019, 59 (3): 413 – 437.

[228] Fisher G. Effectuation, causation, and bricolage: A behavioral comparison of emerging theories in entrepreneurship research [J]. Entrepreneur-

ship Theory and Practice, 2012, 36 (5): 1019 – 1051.

[229] Fiss P. C. A Set-theoretic approach to organizational configurations [J]. Academy of Management Review, 2007, 32 (4): 1180 – 1198.

[230] Francisco P. Knowledge, routines, and cognitive effects in non-market selection environments: An examination of the regulatory review of innovations [J]. Strategic Management Journal, 2020, 41 (13): 2400 – 2435.

[231] Franz S. , Felix H. , Holger S. et al. External knowledge sourcing from startups: Search Strategies and radical innovation capability [C]. Proceedings of ISPIM Conferences, 2018: 1 – 21.

[232] Fratocchi L. , Mauro D. , Barbieri P. et al. When manufacturing moves back: concepts and questions [J]. Journal of Purchasing & Supply Management, 2014, 20 (1): 54 – 59.

[233] Frese M. , Krauss S. I. , Keith N. et al. Business owners' action planning and its relationship to business success in three African countries [J]. Journal of Applied Psychology, 2007, 92 (6): 1481 – 1498.

[234] Friesl M. , Larty J. Replication of routines in organizations: Existing literature and new perspectives [J]. International Journal of Management Reviews, 2013, 15 (1): 106 – 122.

[235] Futterer F. , Schmidt J. , Heidenreich S. Effectuation or causation as the key to corporate venture success? Investigating effects of entrepreneurial behaviors on business model innovation and venture performance [J]. Long Range Planning, 2018, 51 (1): 61 – 84.

[236] Galkina T. , Atkova I. , Yang M. From tensions to synergy: Causation and effectuation in the process of venture creation [J/OL]. Strategic Entrepreneurship Journal, https://doi.org/10.1002/sej.1413.

[237] Galkina T. , Chetty S. Effectuation and networking of internationalizing SMEs [J]. Management International Review, 2015, 55 (5): 647 – 676.

[238] Galkina T. , Jack S. The synergy of causation and effectuation in the process of entrepreneurial networking: Implication for opportunity development [J]. International Small Business Journal, 2021, 40 (2): 02662426211045290.

[239] Gambeta E. , Koka B. R. , Hoskisson R. E. Being too good for your own good: A stakeholder perspective on the differential effect of firm-employee relationships on innovation search [J]. Strategic Management Journal, 2019, 40 (1): 108 – 126.

[240] Gendreau M. , Laporte G. , Semet F. Solving an ambulance location model by tabu search [J]. Location Science, 1997, 5 (2): 75 – 88.

[241] Gibson C. B. , Birkinshaw J. The antecedents, consequences, and mediating role of organizational ambidexterity [J]. Academy of Management Journal, 2004, 47 (2): 209 – 226.

[242] Gölgeci I. , Ferraris A. , Arslan A. et al. European MNE subsidiaries' embeddedness and innovation performance: Moderating role of external search depth and breadth [J]. Journal of Business Research, 2019, 102: 97 – 108.

[243] Gnizy I. , Shoham A. Explicating the reverse internationalization [J]. Journal of Global Marketing, 2014, 27 (4): 262 – 283.

[244] Gnizy I. , Shoham A. Reverse internationalization: A review and suggestions for future research [M] // Leonidou L. C. , Katsikeas C. S. , Samiee S. et al. Advances in Global Marketing: A Research Anthology. Switzerland: Springer International Publishing AG, 2018: 59 – 75.

[245] Grant R. M. Toward a knowledge-based theory of the firm [J]. Strategic Management Journal, 1996, 17 (S2): 109 – 122.

[246] Gray V. , Esenduran G. , Rungtusanatham J. et al. Why in the world did they reshore? Examining small to medium-sized manufacturer decisions [J]. Journal of Operations Management, 2017 (49): 37 – 51.

[247] Greckhamer T. , Fumari S. , Fiss P. C. et al. Studying configurations with qualitative comparative analysis: Best practices in strategy and organization research [J]. Strategic Organization, 2018, 16 (4): 482 – 495.

[248] Grimpe C. , Sofka W. Search patterns and absorptive capacity: Low-and high-technology sectors in European countries [J]. Research Policy, 2009, 38 (3): 495 – 506.

[249] Güttel W. H. , Konlechner S. W. , Trede J. K. Standardized indi-

viduality versus individualized standardization: The role of the context in structurally ambidextrous organizations [J]. Review of Management Science, 2015, 9 (2): 261 –284.

[250] Guo B. , Wang Y. Q. , Xie X. Y. et al. Search more deeply or search more broadly? An empirical study of external knowledge search strategy in manufacturing SMEs [J]. Asian Journal of Technology Innovation, 2015, 23 (1): 87 –106.

[251] Guo J. , Guo B. , Chen X. et al. The impact of knowledge attributes on technological learning routine within industrial clusters [J]. International Journal of Technology Management, 2018, 78 (3): 234 –260.

[252] Guo J. , Guo B. , Zhou J. et al. How does the ambidexterity of technological learning routine affect firm innovation performance within industrial clusters? The moderating effects of knowledge attributes [J]. Technological Forecasting and Social Change, 2020, 155: 119990.

[253] Gupta A. K. , Smith K. G. , Shalley C. E. The interplay between exploration and exploitation [J]. Academy of Management Journal, 2006, 49 (4): 693 –706.

[254] Gylling M. , Heikkilae J. , Jussila K. et al. Making decisions on offshore outsourcing and backshoring: A case study in the bicycle industry [J]. International Journal of Production Economics, 2015, 162 (Apr.): 92 –100.

[255] Hambrick C. , Mason A. Upper echelons: The organization as a reflection of its top managers [J]. Academy of Management Review, 1984, 9 (2): 193 –206.

[256] Hansen M. T. The search-transfer problem: The role of weak ties in sharing knowledge across organization subunits [J]. Administrative Science Quarterly, 1999, 44 (1): 82 –111.

[257] Hao B. , Feng Y. N. Leveraging learning forces in asymmetric alliances: Small firms' perceived power imbalance in driving exploration and exploitation [J]. Technovation, 2018, 78 (1): 27 –39.

［258］ Harms R. , Alfert C. , Cheng C. F. et al. Effectuation and causation configurations for business model innovation: Addressing COVID – 19 in the gastronomy industry ［J］. International Journal of Hospitality Management, 2021, 95: 102896.

［259］ Harms R. , Schiele M. Antecedents and consequences of effectuation and causation in the international new venture creation process ［J］. Journal of International Entrepreneurship, 2012, 10（2）: 95 – 116.

［260］ Henttonen K. , Ritala P. Search far and deep: Focus of open search strategy as driver of firm's innovation performance ［J］. International Journal of Innovation Management, 2013, 17（3）: 1 – 20.

［261］ Herrigel G. , Wittke V. , Voskamp U. The process of Chinese manufacturing upgrading: Transitioning from unilateral to recursive mutual learning relations ［J］. Global Strategy Journal, 2013, 3（1）: 109 – 125.

［262］ He Z. , Wong P. Exploration vs. exploitation: An empirical test of the ambidexterity Hypothesis ［J］. Organization Science, 2004, 15（4）: 481 – 494.

［263］ Huber G. P. Organizational learning: The contributing processes and the literatures ［J］. Organization Science, 1991, 2（1）: 88 – 115.

［264］ Iannacci F. , Resca A. What accounts for the emergence of a new interaction pattern? On generative mechanisms, constitutive rules and charging routines ［J］. European Management Review, 2021, 18（3）: 277 – 292.

［265］ Jansen J. J. P. , Van den Bosch F. A. J. , Volberda H. W. Exploratory innovation, exploitative innovation, and performance: Effects of organizational antecedents and environmental moderators ［J］. Management Science, 2006, 52（11）: 1161 – 1172.

［266］ Jean – Francois H. , Antonio M. , Birgit H. What's so special about born globals, their entrepreneurs or their business model? ［J］. Journal of International Business Studies, 2021, 52（9）: 1665 – 1694.

［267］ Jensen S. H. , Poulfelt F. , Kraus S. Managerial routines in professional service firms: Transforming knowledge into competitive advantages ［J］. Service Industries Journal, 2009, 30（12）: 2045 – 2062.

[268] Jesús F. L. , Elena R. L. The effect of the industry technology intensity on the drivers of manufacturing backshoring [J]. Journal of Manufacturing Technology Management, 2022, 33 (1): 1 – 21.

[269] Jia R. Q. , Hu W. A. , Li S. W. Ambidextrous leadership and organizational innovation: The importance of knowledge search and strategic flexibility [J]. Journal of Knowledge Management. 2022, 26 (3): 781 – 801.

[270] Jin Y. , Shao Y. F. , Wu Y. B. Routine replication and breakthrough innovation: The moderating role of knowledge power [J]. Technology Analysis & Strategic Management, 2021, 33 (4): 426 – 438.

[271] Johanson J. , Vahlne J. E. The internationalization process of the firm: A model of knowledge development and increasing foreign markets commitments [J]. Journal of International Business Studies, 1977, 8 (1): 25 – 34.

[272] Johanson J. , Vahlne J. E. The mechanism of internationalization [J]. International Perceptions of Marketing Review, 1990, 7 (4): 11 – 24.

[273] Johnson M. P. , Hörisch J. Reinforcing or counterproductive behaviors for sustainable entrepreneurship? The influence of causation and effectuation on sustainability orientation [J]. Business Strategy and the Environment, 2021, 31 (3): 908 – 920.

[274] Jorge C. , Pedro L. , José E. N. et al. Directions of external knowledge search: Investigating their different impact on firm performance in high-technology industries [J]. Journal of Knowledge Management, 2014, 18 (5): 847 – 866.

[275] Jung H. J. , Lee J. J. The quest for originality: A new typology of knowledge search and breakthrough inventions [J]. Academy of Management Journal, 2016, 59 (5): 1725 – 1753.

[276] Kafouros M. , Cavusgil S. T. , Devinney T. M. et al. Cycles of de-internationalization and re-internationalization: Towards an integrative framework [J]. Journal of World Business, 2022, 57 (1): 101257.

[277] Kang S. C. , Snell S. A. Intellectual capital architectures and ambidextrous learning: A framework for human resource management [J]. Journal of

Management Studies, 2009, 46 (1): 65 – 92.

[278] Katila R. , Ahuja G. Something old, something new: A longitudinal study of search behavior and new product introduction [J]. Academy of Management Journal, 2002, 45 (6): 1183 – 1194.

[279] Katila R. A. New product search over time: Past ideas in their prime? [J]. Academy of Management Journal, 2002, 45 (5): 995 – 1010.

[280] Katila R. , Chen E. L. Effects of search timing on time on innovation: The value of not being in sync with rivals [J]. Administrative Science Quarterly, 2008, 53 (4): 593 – 625.

[281] Kim C. Y. , Lim M. S. , Yoo J. W. Ambidexterity inexternal knowledge search strategies and innovation performance: Mediating role of balanced innovation and moderating role of absorptive capacity [J]. Sustainability, 2019, 11 (18): 5111.

[282] Kim N. , Atuahene – Gima K. Using exploratory and exploitative market learning for new product development [J]. Journal of Product Innovation Management, 2010, 27 (4): 519 – 536.

[283] Kinkel, S. Future and impact of backshoring: Some conclusions from 15 years of research on German practices [J]. Journal of Purchasing and Supply Management, 2014, 20 (1): 63 – 65.

[284] Kinkel S. , Maloca S. Drivers and antecedents of manufacturing offshoring and backshoring: A German perspective [J]. Journal of Purchasing and Supply Management, 2009, 15 (3): 154 – 165.

[285] Kinkel S. Trends in production relocation and backshoring activities: Changing patterns in the course of the global economic crisis [J]. International Journal of Operations & Production Management, 2012, 32 (6): 696 – 720.

[286] Knott A. M. , Vieregger C. Reconciling the firm size and innovation puzzle [J]. Organization Science, 2020, 31 (2): 477 – 488.

[287] Konara P. , Ganotakis P. Firm-specific resources and foreign divestments via selloffs: Value is in the eye of the beholder [J]. Journal of Business Research, 2020, 110: 423 – 434.

[288] Koryak O. , Lockett A. , Hayton J. et al. Disentangling the antecedents of ambidexterity: Exploration and exploitation [J]. Research Policy, 2018, 47 (2): 413 – 427.

[289] Ko Y. J. , O'Neill H. , Xie X. L. Strategic intent as a contingency of the relationship between external knowledge and firm innovation [J]. Technovation, 2021, 104: 102260.

[290] Kwan M. K. , Cheung P. K. The knowledge transfer process: From field studies to technology development [J]. Journal of Database Management, 2006, 17 (1): 16 – 32.

[291] Laine I. , Galkina T. The interplay of effectuation and causation in decision making: Russian SMEs under institutional uncertainty [J]. International Entrepreneurship and Management Journal, 2017, 13 (3): 905 – 941.

[292] LampónJ. F. , González – Benito J. Backshoring and improved key manufacturing resources in firms' home location [J]. International Journal of Production Research, 2020, 58 (20): 6268 – 6282.

[293] Laursen K. , Salter A. Open for innovation: The role of openness in explaining innovation performance among U. K. manufacturing firms [J]. Strategic Management Journal, 2006, 27 (2): 131 – 150.

[294] Lavie D. , Kang J. , Rosenkopf L. Balance within and across domains: The performance implications of exploration and exploitation in alliances [J]. Organization Science, 2011, 22 (6): 1517 – 1538.

[295] Lavie D. , Rosenkopf L. Balancing exploration and exploitation in alliance formation [J]. Academy of management journal, 2006, 49 (4): 797 – 818.

[296] Lavie D. The competitive advantage of interconnected firms: An extension of the resource-based view [J]. Academy of Management Review, 2006, 31 (3): 638 – 658.

[297] Law J. , Bauin S. , Courtial P. Policy and the mapping of scientific change: A co-word analysis of research into environmental acidification [J]. Scientometrics, 1988, 14 (3 – 4): 251 – 264.

［298］Lee C. Y. , Wu H. L. , Liu C. Y. Contextual determinants of ambi-dextrous learning: Evidence from industrial firms in four industrialized countries ［J］. IEEE Transactions on Engineering Management, 2013, 60 (3): 529 – 540.

［299］Leiponen A. , Helfat C. E. Innovation objectives, knowledge sources, and the benefits of breadth ［J］. Strategic Management Journal, 2010, 31 (2): 224 – 236.

［300］Levinthal D. A. , March J. G. The myopia of learning ［J］. Strategic Management Journal, 1993, 14 (2): 95 – 112.

［301］Li J. , Xia J. , Shapiro D. et al. Institutional compatibility and the internationalization of Chinese SOEs: The moderating role of home subnational institutions ［J］. Journal of world business, 2018, 53 (5): 641 – 652.

［302］Lin J. Y. Collaboration exploitation and exploration: Does a proactive search strategy matter? ［J］. Scientometrics, 2021, 126 (10): 8295 – 8329.

［303］Li Q. , Guo J. Search within or beyond the industrial cluster? The effect of perceived competition and knowledge base tacitness on strategic location choices of external knowledge search ［J］. Technology Analysis and Strategic Management, 2019, 32 (3): 1 – 13.

［304］Liu X. , Huang Q. , Dou J. et al. The impact of informal social interaction on innovation capability in the context of buyer-supplier dyads ［J］. Journal of Business Research, 2017 (78): 314 – 322.

［305］Lopez – Vega H. , Tell F. , Vanhaverbeke W. Where and how to search? Search paths in open innovation ［J］. Research Policy, 2016, 45 (1): 125 – 136.

［306］Luo Y. , Rui H. An ambidexterity perspective toward multinational enterprises form emerging economies ［J］. Academy of Management Perspectives, 2009, 23 (4): 49 – 70.

［307］Luo Y. , Tung L. International expansion of emerging market enterprises: A springboard perspective ［J］. Journal of International Business Studies, 2007, 38 (4): 481 – 498.

［308］Maitland E. , Sammartino A. Managerial cognition and internationalization [J]. Journal of International Business Studies, 2015, 46 (7): 733 – 760.

[309] Maja S. , Helen L. S. , Loannis B. Innovation and external knowledge sources in knowledge intensive business services (KIBS): Evidence from de-industrialized UK regions [J]. Entrepreneurship & Regional Development, 2020, 32 (9/10): 805 – 826.

[310] March J. G. Exploration and exploitation in organizational learning [J]. Organization Science, 1991, 2 (2): 71 – 87.

[311] Martineau C. , Pastoriza D. International involvement of established SMEs: A systematic review of antecedents, outcomes and moderators [J]. International Business Review, 2016, 25 (2): 458 – 470.

[312] Martinez – Mora C. , Merino F. Offshoring in the Spanish footwear industry: A return journey? [J]. Journal of Purchasing & Supply Management, 2014, 20 (4): 225 – 237.

[313] Martin X. , Mitchell W. The influence of local search and performance heuristics on new design introduction in a new product market [J]. Research Policy, 1998, 26 (7 – 8): 753 – 771.

[314] Martínez – Ros E. , Kunapatarawong R. Green innovation and knowledge: The role of size [J]. Business Strategy and the Environment, 2019, 28 (6): 1045 – 1059.

[315] Mcgrath R. G. Exploratory learning, innovative capacity, and managerial oversight [J]. Academy of Management Journal, 2001, 44 (1): 118 – 131.

[316] McKelvie A. , Chandler G. N. , DeTienne D. R. et al. The measurement of effectuation: Highlighting research tensions and opportunities for the future [J]. Small Business Economics, 2020, 54 (3): 689 – 720.

[317] Mellahi K. The de-internationalization process: A case study of Marks and Spencer. In: C. Wheeler, F. McDonald, & I. Greaves (Eds.) [M]. Internationalization: Firm strategies and management. UK: Palgrave Macmillan, 2003.

[318] Miao Y. , Song J. Search behavior and catch-up of firms in emer-

ging markets [J]. Seoul Journal of Business, 2014, 20 (2): 71 – 90.

[319] Mihalache O. R., Jansen J. J. J. P., Bosch F. A. J. V. D. et al. Offshoring and firm innovation: The moderating role of top management team attributes [J]. Strategic Management Journal, 2012, 33 (13): 1480 – 1498.

[320] Miller R., Lavie D., Delios A. International intensity, diversity, and distance: Unpacking the internationalization-performance relationship [J]. International Business Review, 2016, 25 (4): 907 – 920.

[321] Mlody M. Backshoring in light of the concepts of divestment and de-internationalization: Similarities and differences [J]. Entrepreneurial Business and Economics Review, 2016, 4 (3): 167 – 180.

[322] Mohr A., Konara P., Ganotakis P. Explaining the performance of divested overseas subsidiaries [J]. International Business Review, 2020, 29 (1): 101602.

[323] Monferrer D., Blesa A., RipollÉs M. Born globals through knowledge-based dynamic capabilities and network market orientation [J]. Business Research Quarterly, 2015, 18 (1): 18 – 36.

[324] Monferrer D., Moliner M. N., Irún B. et al. Network market and entrepreneurial orientations as facilitators of international performance in born globals. The mediating role of ambidextrous dynamic capabilities [J]. Journal of Business Research, 2021, 137 (1): 430 – 443.

[325] Mudambi R., Piscitello L., Rabbiosi L. Reverse knowledge transfer in MNEs: Subsidiary innovativeness and entry modes [J]. Long Range Planning, 2014, 47 (1 – 2): 49 – 63.

[326] Mukherjee D., Lahiri S., Ash S. et al. Search motives, local embeddedness, and knowledge outcomes in offshoring [J]. Journal of Business Research, 2019, 103 (October): 365 – 375.

[327] Nadia Z., Ahmad K. Z. A., Huda K. et al. International open innovation and international market success: An empirical study of emerging market small and medium-sized enterprises [J]. International Marketing Review, 2022, 39 (3): 755 – 782.

[328] Natsuki K. From globalising to regionalising to reshoring value chains? The case of Japan's semiconductor industry [J]. Cambridge Journal of Regions, Economy and Society, 2022, 15 (2): 261 –277.

[329] Nelson R. R. , Winter S. G. An Evolutionary Theory of Economic Change [M]. Cambridge, MA: Harvard University Press, 1982.

[330] Nelson R. , Winter S. The Schumpeterian tradeoff revisited [J]. American Economic Review, 1982, 72 (1): 114 –132.

[331] Nerkar A. Old is gold? The value of temporal exploration in the creation of new knowledge [J]. Management Science, 2003, 49 (2): 211 –229.

[332] Nguyen D. P. A. , Wim V. , Jolien H. et al. On external knowledge sources and innovation performance: Family versus non-family firms [J]. Technovation, 2022, 114, DOI: 10. 1016/j. technovation. 2021. 102448.

[333] Onkelinx J. , Manolova S. , Edelman F. The consequences of de-internationalization: Empirical evidence from Belgium [J]. Baltic Journal of Management, 2016, 11 (4): 350 –379.

[334] Ooi Y. M. , Husted K. How traditional industries use capabilities and routines to tap users for product innovation [J]. Research Technology Management, 2021, 64 (3): 31 –42.

[335] Ortega A. M. , García M. T. , Santos M. V. Effectuation-causation: What happens in new product development [J]. Management Decision, 2017, 55 (8): 1717 –1735.

[336] Ozer M. , Zhang W. The effects of geographic and network ties on exploitative and exploratory product innovation [J]. Strategic Management Journal, 2015, 36 (7): 1105 –1114.

[337] Patel P. C. , Fernhaber S. A. , Mcdougall – Covin P. P. et al. Beating competitors to international markets: The value of geographically balanced networks for innovation [J]. Strategic Management Journal, 2014, 35 (5): 691 –711.

[338] Patel P. , Pavitt K. L. R. The technological competencies of the world's largest firms: Complex and path dependent, but not much variety [J].

Research Policy, 1997, 26 (2): 141 – 156.

[339] Paul J., Parthasarathy S., Gupta P. Exporting challenges of SMEs: A review and future research agenda [J]. Journal of World Business, 2017 (52): 327 – 342.

[340] Peng D. X., Schroeder R. G., Shah R. Linking routines to operations capabilities: A new perspective [J]. Journal of Operations Management, 2011, 26 (6): 730 – 748.

[341] Pentland B. T., Feldman M. S. Organizational routines as a unit of analysis [J]. Industrial & Corporate Change, 2005 (5): 793 – 815.

[342] Pentland T., Feldman S., Becker C. et al. Dynamics of organizational routines: A generative model [J]. Journal of Management Studies, 2012, 49 (8): 1484 – 1580.

[343] Perry J. T., Chandler G. N., Markova G. Entrepreneurial effectuation: A review and suggestions for future research [J]. Entrepreneurship Theory & Practice, 2012, 36 (4): 837 – 861.

[344] Pertusa – Ortega E. M., Molina – Azorín J. F. A joint analysis of determinants and performance consequences of ambidexterity [J]. Business Research Quarterly, 2018, 21 (2): 84 – 98.

[345] Phene A, Lindquist K. F., Marsh L. Breakthrough innovations in the U. S. biotechnology industry: The effects of technological space and geographic origin [J]. Strategic Management Journal, 2006, 27 (4): 369 – 388.

[346] Piao M., Zajac E. J. How exploitation impedes and impels exploration: Theory and evidence [J]. Strategic Management Journal, 2016, 37 (7): 1431 – 1447.

[347] Piaskowska D., Trojanowski G. Twice as smart? The importance of managers "formative-years" international experience for their international orientation and foreign acquisition decisions [J]. British Journal of Management, 2014, 25 (1): 40 – 57.

[348] Pinho C., Prange C. The effect of social networks and dynamic internationalization capabilities on international performance [J]. Journal of World

Business, 2016, 51 (3): 391 –403.

[349] Porter, E. The Competitive Advantage of Nations [M]. New York: Free Press, 1990: 42 –43.

[350] Prange C. , Bruyaka O. Better at home, abroad, or both? How Chinese firms use ambidextrous internationalization strategies to drive innovation [J]. Cross Cultural and Strategic Management, 2016, 23 (2): 306 –339.

[351] Ragin, C. C. Redesigning Social Inquiry: Fuzzy Sets and Beyond [M]. Chicago: University of Chicago Press, 2008.

[352] Ragin C. C. The Comparative Method: Moving Beyond Qualitative and Quantitative Strategies [M]. Berkeley: University of California Press, 1987.

[353] Raisch S. , Birkinshaw J. Organizational ambidexterity: Antecedents, outcomes, and moderators [J]. Journal of Management, 2008, 34 (3): 375 –409.

[354] Rapp D. J. Predictive vs. non-predictive entrepreneurial strategies: What's the difference, anyway? [J]. Review of Managerial Science, 2022 (prepublish).

[355] Ravi S. , Adrian C. , Sriram N. et al. Knowledge sources, innovation objectives, and their impact on innovation performance: Quasi –replication of Leiponen and Helfat (2010) [J]. Strategic Management Journal, 2021, 42 (11): 2104 –2136.

[356] Read S. , Dew N. , Sarasvathy S. D. et al. Marketing under uncertainty: The logic of an effectual approach [J]. Journal of Marketing, 2009, 73 (3): 1 –18.

[357] Read S. , Song M. , Smit W. A meta-analytic review of effectuation and venture performance [J]. Journal of Business Venturing, 2009, 24 (6): 573 –587.

[358] Reding T. , Wagner U. , Silva A. B. et al. Emergence and functionality of organizational routines: An individualistic approach [J]. Journal of Institutional Economics, 2011, 7 (2): 157 –174.

[359] Reiljan, E. Reasons for de-internationalization: An analysis of

Estonian manufacturing companies [M]. Tartu, Estonia: Tartu University Press, 2004.

[360] Revilla E. , Rodriguez – Prado B. , Cui Z. A Knowledge-based framework of innovation strategy: The differential effect of knowledge sources [J]. IEEE Transactions on Engineering Management, 2016, 63 (4): 362 –376.

[361] Reymen I. M. M. J. , Andries P. , Berends H. et al. Understanding dynamics of strategic decision making in venture creation: A process study of effectuation and causation [J]. Strategic Entrepreneurship Journal, 2015, 9 (4): 351 –379.

[362] Roh T. , Lee K. , Yang J. Y. How do intellectual property rights and government support drive a firm's green innovation? The mediating role of open innovation [J]. Journal of Cleaner Production, 2021 (2): 128422.

[363] Roper S. , Love J. H. , Bonner K. Firms' knowledge search and local knowledge externalities in innovation performance [J]. Research Policy, 2017, 46 (1): 43 –56.

[364] Rosenkopf L. , Almeida P. Overcoming local search through alliances and mobility [J]. Management Science, 2003, 49 (6): 751 –766.

[365] Rosenkopf L. , Nekar A. Beyond local search: Boundary-spanning, exploration and impact in the optical disk industry [J]. Strategic Management Journal, 2001, 22 (4): 287 –306.

[366] Ruiz – Jiménez J. M. , Ruiz – Arroyo M. , Fuentes – Fuentes M. D. M. The impact of effectuation, causation, and resources on new venture performance: Novice versus expert entrepreneurs [J]. Small Business Economics, 2020, 57 (4): 1761 –1781.

[367] Rui Z. , Lyytinen K. How do ventures become more innovative? The effect of external search and ambidextrous knowledge integration [J]. European Journal of Innovation Management, 2019, 22 (5): 845 –865.

[368] Ruiz – PavaG. , Forero – Pineda C. Internal and external search strategies of innovative firms: The role of the target market [J]. Journal of Knowledge Management, 2020, 24 (3): 495 –518.

[369] Sarasvathy S. D. Causation and effectuation: Towards a theoretical shift from economic inevitability to entrepreneurial contingency [J]. Academy of Management Review, 2001, 26 (2): 243 - 263.

[370] Sarasvathy S. D. Deffectuation-elements of Entrepreneurial Expertise [M]. Northampton, MA: Edward Elgar publishing, 2008.

[371] Sarasvathy S. D., Dew N. Effectuation and over-trust: Debating Goel and Karri [J]. Entrepreneurship Theory and Practice, 2008, 32 (4): 727 - 737.

[372] Sarasvathy S. D., Dew N. Entrepreneurial logics for a technology of foolishness [J]. Scandinavian Journal of Management, 2005, 21 (4): 385 - 406.

[373] Sarasvathy S. D., Kumar K., Jeffrey G. et al. An efectual approach to international entrepreneurship: Overlaps, challenges, and provocative possibilities [J]. Entrepreneurship Theory and Practice, 2014, 38 (1): 71 - 93.

[374] Sarasvathy S. D., Venkataraman S. Entrepreneurship as method: Open questions for an entrepreneurial future [J]. Entrepreneurship Theory and Practice, 2011, 35 (1): 113 - 135.

[375] Schmid D., Morschett D. Decades of research on foreign subsidiary divestment: What do we really know about its antecedents? [J]. International Business Review, 2020, 29 (4): 101653.

[376] Segarra - Ciprés M., Bou - Llusar J. C. External knowledge search for innovation: The role of firms' innovation strategy and industry context [J]. Journal of Knowledge Management, 2018, 22 (2): 280 - 298.

[377] Seo E., Song J., Jin C. Heterogeneity of optimal balance between exploration and exploitation: The moderating roles of firm technological capability and industry alliance network position [J/OL]. Industry & Innovation, DOI: 10. 1080/13662716. 2022. 2036598.

[378] Sepehr G., Aida M., Mehdi K. et al. Technological learning in large firms: Mechanism and processes [J/OL]. Interactive Learning Environments, DOI: 10. 1080/10494820. 2021. 1995761.

[379] Shane S. , Venkataraman S. The promise of entrepreneurship as a field of research [J]. Academy of Management Review, 2000, 25 (1): 217 –226.

[380] Sharma P. , Salvato C. Commentary: Exploiting and exploring new opportunities over life cycle stages of family [J]. Entrepreneurship Theory and Practice, 2011, 35 (6): 1199 –1205.

[381] Sharma R. R. , Nguyen T. K. , Crick D. Exploitation strategy and performance of contract manufacturing exporters: The mediating roles of exploration strategy and marketing capability [J]. Journal of International Management, 2018, 24 (2): 271 –283.

[382] Shepherd D. A. , McMullen J. S. , Ocasio W. Is that an opportunity? An attention model of top managers' opportunity beliefs for strategic action [J]. Strategic Management Journal, 2017, 38 (3): 626 –644.

[383] Shirokova G. , Osiyevskyy O. , Laskovaia A. et al. Navigating the emerging market context: Performance implications of effectuation and causation for small and medium enterprises during adverse economic conditions in Russia [J]. Strategic Entrepreneurship Journal, 2020, 14 (3): 470 –500.

[384] Shi X. X. , Zheng Z. L. , Zhang Q. P. et al. External knowledge search and firms' incremental innovation capability: The joint moderating effect of technological proximity and network embeddedness [J]. Management Decision, 2020, 58 (9): 2049 –2072.

[385] Shi X. , Zhang Q. , Zheng Z. The double-edged sword of external search in collaboration networks: Embeddedness in knowledge networks as moderators [J]. Journal of Knowledge Management, 2019, 23 (6): 21 –35.

[386] Sidhu J. S. , Commandeur H. R. , Volberda H. W. The multifaceted nature of exploration and exploitation: Value of supply, demand and spatial search for innovation [J]. Organization Science, 2007, 18 (1): 20 –38.

[387] Siggelkow N. , Levinthal D. A. Temporarily divide to conquer: Centralized, decentralized, and reintegrated organizational approaches to exploration and adaptation [J]. Organization Science, 2003, 14 (6): 650 –669.

[388] Simon F. , Homfeldt F. , Schiele H. et al. External knowledge

sourcing from startups: Search strategies and radical innovation capability [C]. ISPIM Innovation Conference, 2018.

[389] Simsek Z. Organizational ambidexterity: Towards a multilevel understanding [J]. Journal of Management Studies, 2009, 46 (4): 597 - 624.

[390] Si Y. F. , Liu W. X. , Cao X. Z. The effects of external knowledge source heterogeneity on enterprise process and product innovation performance [J]. PLoS ONE, 2020, 15 (6): 1 - 13.

[391] Smith W. K. , Tushman M. L. Managing strategic contradictions: A top management model for managing innovation streams [J]. Organization Science, 2005, 16 (5): 522 - 536.

[392] Smolka K. M. , Verheul I. , Burmeister - Lamp K. et al. Get it together! Synergistic effects of causal and effectual decision-making logics on venture performance [J]. Entrepreneurship Theory and Practice, 2018, 42 (4): 571 - 604.

[393] Snihur Y. , Wiklund J. Searching for innovation: Product, process, and business model innovations and search behavior in established firms [J]. Long Range Planning, 2019, 52 (3): 305 - 325.

[394] Soule A. , Swaminathan A. , Tihanyi L. The diffusion of foreign divestment from Burma [J]. Strategic Management Journal, 2014, 35 (7): 1032 - 1052.

[395] Stentoft J. , Mikkelsen S. , Jensen K. et al. Performance outcomes of offshoring, backshoring and staying at home manufacturing [J]. International Journal of Production Economics, 2018 (199): 199 - 208.

[396] Stentoft J. , Olhager J. , Heikkil Ä J. et al. Manufacturing backshoring: A systematic literature review [J]. Operations Management Research, 2016, 9 (3 - 4): 53 - 61.

[397] Stroe S. , Parida V. , Wincent J. Effectuation or causation: An fsQCA analysis of entrepreneurial passion, risk perception, and self-efficacy [J]. Journal of Business Research, 2018 (89): 265 - 272.

[398] Surdu I. , Narula R. Organizational learning, unlearning and rein-

ternationalization timing: Differences between emerging-versus developed-market MNEs [J]. Journal of International Management, 2020, 27 (7): 100784.

[399] Syed T. A., Blome C., Papadopoulos T. Resolving paradoxes in IT success through IT ambidexterity: The moderating role of uncertain environments [J]. Information & Management, 2020, 57 (6): 103345.

[400] Tang R. W., Zhu Y., Cai H. et al. De-internationalization: A thematic review and the directions forward [J]. Management International Review, 2021, 61 (3): 267 –312.

[401] Tan Q., Sousa C. M. Why poor performance is not enough for a foreign exit: The importance of innovation capability and international experience [J]. Management International Review, 2019, 59 (3): 465 – 498.

[402] Tate L. Offshoring and reshoring: U. S. insights and research challenges [J]. Journal of Purchasing & Supply Management, 2014, 20 (1): 66 – 68.

[403] Teece D. J., Pisano G., Shuen A. Dynamic capabilities and strategic management [J]. Strategic management journal, 1997, 18 (7): 509 – 533.

[404] Teece D. J. Explicating dynamic capabilities: The nature and microfoundation of (sustainable) enterprise performance [J]. Strategic Management Journal, 2007, 28 (13): 1319 – 1350.

[405] Terjesen S., Patel P. C. In search of process innovations: The role of search depth, search breadth, and the industry environment [J]. Journal of Management, 2017, 43 (5): 1421 – 1446.

[406] Tian M. Y., Su Y. W., Yang Z. Exploration versus exploitation: The influence of network density on firm's strategic choice between two types of innovation [J]. Technology Analysis & Strategic Management, 2022, DOI: 10. 1080/09537325. 2022. 2046265.

[407] Turcan V. The philosophy of turning points: A case of de-internationalization [J]. International Management, 2013 (26): 219 – 235.

[408] Turner C. Deinternationalisation: Towards a co-evolutionary framework [J]. European Business Review, 2012, 24 (2): 92 – 105.

[409] Turner C., Gardiner D. De-internationalisation and global strategy:

The case of British telecommunications [J]. Journal of Business and Industrial Marketing, 2007, 22 (7): 489 – 497.

[410] Turner S. F., Rindova V. P. A balancing act: How organizations pursue consistency in routine functioning in the face of ongoing change [J]. Organization Science, 2012, 23 (1): 24 – 46.

[411] Tushman M. L., O'Reilly C. A. Ambidextrous organizations: Managing evolutionary and revolutionary change [J]. California Management Review, 1996 (38): 8 – 30.

[412] Un C. A., Rodríguez A. Local and global knowledge complementarity: R&D collaborations and innovation of foreign and domestic firms [J]. Journal of International Management, 2018, 24 (2): 137 – 152.

[413] Urban B., Heydenrych J. Technology orientation and effectuation: Links to firm performance in the renewable energy sector of South Africa [J]. Journal of Industrial Engineering, 2015, 26 (3): 125 – 136.

[414] Vernon R. International investment and international trade in the product life cycle [J]. Quarterly Journal of Economics, 1966 (80): 190 – 207.

[415] Villani E, Linder C, Grimaldi R. Effectuation and causation in science-based new venture creation: A configurational approach [J]. Journal of Business Research, 2018, 83 (February): 173 – 185.

[416] Vissak T., Francioni B. Serial nonlinear internationalization in practice: A case study [J]. International Business Review, 2013, 22 (6): 951 – 962.

[417] Voss G. B., Sirdeshmukh D., Voss Z. G. The effects of slack resources and environmental threat on product exploration and exploitation [J]. Academy of Management Journal, 2008, 51 (1): 147 – 164.

[418] Wach K., Glodowska A. How do demographics and basic traits of an entrepreneur impact the internationalization of firms? [J]. Oeconomia Copernicana, 2021, 12 (2): 399 – 424.

[419] Wang C. H., Chin T., Lin J. H. Openness and firm innovation performance: The moderating effect of ambidextrous knowledge search strategy

[J]. Journal of Knowledge Management, 2020, 24 (2): 301 – 323.

[420] Wang J. R. , Xue Y. J. , Yang J. Boundary – spanning search and firms' green innovation: The moderating role of resource orchestration capability [J]. Business Strategy & the Environment, 2020, 29 (2): 361 – 374.

[421] Wang L. , Li J. , Huang S. Q. et al. The asymmetric effects of local and global network ties on firms' innovation performance [J]. Journal of Business & Industrial Marketing, 2018, 33 (3): 377 – 389.

[422] Wang P. E. , Vrande V. V. D. , Jansen J. Balancing exploration and exploitation in inventions: Quality of inventions and team composition [J]. Research Policy, 2017, 46 (10): 1836 – 1850.

[423] Wang Y. Q. , Guo B. Managing external knowledge search: The multiple and contingent roles of absorptive capacity [J]. Technology Analysis & Strategic Management, 2020, 32 (1): 29 – 43.

[424] Weick K. E. The Social Psychology of Organizing [M]. Reading, MA: Addison Wesley publishing, 1979.

[425] Wei J. , Wu A. Q. , Peng X. R. Research on strategic management in China: Situational problems and theoretical frontiers [J]. Management World, 2014, 30 (12): 167 – 171.

[426] Welter C. , Kim S. Effectuation under risk and uncertainty: A simulation model [J]. Journal of Business Venturing, 2018, 33 (1): 100 – 116.

[427] Werhahn D. , Mauer R. , Flatten T. C. et al. Validating effectual orientation as strategic direction in the corporate context [J]. European Management Journal, 2015, 33 (5): 305 – 313.

[428] Wiltbank R. , Dew N. , Read S. et al. What to do next? The case for non-predictive strategy [J]. Strategic Management Journal, 2006, 27 (10): 981 – 998.

[429] Wiltbank R. , Read S. , Dew N. et al. Prediction and control under uncertainty: Outcomes in angel investing [J]. Journal of Business Venturing, 2009, 24 (2): 116 – 133.

[430] Witt M. A. De-globalization: Theories, predictions, and opportu-

nities for international business research [J]. Journal of International Business Studies, 2019, 50 (7): 1053 – 1077.

[431] Wu A. , Wang C. C. Knowledge search pattern and product innovation of firms in low and high-technology industrial clusters: A knowledge relatedness perspective [J]. Tijdschrift voor Economische en Sociale Geografie (Journal of Economic & Social Geography), 2017, 108 (4): 488 – 502.

[432] Wu A. , Wei J. Effects of geographic search on product innovation in industrial cluster firms in China [J]. Management and Organization Review, 2013, 9 (3): 465 – 488.

[433] Wu F. , Shanley T. Knowledge stock exploration and innovation: Research on the United States electromedical device industry [J]. Journal of Business Research, 2009, 62 (2): 474 – 483.

[434] Wu H. , Liu Y. Balancing local and international knowledge search for internationalization of emerging economy multinationals: Evidence from China [J]. Chinese Management Studies, 2018, 12 (4): 701 – 719.

[435] Wu J. , Wood G. , Chen X. et al. Strategic ambidexterity and innovation in Chinese multinational vs. indigenous firms: The role of managerial capability [J]. International Business Review, 2020, 29 (6): 101652.

[436] Wu J. , Wu Z. Local and international knowledge search and product innovation: The moderating role of technology boundary spanning [J]. International Business Review, 2014, 23 (3): 542 – 551.

[437] Wu J. , Zhang X. H. , Zhou S. H. et al. The imitation-innovation link, external knowledge search and China's innovation system [J]. Journal of Intellectual Capital, 2020, 21 (5): 727 – 752.

[438] Xie X. M. , Wang H. W. How to bridge the gap between innovation niches and exploratory and exploitative innovations in open innovation ecosystems [J]. Journal of Business Research, 2021, 124: 299 – 311.

[439] Yang H. X. , Ou J. W. , Chen X. F. Impact of tariffs and production cost on a multinational firm's incentive for backshoring under competition [J]. Omega, 2021, 105: 102500.

［440］ Yang M. , Gabrielsson P. Entrepreneurial marketing of international high-tech business-to-business new ventures: A decision-making process perspective ［J］. Industrial Marketing Management, 2017, 64 (6): 147 – 160.

［441］ Yang M. , Wang J. , Zhang X. Boundary-spanning search and sustainable competitive advantage: The mediating roles of exploratory and exploitative innovations ［J］. Journal of Business Research, 2021, 127: 290 – 299.

［442］ Yayla S. , Yeniyurt S. , Uslay C. et al. The role of market orientation, relational capital, and internationalization speed in foreign market exit and re-entry decisions under turbulent conditions ［J］. International Business Review, 2018, 27 (6): 1105 – 1115.

［443］ Yin R. K. Case Study Research: Design and Methods (5th ed.) ［M］. Thousand Oaks, CA: Sage, 2014.

［444］ Yoon J. H. , Cho E. Effectuation (EF) and causation (CS) on venture performance and entrepreneurs' dispositions affecting the reliance on EF and CS ［J/OL］. Entrepreneurship Research Journal, https: //doi. org/10. 1515/erj – 2020 – 0054.

［445］ Yuana R. , Prasetio E. A. , Syarief R. et al. System dynamic and simulation of business model innovation in digital companies: An open innovation approach ［J］. Journal of Open Innovation: Technology, Market, and Complexity, 2021, 7 (4): 219.

［446］ Yuan C. , Xue D. D. , He X. A balancing strategy for ambidextrous learning, dynamic capabilities, and business model design, the opposite moderating effects of environmental dynamism ［J］. Technovation, 2021, 103, DOI: 10. 1016/j. technovation. 2021. 102225.

［447］ Yu X. Y. , Tao Y. D. , Tao X. M. et al. Managing uncertainty in emerging economies: The interaction effects between causation and effectuation on firm performance ［J］. Technological Forecasting & Social Change, 2018, 135 (10): 121 – 131.

［448］ Yu Y. , Yuan L. , Li J. Knowledge search modes and innovation performance: The moderating role of strategic R&D orientation ［J/OL］. Technology

Analysis & Strategic Management, DOI: 10. 1080/09537325. 2018. 1541172.

[449] Zakaria R. , Fernandez W. D. , Schneper W. D. et al. Resource availability, international acquisition experience, and cross-border M & A target search: A behavioral approach [J]. Multinational Business Review, 2017, 25 (4): 185 – 205.

[450] Zan A. , Yao Y. H. , Chen H. H. Knowledge search and firm innovation: the roles of knowledge inertia and knowledge integration capability [J/OL]. Technology Analysis & Strategic Management. DOI: 10. 1080/09537325. 2022. 2076589.

[451] Zang J. J. , Li Y. Technology capabilities, marketing capabilities and innovation ambidexterity [J]. Technology Analysis & Strategic Management, 2017, 29 (1): 23 – 37.

[452] Zhang D. , Li S. , Zheng D. Knowledge search and open innovation performance in an emerging market moderating effects of government-enterprise relationship and market focus [J]. Management Decision, 2017, 55 (4): 634 – 647.

[453] Zhang W. H. , Zhao Y. P. , Wang D. H. et al. Ambidextrous search and product innovation: Moderating effects of resource and structural attributes [J]. Journal of Technology Transfer, 2019 (44): 1007 – 1028.

[454] Zhang Y. , Li H. Y. Innovation search of new ventures in a technology cluster: The role of ties with service intermediaries [J]. Strategic Management Journal, 2010, 31 (1): 88 – 109.

[455] Zhang Y. L. , Wang D. T. , Xu L. Knowledge search, knowledge integration and enterprise breakthrough innovation under the characteristics of innovation ecosystem network: The empirical evidence from enterprises in Beijing – Tianjin – Hebei region [J]. Plos One, 2021, 16 (12): 1 – 16.

[456] Zhao J. , Wei Z. L. , Yang D. Organizational search, dynamic capability, and business model innovation [J]. IEEE Transactions on Engineering Management, 2021, 38 (3): 785 – 796.

[457] Zheng L. , Ulrich K. , Sendra – García J. Qualitative comparative

analysis: Configurational paths to innovation performance [J]. Journal of Business Research, 2021, 128: 83 – 93.

[458] Zheng Y., Mai Y. A contextualized transactive memory system view on how founding teams respond to surprises: Evidence from China [J]. Strategic Entrepreneurship Journal, 2013, 7 (3): 197 – 213.

[459] Zhen J., Cao C. J., Qiu H. G. et al. Impact of organizational inertia on organizational agility: The role of IT ambidexterity [J]. Information Technology & Management, 2021, 22 (1): 53 – 65.

[460] Zhou W. Q., Gu X., Yang X. The impact of knowledge search balance on the generality and specificity of breakthrough innovation [J/OL]. Technology Analysis & Strategic Management, DOI: 10. 1080/09537325. 2021. 1952974.

[461] Zhou Y., Lu L., Chang X. X. Averting risk or embracing opportunity? Exploring the impact of ambidextrous capabilities on innovation of Chinese firms in internationalization [J]. Cross Cultural & Strategic Management, 2016, 23 (4): 569 – 589.

[462] Zollo M., Singh R. H. Interorganizational routines and performance in strategic alliances [J]. Organization Science, 2002, 13 (6): 701 – 713.